# 贯通式教育

## 九年一贯制学校办学实践研究

黄向真 著

黑龙江人民出版社

图书在版编目（CIP）数据

贯通式教育：九年一贯制学校办学实践研究 / 黄向真著. -- 哈尔滨：黑龙江人民出版社，2024.12.
ISBN 978-7-207-13521-6

I. G639.22

中国国家版本馆 CIP 数据核字第 20255P5H99 号

责任编辑：张　薇
封面设计：智诚源创

**贯通式教育：九年一贯制学校办学实践研究**
GUANTONGSHI JIAOYU: JIUNIAN YIGUANZHI XUEXIAO BANXUE SHIJIAN YANJIU

黄向真　著

| 出版发行 | 黑龙江人民出版社 |
|---|---|
| 地　　址 | 哈尔滨市南岗区宣庆小区1号楼 |
| 印　　刷 | 武汉颜沫印刷有限公司 |
| 开　　本 | 787mm×1092mm　1/16 |
| 印　　张 | 14.75 |
| 字　　数 | 225千字 |
| 版　　次 | 2024年12月第1版 |
| 印　　次 | 2024年12月第1次印刷 |
| 书　　号 | ISBN 978-7-207-13521-6 |
| 定　　价 | 68.00元 |

版权所有　侵权必究　　　举报电话：0451-82308054

# 序

2021年，《教育部 国家发展改革委 财政部关于深入推进义务教育薄弱环节改善与能力提升工作的意见》发布，明确提出"鼓励各地建设九年一贯制学校"。2024年，《广东省基础教育课程教学改革深化行动实施方案（2024—2027年）》发布，要求各地"注重学段衔接，一体贯通培养"。据《全国教育事业发展统计公报》和《中国统计年鉴》，2022年全国九年一贯制学校占初中学校比例已达到34.61%。在深圳，九年一贯制学校建设速度更快，据不完全统计，全市九年一贯制学校占初中学校比例高达85%。但是，对如何办好九年一贯制学校，一直没有引起教育管理部门足够的重视。我们缺乏对九年一贯制学校的政策支持、管理指导、课程引领和实践研究。"九年容易，一贯难"是不少九年一贯制学校校长发自内心的声音。

此时，黄向真校长送来《贯通式教育：九年一贯制学校办学实践研究》的清样，我感到特别兴奋，因为我看到了深圳校长在研究九年一贯制学校办学模式上迈出了自己坚实的第一步。

黄向真校长先后在高中、初中、小学、九年一贯制学校、幼儿园担任校领导，是龙华区名校长工作室主持人，也是深圳市知名的办学水平评估专家。他对如何办好九年一贯制学校的思路有四次迭代，每一次迭代都是一次完善与创造。每次迭代都是基于真实的教育需求，基于对九年一贯制学校的进一步认识，基于对"贯通"的办学思想始终如一。在《贯通式教育：九年一贯制学校办学实践研究》一书中，黄向真校长向读者介绍了他是如何在管理贯通、教学贯通、德育融通等多方面做好九年一贯制衔接研究与贯通培养的。

我觉得，《贯通式教育：九年一贯制学校办学实践研究》值得大家一读，因为在阅读中大家可以感受到一位"贯通式教育教学的探索者"对教育事业的那份热爱与坚持，可以从黄向真校长的九年一贯制学校办学实践中受到启发，获得借鉴。当然，九年一贯制学校的办学研究、实施贯通式教育是长期的任务，黄向真校长探索之路还很长，但只要迈出了第一步，就是成功的开始。

我是在 21 世纪初受聘深圳市校长培训中心培训专家时认识黄向真的，那时他在罗湖区一中学担任副校长，我认真拜读过他送给我的《中美素质教育比较》等专著。从 2017 年至今，我担任深圳市督学工作室（初中及九年一贯制）主持人，黄向真一直是我工作室的成员，他的真诚、专业、睿智让我特别关注他的办学实践。作为校长，他坚持在一线上课，研究在教学中遇到的各种问题，在实践中思考。在《贯通式教育：九年一贯制学校办学实践研究》一书里，他提出的"九年一贯·条块融合"的办学思路，经历了初创校、品质校、集团化办学等教育管理阶段。可以看出黄向真对教育理论的理解逐渐深入，对贯通式教育的理解也不断深刻：从课堂教学的基本范式到课程体系的建构，从单点探索到综合研究，从研究学生的学习行为转向聚焦学生自主学习的内在生成。这种整体的探索路径，虽有坎坷，更多的是收获。目前，黄向真校长正在探索集多所幼儿园、小学、初中一体化"准十二年制"的集团化办学路径，我期待着他的成功。

教育的探索是永无止境的，"贯通式教育"是一个需要时间去研究的有意义的话题，"路漫漫其修远兮，吾将上下而求索"。

不敢为序。

禹 明
2024 年 8 月 23 日

---

禹明，特级教师，深圳市教育学会学术委员会副主任、深圳市督学工作室主持人。教育部"国培计划"首批专家、教育部"十四五"中小学幼儿园教师国家级培训计划专家资源库专家、教育部教师教育课程资源专家委员会（第二届）委员、教育部义务教育课程标准审议专家、教育部外国人子女学校认证专家，深圳大学师范学院兼职教授、教育硕士导师、深圳大学外国语学院客座教授。

# 前言

董仲舒在《春秋繁露·正贯》中对"贯通"有这样一句描述:"然后援天端,布流物,而贯通其理,则事变散其辞矣。"此处,"贯通"应是"连接,沟通,全部彻底地了解"。我认为教育领域的"贯通"(Integrated)应是学校办学思路、课程设计与实施、品德习得等教育核心要素一体化、连贯性的有机融合,是整体主义学习观下,学校各教育要素的交互影响,互相促进,以形成一个泛在的、促进学生可持续发展的教育理念。因此,为了便于实践研究,我将贯通式教育(Integrated-Education)从学校办学思路与一体化管理、教学贯通和德育融通等三个方面分别阐释。

蔡元培说:"教育者,非为已往,非为现在,而专为将来。"2024年9月19日下午,我和深圳市龙华区一位高中资深校长探讨"贯通式教育"的含义。我认为,贯通式教育的整体办学思路应该是一体贯通,"专为将来",培育学生的综合素养,以适应未来的发展。因此,对教育内容的前瞻性、统整性、贯通性提出更高的要求。在几十年的教育教学与学校管理实践研究中,我深切地理解了学生发展的个性化与统一性,也深切地感受到家长、教师对教育的期待与现实的焦虑。因此,我更加坚定地推行"贯通式教育",从学校办学思路、管理路径、课程设置、学生发展、教师发展、学校发展等方面,纵向贯通,横向协力,以期实现学生素养的贯通培育、学校管理的高效运行以及家校共育的美好合力的教育愿景。在实践研究基础上,我认为,贯通式教育是促进学生情智、能力和创造力等适应未来需要的综合素养的全方位、可持续发展的教育理念。其实践路径是"教学贯通"和"德育融通"。贯通式教育全要素的一体化设计应该尽全力有利于学生在系统的、有层次的学习情境中认识自我、学会学习、学会应用、实现成长,成为完整的人。

我从九年一贯制学校的办学思路出发,努力理顺教育资源、学校管理、师资建设、课程设计、学生培养以及实践活动的内在逻辑与运行机制,为有效实现学生的贯通培养目标做好保障。贯通式教育有利于学校避免片面的、零散的教育教学行为，从而能够真实实现"减负增效"。因此，我充分意识到九年一贯制学校的整体办学思路应该是"一体贯通，专为将来"，这得益于九年一贯制学校的办学形式能够让贯通式教育得以扎根生长。

20世纪80年代，我国义务教育阶段出现了最早的"九年一贯制"实验学校，实验学校的出现受到了政府和教育界的高度重视和关注。目前很多地区公建配套学校建设首选九年一贯制学校的形式，九年一贯制学校几乎遍及全国各个省、自治区、直辖市，已成为我国义务教育学制的一个重要类型。九年一贯制办学具有明确的政策支持。2001年，《国务院关于基础教育改革与发展的决定》提出，有条件的地方，可以实行九年一贯制。2012年，《国务院关于深入推进义务教育均衡发展的意见》指出，"鼓励各地探索建立区域内小学和初中对口招生制度，让小学毕业生直接升入对口初中。支持初中与高中分设办学，推进九年一贯制学校建设"。2013年，党的十八届三中全会通过的《中共中央关于全面深化改革若干重大问题的决定》中指出，义务教育免试就近入学，试行学区制和九年一贯制对口招生。2014年，教育部在《关于进一步做好小学升入初中免试就近入学工作的实施意见》中提出，试行学区化办学，将初中和小学结合成片进行统筹管理，提倡多校协同、资源整合、九年一贯。2021年6月，教育部、国家发展改革委、财政部联合发布《关于深入推进义务教育薄弱环节改善与能力提升工作的意见》，明确指出，鼓励各地建设九年一贯制学校，"在拓展办学空间有困难的中心城区，积极探索校舍综合利用模式，提高学校空间利用效率"。

九年一贯制体现的是教育一体化和教育规模集聚以及教育效能理论，是探索贯通式教育的最佳试验田。因此，九年一贯制学校的办学形式虽有利有弊，但总体来说利大于弊。九年一贯制学校，根据九年义务教育课程整体设置，学校有完整的一至九年级课程方案、课程计划，学校在办学目标、课程目标、学生培养目标、教师发展目标、学校管理制度等方面形成一个完整的一体化管理体系，使得九年义务教育具有连续性、完整性，达到学制一贯，升学一贯。实施九年一贯制，有利于教育经费和教育设施的合理配置，以及师资力量的合理调配，从而实现教育资源的优化组合；有利于合理培养学生特长，加强中小学教育教学的衔接，探索学生的成长规律，可以充分利用其连贯性的特点，发挥其周期长的优势，持续关注并培养学生的特长；有利于学生个性、行为、品质的形成和综合素质的提高，避免小学、初中在学生素质培养方面的脱节和断档；有利于解决择校问题及就近入学问题，克服应试教育的弊端，将教育作为一个整体凸现出来，从整体上实施素质教育。九年一贯制学校办学形式的优势显而易见，但还是存在一些弊端，需要逐步改进并加以完善。一是管理水平有待提升。学校规模扩大了，管理难度也相应加大。低年级学生的管理容易被忽视，行政干部多为中学背景，学校容易将管理精力和教学资源放在中学阶段，导致小学、初中阶段发展的失衡，轻小学，重初中。二是课程衔接不顺畅。九年一贯制学校在发展过程中难以真正"一贯"起来，其中最关键的是，一些学校的课程衔接、贯通不顺畅，难以实现一盘棋发展。三是师资没有融通循环。大多数九年一贯制学校普遍都存在管理的磨合等问题，中小学的教师在教学理念、工作氛围上也有着较大的差异。我们从宏观角度审视，潜龙学校教育集团办学实体覆盖了学前教育、义务教育，实质上构成了"准十二年一贯制"学校的办学实际。因此，我认为，学校的贯通培养路径应为学生提供一个连贯且系统的学习环境，全面培养学生面向未来生活的综合素养。例如，品德情意方面，应组织丰富多彩的课外活动，培养学生的道德观念及社会责任感；综合能力训练方面，鼓励学生在项目式学习中学会思辨、学会协作。

"不识庐山真面目，只缘身在此山中。"苏轼的诗句告诉我们一个思考哲学：一个人认知的高度决定了其言行的定位。二十年前我担任学校教务主任和教学副校长的时候关注的是一个个临界生和目标生，重点研究中考、高考方向的变化。十年前我负责九年一贯制学校创建时关注学校质量，重点研究学校管理。五年前我接手九年一贯制优质学校时关注学生发展，重点研究课程建设。去年学校实行党组织领导的校长负责制，我特别关注教师发展，重点研究聚力管培。今年学校成立教育集团，我关注的是学校发展，重点研究集团学校的规划和发展战略。以上这些教育实践关注重点的变化根源在于我是处在教育这座大山的山脚、山腰，还是山顶，抑或是从空中俯瞰群山林立。视角的变化，实则是对教育本质的多维度观照。

回顾自己二十九年的教育管理历程，我对"贯通式教育"的探索似乎符合"单点突破—多点链接—系统关联"的探索视角。1996年初，我作为深圳市罗湖区滨河中学教学处副主任，同时负责学校高中和初中教学管理工作；2002年初，我通过参加公选，先后在罗湖区的三所学校担任副校长主抓高考和中考；对贯通式教育的探索是从人们普遍关心的"升学""成绩"开始的。2014年，我通过公选，成为龙华新区福苑学校创校校长，并开始了九年一贯制学校教育贯通办学实践研究，第一次从全校的整体视角对课程设计、课程实施、课程评价等教学管理核心要素进行系统的考虑，同时强化德育的质效管理。2019年我调任龙华区潜龙学校，继续开展九年一贯制学校办学实践研究。2020年龙华区潜龙学校增加三所附属幼儿园，成为覆盖幼儿园、小学、初中的"十二年一贯制"学校。2021年潜龙学校三所附属幼儿园办学形式由民转公，我根据本人多年参加各种学校评估经验并参考深圳市义务教育学校办学水平评估体系制定了潜龙学校附属幼儿园办园发展评估标准，组织九位市、区督学，对三所附属幼儿园从保育保教以及园内管理进行了发展性督导评估。我发现由民转公的幼儿园虽然队伍工作积极性高，但学历达标率、工作计划性以及场地设施综合运用效率有待提高。2022年，我再次对幼儿园保育保教、园内管理以及党建工作进行了发展性督导评估，并提供发展性指导意见。2021年，龙华区致力于构建K-12贯通教育培养体系，龙华区潜龙学校作为项目校之一成立"清华创新实验班"，开始了K-12贯通教育实验实践研究。在此后三年的教育实践中，我们联系高中知识，无形中在思考、探索"准十五年"的贯通培养路径。在此过程中，我对贯通式教育进行更深刻的思考与探究，并逐步意识到"贯通式教育"的教育愿景应该是促进学生的情智、能力、创造力等综合素养的全方位、可持续发展。2024年7月，龙华区潜龙学校教育集团正式成立，我带着敬业的团队，开始了集团化九年一贯制学校办学之路的探索。

为深入贯彻落实《义务教育课程方案和课程标准（2022年版）》中关于加强学段衔接与贯通、聚焦核心素养的课程建设要求，全面提高学生综合素质和创新能力，由中国教师报、深圳市龙华区教育科学研究院主办，深圳市龙华区潜龙学校教育集团、《三阶梯阅读》编辑部承办的"素养导向新课改，学段贯通新实践"活动于2024年11月21日盛大开启。（见下页图）本次活动采取网络视频直播形式，实时为广大教育工作者和关注教育的人士呈现了一场精彩纷呈的教育盛宴。在贯通教育实践上，潜龙学校教育集团以"九年一贯·条块融合"为思路，理念上共融共进，资源上一体配置，德育全方位渗透，教学实现课程设计与实施贯通。本次活动共有6位骨干教师进行课堂教学展示，4位骨干教师做学术报告。深圳市龙华区教育科学研究院李渝忠院长指出贯通培育路径的探索有利于培育创新型人才，他高度认可贯通教育理念，并称赞潜龙学校教育集团是龙华区九年一贯制学校践行贯通教育的先行者、示范者。另外，在各类教育交流考察、公民办对口帮扶、市骨干教师联合教研以及龙华区未来教育家工程2.0雄鹰展翅等活动中，我也以贯通路径探索为核心，积极探索与思考。

"素养导向新课改，学段贯通新实践"活动现场

本书从九年一贯制学校整体管理贯通、教学贯通、德育融通等方面入手开展实践研究，形成以"条块融合"为核心的九年一贯制学校办学思路，以"探索式课堂"和"儒行·德育课程体系"为贯通培养路径，系统性梳理贯通式教育的实践研究思路，以期为其他九年一贯制学校的办学与管理提供探索思路，为学校管理学、教育行政学的理论研究提供实践研究参考。

# 目录

## 01 九年一贯篇
本篇导言 /2
分期探索，久久为功 /3
总结经验，探明概念 /21
实践价值，融会贯通 /25

## 02 教学贯通篇
本篇导言 /30
"亚伦教学法"课堂教学的实践研究 /32
"乐活大课堂"课堂教学的实践研究 /63

## 03 德育融通篇
本篇导言 /128
"心育·关爱式"德育实践研究 /131
"儒行·体验式"德育实践研究（第一阶段） /169
"儒行·体验式"德育实践研究（第二阶段） /196

结束语 /220
参考文献 /221
后记 /222

九年一貫 篇

## 本篇导言

2001年《国务院关于基础教育改革与发展的决定》提出，有条件的地方，可以实行九年一贯制。2013年党的十八届三中全会通过的《中共中央关于全面深化改革若干重大问题的决定》提出，义务教育免试就近入学，试行学区制和九年一贯制对口招生。2021年教育部、国家发展改革委、财政部联合发布的《关于深入推进义务教育薄弱环节改善与能力提升工作的意见》中指出，鼓励各地建设九年一贯制学校。目前，九年一贯制学校在我国义务教育体系中已经达到了一定比例，成为我国义务教育的重要组成部分。

九年一贯制学校的办学机制有其独特的内在逻辑，其行动策略的本质在于不同学段的有机融合。相比传统的小初各校，九年一贯制强调课程整合、贯通培养。这符合教育教学内在规律，能够促进教育教学研究的可持续发展，是教育强国战略的创新之举，其内在蕴含着国家对培养创新型人才的战略思考。

不同的学校发展阶段必然要解决不同的发展需求。我从2011年提出"九年一贯·条块结合"的理念开始研究九年一贯制学校办学机制，2014年起先后主持两所九年一贯制学校工作，两所学校分别属于不同发展阶段，一所是初创校（其间经历了更名转制）、一所是品质校。历经13年的探索与实践至今，我提出了"九年一贯·条块融合"的理念，带领新创校从"初创"走向"发展"；带领品质校从"发展"走向"深化"，并于2024年5月，升华迈进集团化办学的坚实探索。

## 分期探索，久久为功

多年来，本人立足于深圳市龙华区九年一贯制学校办学实际，倾力研究九年一贯制学校办学的内在逻辑和行动策略。在开展贯通式教育、培养创新型人才方面，我经历了"初创期""发展期""深化期"三个探索时期。具体实践研究与思考内容呈现如下：

### 一、初创期

#### （一）初创前期

1992年，我从北京师范大学物理学系毕业后就来到深圳市罗湖区滨河中学（完全中学）工作，主要执教初中物理、高中物理，对物理学科的初高衔接、知识逻辑有了较为准确的把握。1996年1月，根据学校工作安排，我任学校教学处副主任，负责初中、高中教学教研的一体化执行与管理。后来，升任副校长，主抓全校的教学质量，特别是中考和高考，那几年的工作实践，给了我一个整体调研、把控、完善的研究契机。在近20年完全中学的教学处主任和初高中副校长工作实践中，我对初、高中学生一体贯通培养有了初步的想法。初高衔接，学科内部贯通，促进学生认知过程的一体贯通，这样的教育思考一直在我的头脑中不断闪现，逐渐形成我的行动策略。近几年，我执教小学科学，对小学、初中、高中各学段科学素养的贯通培养，有了更全面的理解。我认为，小初高贯通培养是必要的。高学段老师应该知道低学段的教学内容，低学段老师也需要了解高学段的教学方向。例如，2024年6月，我研究了小学、初中及高中课标中有关"力是改变物体运动状态的原因"方面的内容，发现了学科一体化系统建构的贯通点。小学科学课标要求知道推力、拉力、摩擦力、弹力和浮力等，举例说明力可以改变物体的形状和运动状态，对学生的认知要求偏向了解。初中科学（物理）课标要求能说明各种力的意义，会测量力，会描述牛顿第一定律，举例说明二力平衡的条件，理解压强，认识阿基米德原理和浮沉条件并解释生活中的现象，以及简单的速度计算。对这部分内容更偏向理解与运用。而高中物理课标则要求认识各种力，知道矢量和标量，理解牛顿运动定律，能用以解释现象，解决问题；进行力、运动和压强等相对复杂的计算，更加倾向融合运用，以及问题的解决。所以，我认为初中物理（或科学）老师应该了解学生在小学已经学过的内容。高中物理老师应该了解学生在义务教育阶段已经学到的内容。反之，低学段老师也需了解学生以后将要继续学习的内容与方向。像这样的学科贯通教学实践以及管理实践为我 2011 年正式研究九年一贯制学校的办学机制提供了扎实的实践研究基础。

我于 2002 年和 2011 年先后参加深圳教育系统第一期海外培训班和深圳市第一期校长教育管理和创新培训班，两次赴美国参加教育留学。其间，考察了两个不同发展时期的美国学校，梳理了他们的九年一贯制（或十二年一贯制）学校的办学机制，发现美国学校侧重于管理机制的贯通，鲜少勾连各学段学习任务的内在发展逻辑。

2011 年 12 月，在美国布朗大学参加深圳市第一期校长教育管理和创新培训班学习期间，我提出并开展"课内外一体化之探索式"教学模式研究。我与校长班的同学一起对九年一贯制学校的办学机制进行了系统的思考与研究，重点研究借鉴了深圳市当时少有的几所九年一贯制学校的办学经验，初步提出九年一贯制学校的办学思路 1.0 版——"九年一贯·条块结合"："条"指职能部门的业务管理线条，用以整体规划，统一管理；"块"指学段模块的教学管理机制，用以分步组织、分段落实。

**（二）创建期**

2014 年，我参加深圳市龙华新区面向全市公选校长竞选，成为龙华新区福苑学校（后更名为龙华区教育科学研究院附属学校）创校校长，提出"幸福教育"的办学理念，设计、开发了"儒行·体验式德育课程"和"学用型课堂教学程式"等，开始实施"九年一贯·条块结合"的办学思路。我坚持以人为本，追求卓越，走素质教育之路，促进师生共同进步，致力于办一所"让学生终身留恋的高质量学校"。

**1. 机构设置，九年贯通**

2014 年 9 月，我提出打造"扁平化责任共同体"的管理体系，如下页图所示。首先，简化学校行政机构，形成校长室、行政职能部门、科级组三级管理体系，权责分明，条理清晰。其次，简化行政人员配置。每个职能部门仅安排一名负责人，学校所有学科也都只安排一名科组长，"九年一体，一贯到底"。如此，各职能部门制订的指导、考核方案一体贯通，确保职能服务的连贯性；课程育人目标也基本保持一致，内容贯通。如此，既方便学校开展学科实践活动，又可以为学校培养目标的实现提供有力保障。最后，简化学科实践活动，由行政职能部门点对点负责，确保九年贯通式教育在内在机制的逻辑上保持一致、贯通。

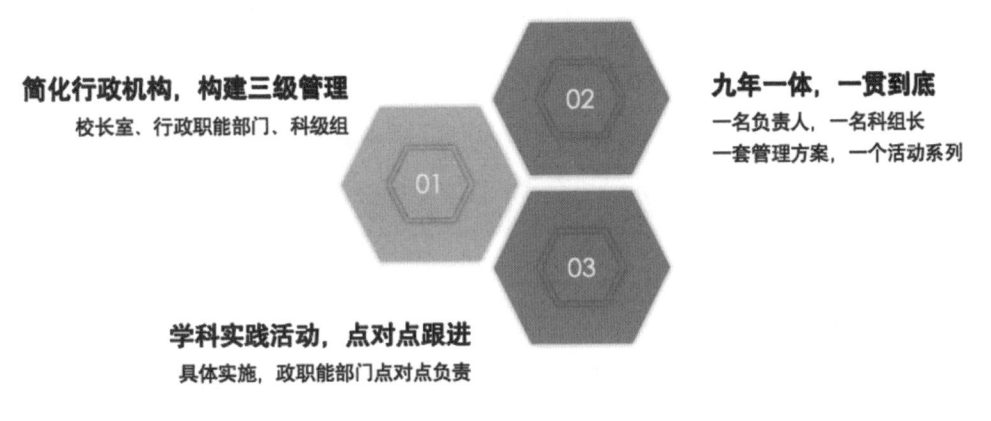

简化行政机构，构建三级管理
校长室、行政职能部门、科级组

九年一体，一贯到底
一名负责人，一名科组长
一套管理方案，一个活动系列

学科实践活动，点对点跟进
具体实施，政职能部门点对点负责

扁平化责任共同体

### 2. 依循规律，列部分块

2016年9月，依照不同学段学生的身心发展规律，学校管理格局"列部分块"，即学校划分为两部四段，学段分块，如下页图所示，其中一至五年级为低年级部，六至九年级为高年级部。两个年级部的学生发展任务和学习成长规律不同，因此，也要采取不同的教育教学策略和管理策略。在此基础上，两个年级部又分列出两个学段。年级部是为了方便教学管理与教学活动的开展，而所分列出的学段则是为了教学实施与个性培育。一二三年级为"第一学段块"，四五年级为"第二学段块"，这两个低年级部学段块的学习方式、教学实施要求要依据学段的特点进行个性化设计。六七年级为"第三学段块"，八九年级为"第四学段块"，这两个高年级部学段块更加聚焦学科素养培育与学生自我实现。

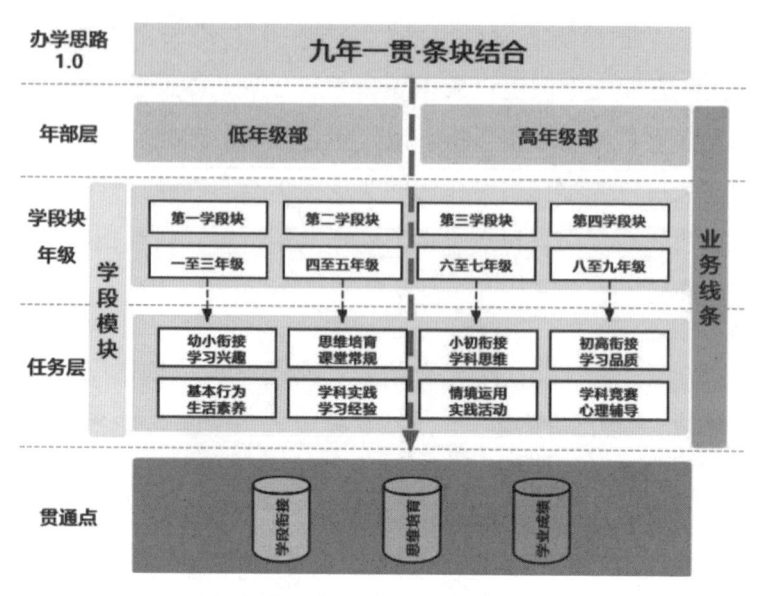

办学思路 1.0 版设计图

### 3. 聚焦素养，分类指导

我设计、开发了"课内外一体化之探索式教学模式""学用型课堂教学程式"以及"儒行·体验式德育课程"等。我依据各学段学生的身心发展规律的差异性，聚焦学生发展需求和核心素养，对不同学段的学生进行差异化教育，以实现系统的、有针对性的教育实践与研究。以福苑学校为例，学校聚焦学生发展素养，依托"两部四段"的条块机制，分段分块开展"养成式"德育管理和"高效式"教学管理。在年级部工作方面，强化年级部"养成式"德育管理。低年级部两个学段块重在学生行为习惯的养成教育，由德育处领衔；高年级部两个学段块重在学生个体思维的发展以及更精准有效的学习指导与情感支援，重点发展学生优质的学习品质与丰沛的情感意志，由教学处领衔，整体规划，分段推进。在学段块工作方面，强化学段块"高效式"教学管理。这种条块机制与后来国家提倡的"双减"教育倡议不谋而合。一方面，低年级部两个学段块在整体的教学实践与研究中侧重发现兴趣，激发潜能，养成习惯，为高年级部两个学段块的深入学习打下坚实的基础；另一方面，高年级两个学段块则不用重复去训练低质量的学习内容，也不需要花大力气去纠正学生的不良行为习惯，从而能更好地专注在学生学习品质的提升以及情感意志的生发上，如下图。如此，"两部四段"的条块机制能真正地促进九年一贯制学校"减负增效"。在实践过程中，我们还尝试学科整合，将初中的一些基础性知识有意识地渗透到小学，为学生进入初中阶段学习做好铺垫，埋好伏笔，避免了学生在学科学习上的"断裂"与"空白"。

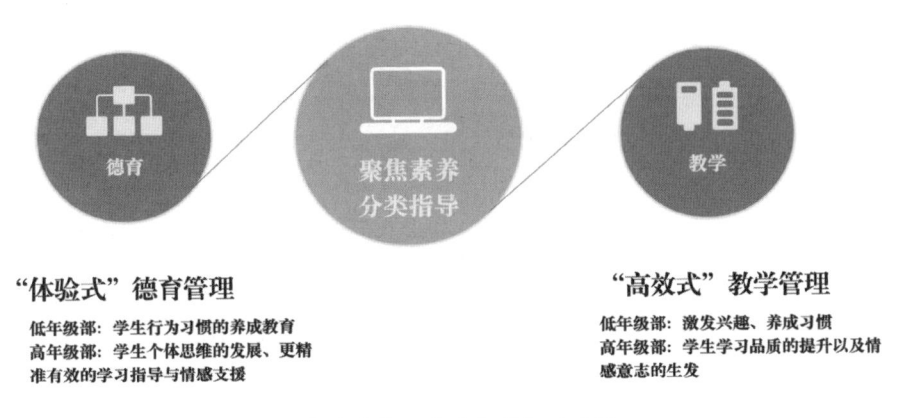

**"体验式"德育管理**
低年级部：学生行为习惯的养成教育
高年级部：学生个体思维的发展、更精准有效的学习指导与情感支援

**"高效式"教学管理**
低年级部：激发兴趣、养成习惯
高年级部：学生学习品质的提升以及情感意志的生发

"聚焦素养，分类指导"示意图

### 4. 一体贯通，差异管理

九年一贯制学校有其内在的办学逻辑，强调系统性，也有差异性。2018年底，在福苑学校更名的准备阶段，我对九年一贯制学校的办学思路1.0版进行了梳理、总结、完善。

2019年1月，福苑学校更名为深圳市龙华区教育科学研究院附属学校（以下简称龙华区教科院附属学校）。作为创校校长，我把"九年一贯·条块结合"的办学思路向"贯通培养"延伸，明确九年一贯制学校的办学目标重在"一体贯通，差异管理"，建构一体贯通的基本架构。一方面，依托行政团队，强化科级组引领。学校德育行政管理系统主抓低年级部"第一学段块"和"第二学段块"，侧重学习兴趣激发与行为习惯养成；学校教学行政管理系统主抓高年级部"第三学段块"和"第四学段块"，侧重学生学习品质与情感意志的培育。另一方面，畅通交流渠道，强化信息贯通。我在每个年级、每个科组都安排一名行政干部直接参与管理与指导，确保了教育管理上的贯通一致，及时反馈。四个学段的差异化管理如下页图所示。

[图示内容]

第一学段块 一至三年级
养成教育：幼小衔接、兴趣表达、习惯养成、生活素养

第二学段块 四至五年级
自主管理：提炼经验，多元发展、培育逆向思维、五向管理

第三学段块 六至七年级
融通教育：小初衔接、融合活动、自我进阶、个性表达

第四学段块 八至九年级
超越教育：学科素养、初高衔接、情感支援、心理品质

（中心：差异管理）

第一学段至第四学段差异化管理示意图

具体而言，"第一学段块"一二三年级侧重激发学生学习兴趣，使学生养成良好的学习习惯，这一学段块是培育学生自我管理能力的黄金时期。其中，一方面，是幼小衔接需要更好的适切性；另一方面，也要为高年段的学习打好坚实的基础。因此，龙华区教科院附属学校德育处以"发展学生自主管理、自主发展"为原则，强化学生学习习惯、行为习惯、生活素养的养成教育，从管理一套桌椅、一个书包、一次表演、一次回答开始，激励学生往"向善、向美、向上、向好、向实"的"五向"自我管理发展。"第二学段块"四五年级侧重加强对学生可逆化学习思维的培养，加强学生行为习惯的养成教育，特别是课堂学习规范。此学段块，学生的思维处于形式运算阶段，能够进行抽象思维，掌握符号系统和抽象符号的运用，能够通过语言和符号来解决复杂问题。因此，"第二学段块"所开展的学科教学实践、社团以及大型活动，相较"第一学段块"更加强调因果、逻辑、推理、展示，并且引导学生归纳与总结，进一步提炼学习经验和生活经验，形成初步多元的解决问题的思维。"第三学段块"六七年级侧重学生心理健康教育以及小升初的衔接和学科学习思维的贯通。学校强化教学内容的渗透和学习方法的指导，避免学生出现学科知识"断裂""空白"的现象。学校开展了系列学科实践活动，提升学生知识的情境应用能力，实现实践能力、思维能力的贯通培养。"第四学段块"八九年级侧重

学科综合素养的探索以及初升高的教学衔接，在课堂教学之外，积极带领师生参加学科类竞赛，拓宽知识应用的边界，重在强化学生学习品质以及为学生提供适切的心理辅导，锻造学生坚毅果敢的心理品质。至此，"九年一贯·条块结合"的办学思路已完成实践，为"九年一贯·条块融合"的办学思路打下坚实的基础。

## 二、发展期

2019年4月底，我调任深圳市龙华区潜龙学校。这也是一所九年一贯制学校，且在十一年发展历程中积累了较为深厚的教学研系列活动的经验。2019年9月，我在潜龙学校思考建设"融合型学科素养课程"，打造"乐活大课程"，增补了"叙事性德育"，以实现课程育人、活动铸魂的目的。

### （一）优化课程理念，培育贯通式良师团队

九年一贯制学校的内在机制力求学校的课程理念、课程内容、课程实施以及课程质量评价做到共融共通，一体多样。因此，我优化了课程理念，以"新课程·新动能·新教法"为原则，优化学校原有的课程设置，依托国家课程，构建融合型素养课程，建设"乐活大课堂"。于是，学校逐渐打造出包括"两个维度""三个系列""三个学习社区"以及"N个年级俱乐部"在内的"二三三N"乐活课程体系。

为了确保"融合型素养课程"的有效实施，促进课程育人提质增效，我尝试贯通四个学段块的师资配比，实现师资循环流动。我把能胜任一至九年级四个完整学段块的教学与管理的教师称为"大循环"师资力量；把能胜任第一、第二学段块的一至五年级或第三、第四学段块的六至九年级的教学与管理的教师称为"中循环"师资力量；把能胜任单一学段块的教学与管理的教师称为"小循环"师资力量。在九年一贯制的贯通式学制运行机制下，学校鼓励教师尽量实现大循环教学或中循环教学，让教师自身的专业能力得到贯通式的养成。同时，我在潜龙学校完善行政人员下年级管理制度，每个年级安排一名下年级行政人员，每个学段块安排一名校级领导进行引领与指导。

贯学段：大循环
能胜任一至九年级四个完整学段块的教学与管理

单学段：小循环
能胜任单一学段块的教学与管理

跨学段：中循环
能胜任第一、第二学段块的一至五年级或第三、第四学段块的六至九年级的教学与管理

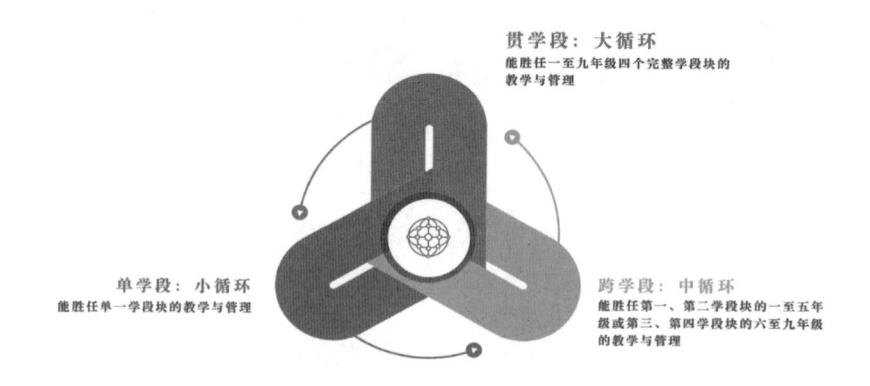

"贯通式良师团队"示意图

2021年2月，在潜龙学校我通过全体教职员工"网上海选"的方式，提出"一切为了学生的快乐成长"的办学宗旨，并进一步融通学段，推行"准十二年一贯化"办学路径，还在学校三所附属幼儿园提出同步贯彻"一切为了孩子的快乐成长"的办园宗旨。2021年6月，教育部、国家发展改革委、财政部发布《关于深入推进义务教育薄弱环节改善与能力提升工作的意见》，鼓励各地建设九年一贯制学校。于此时，我对九年一贯制学校的办学思路进行了系统的梳理、研究、思考与提升。2021年9月，我的九年一贯制学校办学思路2.0版成型——"九年一贯·条块融合·贯通培养"的全链条办学机制，如下图所示。

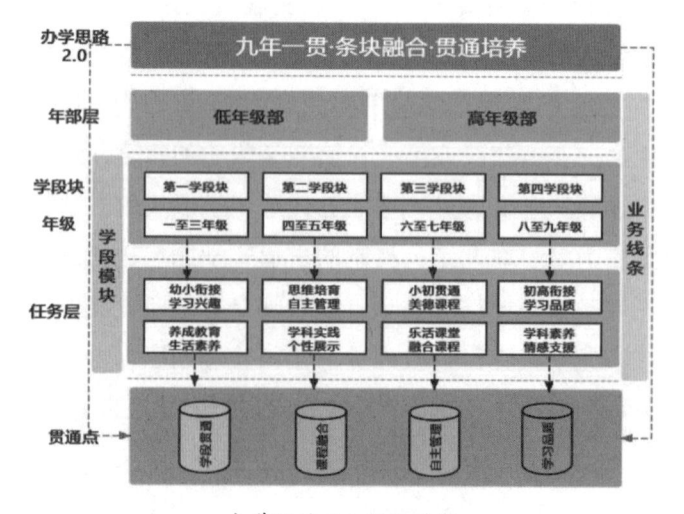

办学思路2.0版设计图

## （二）细化课程设计，构建融合型素养课程

依托学科教研组和年级组，优化原有课程基础，提炼核心课程因子，我进一步将优质课程因子与年级管理经验有机融合，提出"叙事性德育"，努力打造学科素养课程和美德课程的双线融合。

例如，潜龙学校的"每月一节日、每周一展示、每班一台戏"系列校本美育课程，与"文化浸润课程""乐享体验课程""创新探索课程"三类学科素养课程的有机融合，丰富了"二三三 N"乐活课程体系。其中，"文化浸润课程"面向全体学生，帮助学生夯实基础，强调研究思考，有利于学生坚定文化自信；"乐享体验课程"面向特质群体，帮助学生开阔视野，强调体验感悟，让学生快乐成长；"创新探索课程"面向个体，帮助学生丰富个性，强调实践应用，有利于培养"有点子并能付诸实践"的创客学子。而这三类学科素养课程的实践路径正是"乐活大课堂""月·节文化""班级文化展示""周周有表彰"等美德实践活动。如此，逐步实现学科素养课程与美德课程的双线融合。

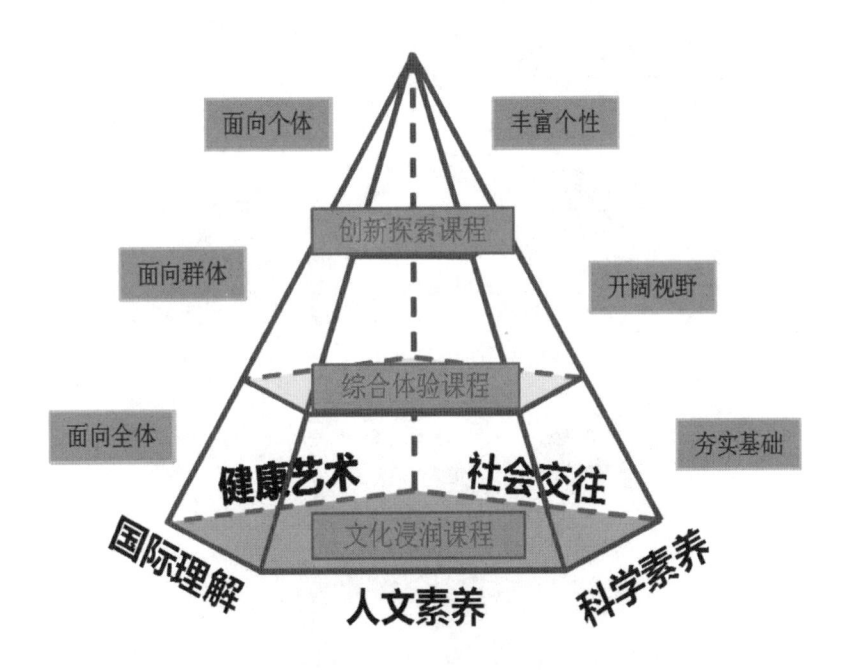

"二三三 N"乐活课程体系示意图

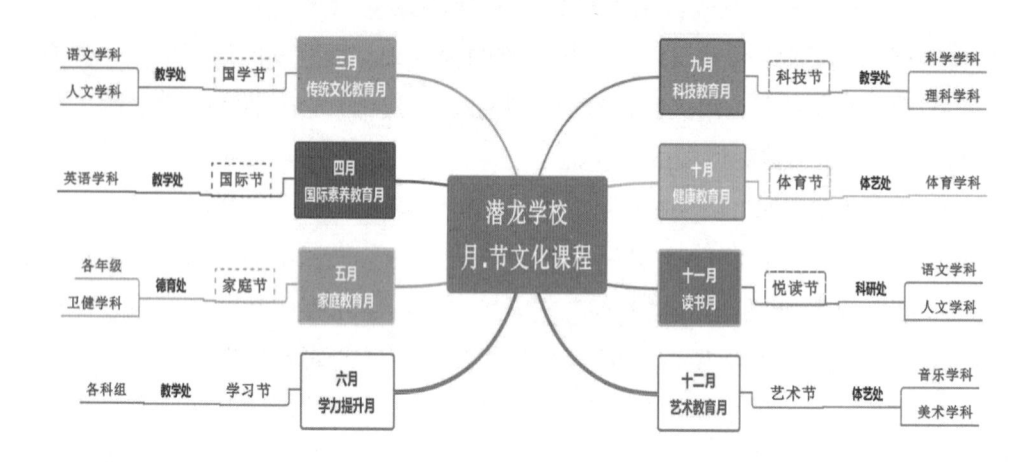

潜龙学校"月·节"文化课程示意图1

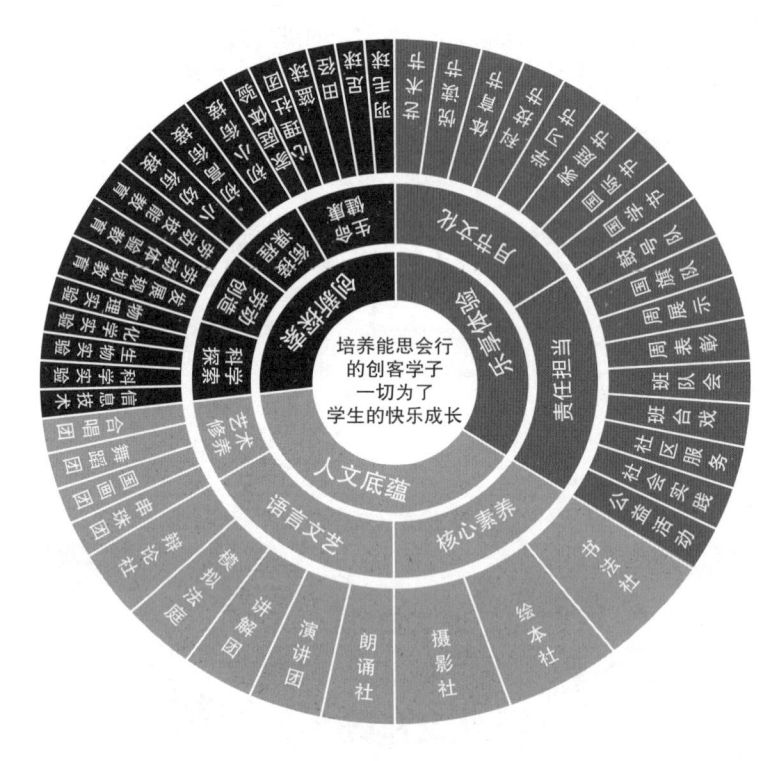

潜龙学校"月·节"文化课程示意图2

### （三）推进课程实施，释放课程元素

融合型课程体系的建构，体现在学科教学实践活动以及美德实践活动，实现学科元素、实践元素以及融合元素的深度融合，学段实践活动的融通互润。

具体而言，"第一学段块"一二三年级侧重幼小衔接，激发学生体验新学科学习的兴趣，与此同时，开展"养成式"德育，从基本行为规范开始，逐层进阶到美德素养课程。教学内容倾向生活教育、学科兴趣，德育内容倾向行为养成、规则教育。"第二学段块"四五年级则侧重美德素养课程的进阶引领，教学内容和课程实践活动强调社会公德与道德榜样，侧重加强对学生的纪律教育以及可逆化学习思维的培养。"第三学段块"六七年级侧重体验融合型学科实践活动，在活动设计里，增加学生基础行为规范和美德方面的评价元素，加强学生心理健康教育，强化小升初的衔接和学科学习思维的贯通。此阶段，强调学生学习素养和美德元素的双线发展，促进学生全面发展，从而实现进阶式、一体化的自我实现与自我超越。"第四学段块"八九年级侧重学科素养的探索以及初升高的教学衔接，重在强化学生学习品质以及为学生提供适切的情感支援。其中，情感支援包括心理健康教育、青春期教育以及学生生涯规划等。

推进课程的实施，教师观念的转变与发展至关重要。2019年，学校成立教学指导委员会，以集体备课为抓手，推进教学改革。集体备课从2020年1.0版的"四定"升级到2021年2.0版的"时长2小时"，到2022年3.0版的"使用多媒体手段"，再到2023年升级为4.0版的"主题式集体备课"。学校以"大单元学历案和跨学科主题教学"为主题开展集体备课，间接带动活力课堂、作业设计等环节，构建活力有效的课堂教学模式，实现教学质量"每个学期有进步、每个学年有提升"的目标。至此，"九年一贯·条块融合·贯通培养"的办学思路2.0版已完成实践，为下一阶段的深化与发展打下了坚实的基础。

## 二、深化期

2022年1月，中共中央办公厅印发了《关于建立中小学校党组织领导的校长负责制的意见（试行）》。2023年3月，我不再兼任潜龙学校校长。作为潜龙学校党总支书记，我规范办学思路与学校制度，深化办学资源和全链条管理

机制，深化教、科、研、学四位一体，内涵发展。这一时期，我更关注教师专业成长与行政能力素养的培育，形成办学思路3.0版本——九年一贯·条块融合·贯通培养·聚力管培"，如下图所示。

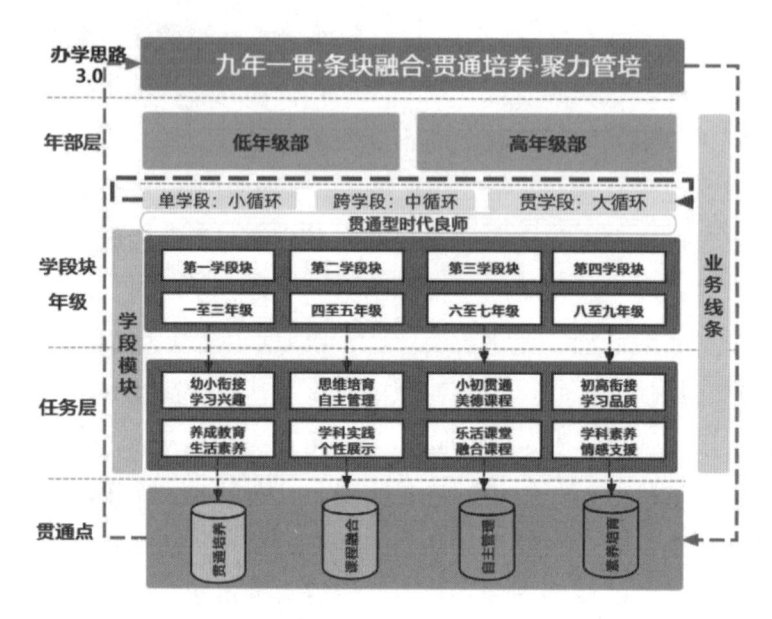

办学思路3.0版设计图

## （一）深化期I：单校管理

### 1. 深化条块融合，实现共融共进

九年一贯制学校不只是在学制上的贯通，更需将培养目标、办学宗旨融入每一个学段。因此，本阶段有两项核心工作：一是将"业务线条"与"学段模块"进行深度融合，以实现规范管理。二是系统梳理，总结前三个阶段的经验，优化"两部四段"的顶层设计与管理制度。具体安排如下：

第一项工作从以下两个方面展开：一方面，行政管理与职能部门在业务设计、业务实施、业务反馈上必须充分考虑各学段块的学情、师情、资源，让纵向业务推进更顺畅，更有针对性；另一方面，各学段块在教学目标、学科实践活动、校本课程的落实上需做到"有制度、有组织、有方案、有反馈、有效果"等工作机制。比如，学科实践活动的开展，需要年级部协助统筹各学科时间安排、资源调配、进程维护；而年级部开展素养实践活动，则需要学段块提供内容设计、资源供给、进程指导。如此，条块融合机制才能发挥高质效功能，条块机制运行也就更加规范。

第二项工作强调经验优化与制度管理。一方面，系统优化前三个探索时期的一线经验，编撰校本管理手册《潜龙宝典》，促进感性认知与实践经验的理论化；另一方面，优化条块系统的管理制度，具化为可操作性强的工作规章制度、管理细则以及评价量规，确保行有所依。

**条块**
将"业务线条"与"学段模块"进行深度融合，以实现规范管理。

**制度**
系统梳理、总结前三个阶段的经验，优化"两部四段"的顶层设计与管理制度。

"条块融合"的两项核心工作示意图

### 2. 深化资源整合，实现聚力管培

九年一贯制的高效运行必须依托资源的有效调配，因此，本阶段将从三个维度深化资源整合，确保条块机制的全线贯通与高效执行。一是打造"贯通型时代良师"教学团队，确保九年一贯制办学机制的可持续发展。一方面，优化教师结构，从政治素养、教师学历、个性特长、学科教研、职能适配五个方面入手，打造一支"有情怀、有学历、可持续、可循环"的"贯通型时代良师"队伍。另一方面，强化行政团队的工作质效和团队凝聚力。二是对教学硬件、校产资源、制度资源、人力资源进行重新盘点、归类，以便统一调配，合理流通。三是依照制度为教科研学各类竞赛、评比、交流提供合法合规的资金支持。至此，在"人、物、财"三个维度的系统护航之下，资源赋能条块机制的管理格局基本形成。

### 3. 深化思维聚合，实现互联互动

随着前三个探索时期的纵深实践，九年一贯制的办学机制要实现更高效率的运行就必须在运行思维上实现聚合。因此，本阶段将德育、教学、科研、学法四个管理条块进行有机串联。一是德育管理勾连教学管理。"养成式"德育管理机制对不同学段的学生开展针对性的教育，每一项教育项目均对标不同学段的学生素养、学科素养、学段任务。如心理健康教育课程，融合语文学科课本剧与音乐学科，让学生在戏剧展示与音乐疗愈中认识自我情绪。二是教育科学研究勾连学法指导。本阶段的科研项目均是基于学生学习问题的课题研究，从真实学习情境中来，最后回到学生真实学习中去。如中学语文教研组基于"1+N"的课程建设理念，开发了《真实写作——统编版初中语文写作学习元素开发与运用》系列书籍，依托学生日常写作，聚焦学生写作过程，培养学生写作能力。

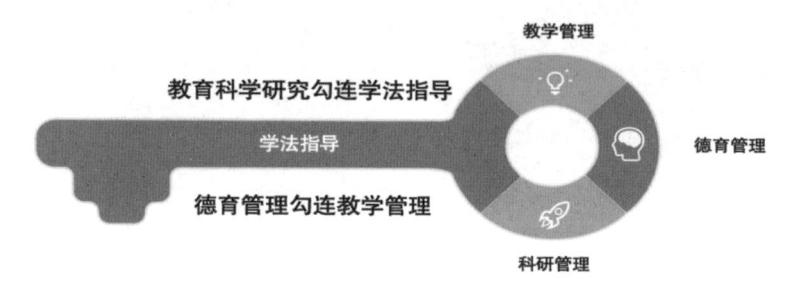

四个条块管理的串联示意图

在此阶段，我推行优化管理，其核心在于"学校管理的课程化"。2019年，学校推行"人文管理"+"课程化管理"，制定《潜龙宝典》。在人文管理基础上，把学校管理看作课程教学，在实施前有要求、有方案，相当于有课程标准和教学设计；实施后有过程性指导与支援、有评价，就是有课程考核和教学评价；各部门研究工作方案，汇编《潜龙宝典》，相当于集体备课和教学设计汇编，为行政管理提供技术支持。

"管理课程化"示意图

## （二）深化期Ⅱ：迈向集团化办学之路

2024年5月9日，深圳市龙华区龙飞小学纳入潜龙学校集团化办学，我也于同日兼任龙飞小学负责人，主持龙飞小学工作。我在主持龙飞小学工作两个月之后，深入思考，精心提炼，在2024年7月22日潜龙学校教育集团（以下简称"集团"）党政联席会议第一次正式会议上，提出了集团化办学背景下纯小学办学体量的贯通式教育新形态——"3+2+1（+1）"，即小学一至三年级为第一学段块，小学四至五年级为第二学段块，小学六年级与对口初中有机衔接。在此基础上，我对九年一贯制的办学思路探索走向4.0版本——"党建引领·共建共生·贯通培养·品牌辐射"，如下图所示。

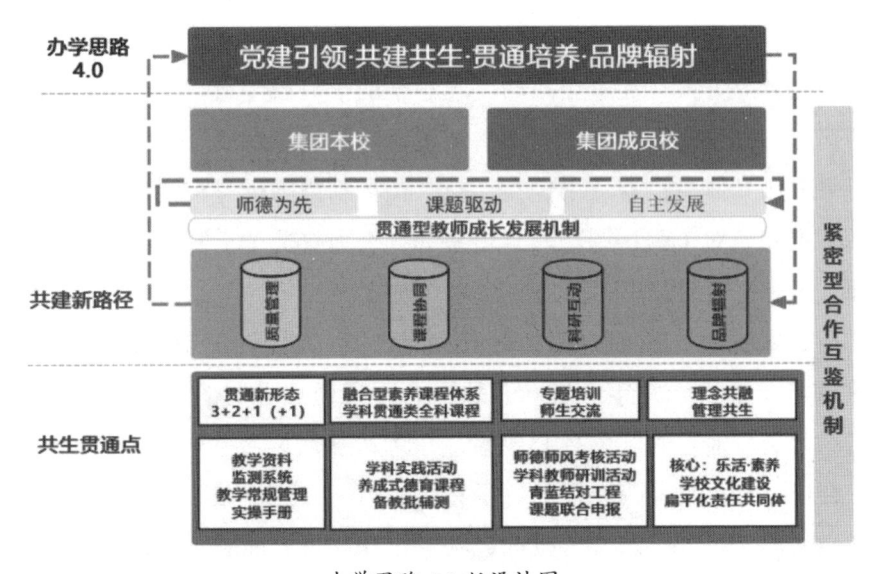

办学思路4.0版设计图

2024 年 7 月 9 日，深圳市龙华区潜龙学校教育集团正式成立。2024 年 10 月初，我面向潜龙学校教育集团全体教职员工以"海选"方式，明确学校集团化发展的关键内容：师生幸福、人文关怀以及高质量教育。我在办学思路 4.0 版本的基础上，积极推进"优质本校+联合智库+成员强校"的集团化办学新路径，构建和完善九年一贯制学校的集团管理体系，努力为龙华区提供更多优质学位，为吸引高端人才落户龙华区提供优质教育资源。

**1. 提质增效，保证教学质量稳步提升**

集团负责教育教学管理、科研及课程改革工作，我们致力于扩大集团品牌效应，辐射带动集团各成员校，全力推进素质教育，提升教育教学质量。

首先，教学质量管理方面，互通共享，共同成长。潜龙学校有着 17 年的办学成果的沉淀。因此，我着力加强学校各项资源的整合和共享，包括教学资料、教学设备、校本课程等教育资源。然后，将潜龙学校丰富的教学资源与龙飞小学共享，扎实提高龙飞小学教育教学质量，坚决守好教学质量"红线"。提供共享教育资源，有学科质量检测系列资料、校本课程实践活动策划与实施方案、教育教师质量动态监测与评价系统等资源，组建"教学质量把关团"，亲力亲为"手把手"指导龙飞小学教学质量管理团队提升学生学业成绩，逐步实现教学质量"稳步、优质"的发展趋势。

其次，教育科学研究方面，师资互动，共同成就。通过专题培训、教师交流、共研共育等方式，促进集团与龙飞小学的学科教师教学能力的提高，专业素养的培育，尝试构建"师德为先、课题驱动、自主发展"的教师成长发展机制。所采取的具体举措有：书记茶话会、全员师德师风考核活动、学科教师研训活动、青蓝结对工程、课题联合申报等，努力打造"求真务实、善思善为"的教师队伍，努力绘制集团教师的群体"画像"。

最后，课程协同发展方面，求同存异，共同出彩。一方面，在课程建设中，我从潜龙学校"九年一贯·条块融合·贯通培养"的办学思路中提炼出"学科融合、贯通培养"的核心要素，并将其融入龙飞小学"学科贯通类全科课程"，进一步凸显龙飞小学的课程特色。另一方面，在课程实施中，我在龙飞小学狠抓落实备课、教学、批改、辅导、评测等方面的工作规范，例如：狠抓学生课堂常规，大力降低"趴桌率"，提升课堂"抬头率"，确保每一个学生都能有效参与课堂学习，营造学生"在学、好学、善学"的学习氛围。举办学科特色课程实践活动、文体活动以及养成式德育活动等，加强集团与龙飞小学的交流、互鉴。

**1. 提质增效，保证教学质量稳步提升**

教学质量管理
互通共享，共同成长

教育科学研究
师资互动，共同成就

课程协同发展
求同存异，共同出彩

集团化办学"提质增效"示意图

**2. 共建共生，扩大集团品牌效应**

集团摒弃"龙头校+"的发展模式，将集团成员校作为平等的办学主体，推行"共商共进，共建共享"的紧密型合作互鉴机制。在办学实践中，优质本校与成员强校逐步结成了"紧密发展，协同互促"的成长共同体，呈现出"双龙齐飞"的发展态势。

一方面，理念共融。理念是行动的先导。我从"一切为了学生的快乐成长！"的办学宗旨中析取出"以生为本""正向发展""生命绽放"三个核心要素，努力融入龙飞小学"向美而生"的办学理念之中，旨在促进每一个学生实现心灵和谐、个性鲜明的生命成长。因此，我将三个核心要素渗透到龙飞小学的日常教学管理中，推行"让每一个学生都合格"的教学追求，在期末质量检测中，低分率有明显的下降，办学声望有明显的提升，呈现"理念共融"赋能"质量提升"的发展新态势，扩大集团品牌效应。

另一方面，管理共生。学校集团化发展之路要"迈得稳，行得远"，构建和完善集团管理体系是关键的一个环节。因此，我优化"扁平化责任共同体"

的管理机制，在原有的"行政管理者下教研组"的基础上，进一步扩展为"行政管理者下教研组与年级组"，逐步实现教研组、年级组与行政管理团队责任共担，共生共长，切实将主要职能部门的职责运转起来，保证集团"统一管理，协同发力"的管理模式落到实处，充分释放集团化办学的管理优势、品牌势能。

2.共建共生，扩大集团品牌效应

理念共融
"以生为本" "正向发展" "生命绽放"

管理共生
扁平化责任共同体

集团化办学"共生共建"示意图

## 总结经验，探明概念

### 一、总结经验："得"与"失"

2019年以来，我一直在讲台上开展跨学段、贯通式教学实践。一方面为了更深刻地了解老师们的真实工作情况与遇到的困难，另一方面是让自己保持教研的习惯。近5年，我都负责全校第一节公开课，备课磨课，观课议课，每一个环节都参与其中。同时，跨学校管理实践，从新创校到品质校，先后管理两所九年一贯制学校，历经三个发展时期。在这个过程中，我的教育理念也经历了蝶化过程。30年前我刚刚参加工作，努力培养会考试的学生，这是我的教育理念1.0版。20年前我参加教育海培，在实践中探索，在探索中思变，努力走素质教育之路，追求学生成绩进步，其间出版教育专著《中美学校文化比较》《中美素质教育比较》《探索课堂——中美课堂教学比较》，这是我的教育理念2.0版。近10年来我聚焦核心素养，立足课程建设，努力走素质教育之路，追求师生共同进步，深化九年一贯制融通教育，培养新时代好少年，这是我的教育理念3.0版。其间，潜龙学校中考优质均衡及初中学业增值名列龙华区前列，被评为"深圳市先进教育工作单位"。

2024年5月9日，龙飞小学纳入潜龙学校集团化办学。我开始带领团队探索集团化办学背景下纯小学办学体量的贯通式教育新形态——"3+2+1（+1）"，即小学一至三年级为第一学段块，小学四至五年级为第二学段块，小学六年级与对口初中有机衔接。这段探索旅程，虽然有前面几个版本的迭代基础，却需要以更高维度观照集团整体的协同发展。于是，为了更好地开展集团化协同发展，实现集团校之间共建共生的办学愿景，我提出"党建引领·共建共生·贯通培养·品牌辐射"的贯通式教育办学思路4.0版本。

基于逾10年的九年一贯制学校管理以及20年的学校督导工作，我总结出九年一贯制学校办学有三大困难：一是中小学管理失衡。由于对初中学业成绩的重视等原因，学校行政干部多为中学背景，低年级管理容易被忽视，出现轻小学、重初中现象。二是课程衔接不顺畅。九年一贯制学校在发展过程中难以真正"一贯"起来，其中最主要的是学校课程衔接、贯通不顺畅，难以实现一盘棋发展。三是师资不易融通循环。大多数九年一贯制学校普遍都存在管理的磨合等问题。另外，中小学教师在教学理念、工作氛围上也有着较大的差异。

在学校管理方面，也出现以下具体困难：

**1. 行政管理难度加大**

正如方秋堂在《九年一贯制办学体制的源起、发展困境及建议》一文中指出：学校行政管理难度大，"九年一贯"增加了学校内部管理的复杂性，学校管理、校内活动等方面都增加了管理难度，现在的管理体制都很难同时兼顾小学、初中各自的特殊性。李建华在《对于九年一贯制学校教育管理的实践探究与思考》一文中指出，在管理制度方面，由于要兼顾到小学和初中多个学级段，要么划分到小学序列管理，要么划分到初中序列管理，容易在管理中形成偏向，在通用性和适应性方面都无法满足学生发展的需求。我在实际管理中，也遇到了行政管理难度加大的情况。特别是"条"与"块"的融合，需要反复沟通与调整，导致行政执行效率一开始没有明显的变化。

**2. 教师管理难度加大**

正如莫芮在《九年一贯制未"贯"的证据、原因与突破》一文中指出的：教师难以"一贯"。教师的身份，要么是初中教师，要么是小学教师，很少有教师兼顾两种身份，没有实现初中与小学的"一贯"，许多学校为"出口"质量考虑，也不愿意让大多数教师"一贯"起来。方秋堂在《九年一贯制办学体制的源起、发展困境及建议》一文中指出课程难以"一贯"的问题。初中、小学的课程目标有较大的差异，衔接不畅。小学课程在知识目标的基础上，以学生语言、健康、社会性发展为主，而初中课程在知识体系上占有更大的比例。中小学教材的版本也往往不同，难以在知识体系上实现衔接。

## 二、分析利弊："利"与"弊"

九年一贯制学校在创新机制的运行过程中，主要呈现以下优势：1. 教育目标统一性；2. 学生成长和特长培养贯通性；3. 资源共享性；4. 师资贯通性；5. 教育教学改革发展性。然而，任何事物都具有两面性。九年一贯制学校在创新机制的运行过程中也会出现一些问题：1. 学校管理思维定式；2. 考核评价不好平衡，教师管理难度大；3. 身心差异明显，学生教育管理难度大。

经验的总结是为了更好地出发。经过13年的实践研究，我逐渐明确了自己九年一贯制学校的办学思路——"九年一贯·条块融合"，辅之的管理原则为"九年一贯，共融共享，贯通培养；条块融合，分段实施，聚力管培"。在学校管理实践过程中，我有意识地开始编撰九年一贯制学校办学机制的制度汇编，如《潜龙宝典》；构筑了融合型学科素养课程体系，如乐活大课堂、月·节文化、叙事性德育；构建了"扁平化责任共同体"的学校管理体系。同时，我也正式提出自己的办学愿景——"走素质教育之路，促进师生共同进步"，以及"一切为了学生的快乐成长"的办学宗旨。

## 三、明晰概念："条"与"块"

### 1. "条"指职能部门的业务管理机制

"条"强调"贯"。"贯"即"贯通培养"，强调管理协同、一致。"贯"的内容丰富，包括办学理念、德育管理、教学管理、行政管理、评优评先、职称评聘等，都按不同的业务线条进行整体规划，整体贯彻，统一要求，统一管理。

以潜龙学校为例，潜龙学校以"一校四部"（学校本部和三所附属幼儿园）为"准十二年"贯通培养。学校把具有共性的工作放到一起统一管理。如统一规章制度，统一财务管理，统一工作安排，统一学校德育、后勤工作。如此，"准十二年"的贯通培养机制就能实现统一管理，共融共进。在管理上，学校始终坚持"九年一贯·条块融合"的办学思路。比如各方面规章制度、管理者职责、教职工考核及评估办法、各项工作的规范与要求、学校的校风学风、师生在校常规、安全系列制度，都实行九年一贯，整体规划。德育、教学、教研、科技、文体的各项学科实践活动都要符合学校的整体培养目标。

### 2. "块"指学段模块的教学管理机制

学校管理扁平化、重心下沉。各年级、各科组的实际工作按照四个学段块的学生特点进行具体落实与管理，分步组织、分段落实，强调凝心聚力。以潜龙学校为例，学校本部针对中小学教育教学工作特点，再分成"两部四段"。四个学段块进行具体的工作落实与管理。其中一至五年级为低年级部，六至九年级为高年级部；低年级部分为一二三年级和四五年级两段，高年级部分为六七年级和八九年级两段。学校德育、教学、教研以及科技艺体等具体活动，都分学段块开展，分步组织，分段落实。

## 实践价值，融会贯通

### 一、理念共融

九年一贯制学校是一个完整的系统，其特殊的内在逻辑是机制运行的系统性、整体性、协同性。因此，办学理念、培养目标、管理制度、学段衔接、行动策略、运行机制等诸多方面都务必共融共进，以确保高质量教育教学与学校管理的有效开展。一方面，健全管理制度，实施规范化管理，制定学校管理"宝典"。完善党政联席会议、党总支会议、校长办公会议、教代会议事制度、家长教育委员会活动制度以及学校各职能部门的管理制度。其中，职能管理部门务必根据工作实际，不断更新实用性强、适切的工作细则与评价量规。另一方面，秉持立德树人的理念，实现科学化育人。依托融合型素养课程体系，优化课堂教学，开展高品质学科素养实践活动，培养贯通型时代良师团队，确保实现教育初衷。

### 二、资源共享

九年一贯制学校在资源配置上要实现一体贯通，合力并进，确保人、财、物统一调配，促成合力。一是优化干部队伍。学校党组织把方向、管大局、做决策、抓班子、带队伍、保落实，关注学校优质均衡发展。校长具体负责全校教育教学业务和行政业务管理，侧重高年级学段。副校长具体负责部分业务线条管理，侧重低年级学段。二是打造"贯通型时代良师"团队，形成优势互补、凝心聚力的优师矩阵。加强教师交流，师资聘用全盘化，盘活教师资源，使人才优势得到充分发挥，坚持"按需置岗，择适上岗"的用人机制。三是依照制度，为教科研学各类竞赛、评比、交流提供合法合规的资金支持。四是重新盘点教学硬件、校产资源、制度资源、人力资源，使项目能够得到统一调配，合力支援。

### 三、德育融通

九年一贯制学校在德育管理方面，要充分发挥"德育护航，熔铸灵魂"的教育作用，将培养目标与学生心理特点、年龄结构和成长规律联通联培，确保高年级部与低年级部的德育管理内部畅通，与学段块交叉联通，积极培养学生积极正向的美德品质。学校可以将德育课程里的思想教育、政治教育、法治教育、道德教育、心理素质教育渗透到四个学段块的各类学习活动中。"第一学段块"以生活教育为主线，关联学生自主管理与学习习惯养成；"第二学段块"以榜样教育为主线，关联学科实践活动，强化自主发展与责任意识；"第三学段块"以青春教育为主线，关联心理健康课程，支援学生青春成长；"第四学段块"以超越自我为主线，关联学科学习品质的锻炼，促进学生自信成长。

## 四、教学贯通

"九年一贯·条块融合"促成课程设计与课程实施贯通运行。一方面，资源共享，为教师跨学科教学实践与研究提供机制保障，实现九年一贯制学校教学目标的统一；另一方面，德育畅通，保障教学内容与学科实践有效衔接，让学生在学校能完整地体验不同梯度、不同向度的学科实践活动，为学生自我认识、自我超越提供一个可持续生长的生命体验场。

特别需要指出的是，"融合型学科素养课程"在教学内容上的选择，析取各学科之间适合彼此融合的元素，能够互融互鉴，有系统、有梯度地培育学生的思辨思维与创造思维。"第一学段块"旨在激趣、导学。教学内容倾向真实语言情境的趣味与运用。"第二学段块"旨在延展、进学。教学内容倾向学科学习元素的融合与实践，学生侧重体验不同学科特质元素的延展类学科基础活动。"第三学段块"旨在个性、深学。学习内容倾向极富个性的跨学科体验与展示，学生侧重体验不同训练重点、学科特色的学科融合活动。"第四学段块"旨在竞争、治学。教学内容侧重学习品质与情感意志的培育，学生会在学科类专项训练活动中实现不断自我挑战、自我成长。融合型学科素养课程依托"乐活课堂""月·节文化"等系列学科活动，系统地渗透九年一贯制学校统一的培养目标，系统提升学生厚实的学力，熔铸时代新人的精神世界，彰显"九年一贯·条块融合"的办学自信。

综上，九年一贯贯通培养结硕果，条块融合共生共建创新质。从福苑学校的"九年一贯·条块结合"到潜龙学校的"九年一贯·条块融合",从单校管理到集团化办学,我的办学思路始终追求教育的连贯性与生成性,构建连续、系统、整体的九年一贯办学机制。九年一贯制学校的办学机制经历了分期探索,逐步深化的过程。在不断的总结与探索中,"九年一贯·条块融合"的办学理念正呈现出丰沛的生长力,为九年一贯制学校的探索提供了坚实、实用的实践价值。

# 教学贯通篇

## 本篇导言

我国全面深化课程改革，九年一贯制学校是学段衔接、课程整合与统筹最好的试验田。构建良好的课堂教学模式，激发学生的内生动力，优化贯通式培养的教育管理机制，是我们实现高效能的教育革新工作必须重点突破的课题。在上一篇中，我重点梳理和探索了九年一贯制学校贯通式培养的教育管理机制，每个时期的探索都是全方位、全要素的重新思考与实践，从整体宏观的视角梳理其内在逻辑与运行机制。本篇，我将聚焦贯通式培养的教育管理机制的两个核心部分：一是以课堂教学模式的构建赋能贯通培养机制；二是以校本课程的开发与实践推进贯通培养机制的持续发展。这两部分是贯通式教育的关键点，属于学校教学管理的"牛鼻子"。我们只有洞悉教学贯通的内在逻辑与贯通路径，才能深刻地理解贯通式教育的真正含义。

在新的时代背景下，我们既要重视知识、技能的习得，又要重视创新能力与实践能力的培养。为此，我们开展贯通式教育，尝试打破传统课堂的知识传授类课型，融通学段、融通学科、融通场域，以期通过有序的学程设计，引导学生逐步探索，逐步实现"心智和谐、情意相映"的全人品质教育。2002年至今，我一直在实践"探索式课堂教学模式"，始终坚持"高效、合作"的课堂教学要素。随着时间的推移和执教阅历的丰富，我对"探索式课堂教学模式"的实践再思考，产生了两个时期的蝶变：一是2002年至2013年，主要开展"亚伦教学法"课堂教学的实践研究；二是2014年至2024年，主要开展"乐活大课堂"课堂教学的实践研究，构建"乐活教学课程体系"。第一个时期，聚焦课堂教学设计的适切性，深耕课堂教学的精细、融通，旨在培养学生"合作探究、自主生发"的学习素养，其间经历单一课堂教学法的探索以及课内外一体化的教学探索，还有思辨学习；第二个时期，聚焦课程整体设计，通过课程的顶层设计，打造贯通式师资力量，以课程自觉赋能学法，促进学生多元发展。先后经历"学用型课堂教学程式"（又称"学用教学法"）以及"乐活大课程体系"两个阶段的探索。在贯通培养视域下，我始终坚持"以人为本"的教学理念，课堂教学基本范式经历了从"知识探究"到"学生创造"的转变，整个探索过程是动态生成的过程。

贯通式教育的探索势必要有久久为功的努力。尤其是最核心的教学及教学管理的探索，经历两个时期，时间跨度长，从课堂教学到课程设计，从实践到理论，又从理论回到实践，反复实践、思考，努力融通各类教育资源，促进学生的全域探索，实现贯通式培养的实质探索。历时20年对于教学贯通的探索，有变化有更新，也始终坚定"高效、探究、创造"的课堂教学要素，因为"高效、探究、创造"不仅是贯穿课堂教学的探索历程，更是贯通式教育持续生发的核心要素。

## "亚伦教学法"课堂教学的实践研究

贯通式培养的教育管理机制有其特殊的内在逻辑,反映在我们的课堂教学这个"牛鼻子"上,就需要有能够促进学生持续性学习的课堂教学基本范式。一是方便学校整体的教学评价与管理,二是有利于学生学习的持续进阶。在传统的教学管理模式中,单一学科、单一学段、单一质量检测,所评价的要素是零散的,评价的方式也相对单一。相比于传统的学业质量评价的单一性,贯通式教育有系统全面的评价体系,这个评价体系包括对教师教学质量和学生品德、学业的评价。如果我们以终为始,从"评价端"往"课堂教学"回溯,我们就会意识到贯通式教育的课堂教学需要有内容分层、形式多样、主体多元的课堂教学基本范式。为此,我开始了"合作—探索式"的课堂教学实践之路。

教师要树立"以学生为本,以学生的主动发展为本"的理念,这也是时代发展的要求。"以学生为本"的第一要义就是要关心、爱护、接受学生,善于发现每一个学生的闪光点,不放弃每一个学生,真诚地帮助每一个学生,使他们在原有的基础上有所收获,有所发展。"以学生的主动发展为本" 的第一要义就是要充分调动学生的积极性、能动性,挖掘学生的学习潜力,使他们自觉地参与到知识的探究过程中来,使学生真正成为学习的主人,而不是知识的奴隶。

2002年开始,我作为深圳市兼职督学先后多次参加了对深圳多个中小学校的教育督导评估,在大量听课、评课、议课的教学研讨中,对当前学校素质教育的实施进行了深入的调查研究。经过调研分析发现,得到较高评价的中小学课堂有一个特点,那就是可称之为"变化了的传统课",或者说是既要把"独立思考、自主学习、合作探究、成果展示"等"学本要素"引入课堂,又要提高课堂教学的整体性、有效性,讲练结合,从而提高课堂教学效率。为此,我一直在思考,富有"自主、合作、探究、效能"等课堂要素的课堂教学基本范式的实践路径。这种课堂教学基本范式能做到既培养学生的探索精神与能力,又不会降低课堂效率。对于课堂教学基本范式的探索与实践,我从"探索式教学"的研究开始切入，然后，扩大"探索式教学"的应用方式，融合"激趣""讲授""合作""思辨"等课堂教学元素，同时，打破传统单课知识传授的单一模式，设想通过课内外一体化的架构，指导学生在课前（课外）完成探索部分的学习任务（包括课前预习），减少课堂上（课内）的探索学习时间，从而提高课堂单位时间实效。那么，我的探索是如何一步步开展的呢？

## 一、提炼与厘清：探索式教学

早在民国时期，我国就已经在探索式教学方面有所研究和实践。商务印书馆于 1949 年出版了由当时民国教育部审定的师范学校本科用新教科书《教育学》，《教育学》第三篇"教授"之第五章"教授论"之第三节"教授之方式"中谈到教授的方式可"大别（概）为注入式与开发式"，"开发式者谓就儿童既有之知识引申类如萌芽之加以灌溉扶助其发荣滋长是也，或称发明法"。开发的教式分为三种，分别为"发问式""对话式"和"课题式"。"其中课题式即提出问题以考察儿童之学力是也。此法可使儿童磨炼既有之知识以唤起其学习之兴味（趣），且可养成其努力之习惯。其应用时所宜注意如下：1. 宜先使儿童明白课题之意义。2. 课题须合于儿童之发达（展）程度。3. 因儿童智能优劣、身体状况以酌定适宜之问题，或不必全级同一。4. 课以宿题（布置家庭作业）须斟酌家庭情况，在幼年儿童须不课为宜。5. 宜检查其答案之正否，又宜注意儿童劳逸之度。"

2014 年初，我在深圳市罗湖区桂园中学任教的初二（8）班物理课堂中开展"课内外一体化之探索式教学实验研究"（如下页图）实验，在初二下学期前半个学期，我让学生在课外（课前）开展实验探索研究，在课堂上我给予学生共五个课时（占半学期物理课时总数的六分之一）展示学生在课前的探索实验研究成果。经过初二下学期前半个学期的实验教学，学生的探索实验能力得到了极大的提高，而且全班学生的物理学习成绩并没有因实验占据老师的讲授时间和学生课堂练习时间而退步，相反还略有提高；更可喜的是积极参与实验活动的学生骨干的学习成绩整体提升。究其原因，我认为是这些学生在课前的探索实验研究中深入理解、探究相关原理，对学习物理起到了很大的帮助作用；而且我感到他们在积极参与实验探索研究的过程中明显提升了对于物理学科的学习兴趣。

"深圳市义工名师开放课堂暨课内外一体化之探索式教学实验研究"研讨活动现场

类似的物理课堂，我总能发现学生对探索、动手、实验都比较感兴趣，他们往往能够通过实验操作、合作完成任务，他们各司其职，自主对枯燥的知识进行精细化加工。这就是探索式教学手段所带来的优势。我从中提炼出"迷思—探索—呈现"三个学生学习的关键要素，这就是探索式教学方法的魅力所在。学生只有被调动起解决问题的积极性，才能在小组任务中尽心尽力，从有形的合作与操作，逐步内化为无形的学习和合作素养。

经过几年的物理课堂教学实践，我对探索式教学的思考总能够有一种"自觉"。一天，我一边翻着女儿看的《十万个为什么》，一边感慨自己小时候没有机会看到类似的图书。世界充满了问题，学习找到答案应该远没有学习提出问题更重要，但我们的学校教育却迫使孩子不善于提出问题，只学习如何找出答案，学习上的成功只能通过把正确答案填到答题卡上来实现。学生在学校里只知道对与错，几乎所有问题都有一个正确的答案。然而，真正牵动人心的学习往往是用好奇心去挑战愚昧。一个人提出高质量问题的能力，比起解答问题的能力，无疑更加重要。探索式教学方法正是希望达成这样的教育效果。

这里，我们会更加聚焦探索式教学方法的一个核心要素："迷思（问题）"。是的，引导学生会提问太重要了，引导学生"学后能提问"才更有教育生命力。教会学生"能提问题、善提问题"是真正激发学生求知本能的一件大事，也是探索式教学方法应用得当的重要衡量指标。直至2024年，我执教小学科学课，更加发现激发学生的"迷思（问题）"对贯通式教育有极其深刻的意义。一天上午，我在备课第二天的四年级科学公开课时，摒弃了固有的"教学套路"，增加了"自由提问"环节。在课堂现场，学生提出了这样的问题："既然声音传播的介质可以是空气，那么声音在空气中的传播速度与在钢铁中的传播速度哪一个更快？为什么？"听到学生的提问，我不由感慨，无论什么时候，每一届学生都有其对知识探索的独特需求和欲望，我们的课堂教学不能将这种发问的欲望抑制在一个个既定的教学程式上。那么，探索式教学方法就显得十分可贵。它能够让学生的求知、探索有一个"喘息的空间"，有一个知识反刍的时空介质。从外面剥开鸡蛋壳是食物，从里面啄开鸡蛋壳是生命。以前，我抓高中和初中教学，经常和老师们强调"解题套路"，实在是有"喂食"倾向，显得功利了。我们的学科，尤其是科学、物理等教学要更多引导学生对学科原理的逆推研究，我们要多教学科原理，多让学生明白知识的来历，让学生知道科学是"怎么回事？是为什么？是怎么用？"多引导学生研究科学（物理）实验和社会活动会"出现什么问题？为什么出问题？怎么出问题？怎样纠正问题？"

探索式教学方法有着传统单一讲授式课堂无法比拟的教学动能，"迷思—探索—呈现"三个关键要素充分释放出学生的求知欲与探索欲。我在物理课堂上，也不断激励学生往学科知识的纵深处探索，及时引导学生回溯自己的学习方式。于是，学生开始能够总结出自主学习的"宝典"——大胆提问，小心求证，小组合作，全班见证成果。其实，我们可以从中看到探索式教学的核心要素作用在学生的学程上，这是一种课堂教学的生态，学生的思维能够在可探索的空间中被调动起来。

综上，我们可以确定探索式教学方法是课堂教学基本范式的实践路径，但不是唯一途径。我们是从实践视野去观照学生的学习体验，提炼出探索式教学的核心要素。如果我们将视野转向学生在课堂中学习的情智体验，我们会发现，学生在这样的课堂中还是出现了以下问题：

一是知识习得的系统性不如传统讲授式课堂。传统讲授式课堂能够将知识的来龙去脉、前因后果讲得十分清晰明了，学生的笔记更完整，知识架构更清晰，在单元测试中，整体更有优势。反观探索式教学，学优生基本不受影响，而学困生只对任务完成与展示充满兴趣，知识架构却很松散，基本都是散点式，无法形成系统，在纸笔测试中无法凸显优势。

二是技能习得的有效性无法长久持续。学生在小组任务中能够积极操作实验，能够积极参与活动，但是参与的程度和质量不高。比如，在某一节物理实验课中，学生能够根据操作流程，小组完成实验操作，但是，记录实验成果、呈现实验成果却往往是学优生负责，学困生基本不参与知识的提炼和归纳，在展示环节也是站在团队的边上，不积极主动地展示。因此，我意识到"学商"的重要性。

三是课堂管理的挑战成为新的课题。物理课堂是思维迸发的课堂，但是，往往也是因为课堂的特点，导致在推行探索式教学时，班级纪律管理成为一个新的问题。哪怕在展示环节有提示、引导，还是有部分学生会成为课堂的"氛围破坏者"。因此，我更加清晰地意识到，促进学生学习素养的整体提升，绝对不是一种教学方式或者一个课堂教学要素就能实现的。

贯通培养学生的学习素养不只是要"学得进"，还要"学得好"。因此，我的探索视角逐步转向"课内外一体化探索式学习"，设想通过"任务前置、课中探索、规范展示、课后研学"实现对学习全过程的关注。这是对课堂教学结构的设想，事实上，我更深刻的思考是：贯通培养机制下，学生完成学习任务、解决问题与他自身认知策略的成长是否有内在逻辑。要探明这个问题，我们就要再往前走一步，打破单一课堂的壁垒，尝试课内外一体化的教学研究。因为，学生的学习能力、情意品行是否有一以贯之的培育是衡量"贯通式教育"的重要依据。为此，课内外教育资源的一体与融通也就成了开展探索式教学的一个必要且重要的策略，也是融通式教育管理的重要目标之一。

## 二、破壁与新奇：课内外一体化教学

要理解课内外一体化教学这种教学方法，我们首先来看我的一节探索式课堂的教学进程：

1. 新课导入，引起注意

2. 呈现目标，告知任务

3. 解读任务，提供已知（含实验设备）

4. 组内分工，适时指导

5. 小组展示，适时评价

6. 课堂小结，布置作业

我们会从中发现，学生在不同的学习环节中"有事可做"，却不知道"为什么要做这件事""如何完成这件事情"。学生并没有对自己个性化的认知策略进行总结。这种探索式学习，学优生或许还能不断内化、提炼、总结自己的认知策略，因为他们有足够的时间展示和解说。而学困生却只能扮演"任务的完成者"，无法像学优生那样，完成认知策略的提炼与完善。那么，在贯通培养的课堂教学范式中，也就无法实现可持续性的学习，学习素养无法真正实现提升。因此，我尝试将"探索式教学"进一步扩容和细化，尝试课内外一体化教学。

### （一）课内外一体化教学的教学模式

课内外一体化教学是学生在教师的指导下，以构建具有教育性、创造性、实践性的学生主体活动为形式，激励学生根据自身的爱好与条件，选择不同的研究课题，通过学生主动实践、主动探索、积极思考等，让学生在研究过程中提升能力。这种模式指向学生自主认知策略的反思与总结，让学生在探索问题中受到教育、得到发展。"问题式"和"探究性"是它的核心思想。"问"，即在探索中提出问题，在反思中产生问题，在问题中反思。

在内容的组织方面，课内外一体化教学首先体现在对教材创造性的使用上，其次还应体现在对教学内容的扩展上。教材所提供的内容只是教学内容的一部分，作为教师可以根据学生的实际情况适当拓展，这样才能更加丰富教学的内容，学生也会因此有强烈的探究兴趣。在教材内容的组合上，可以向学生的生活开放，可以与学生合作选择内容或利用学生自己的选择来组织活动。这样的教学内容会更贴近学生的生活，更有实效性。在形式的选择方面，实现课内外一体化教学，首先，是活动形式的多样，强调丰富多彩；其次，是形式的选择是开放的，强调不拘一格，但形式必须服从于内容。在时间的延伸方面，实现课内外一体化，要合理安排课内的时间，组织教学活动。在空间的拓展方面，实现课内外一体化，要让课堂从教室拓展到学生的家庭生活空间，从教室拓展到学生生活的社区。如此，打破壁垒，关注学生个体的认知策略与情意发展，我也开始从探索式教学再往前迈出一步，开始构建"课前自主探索式预习—课堂镶入合作学习讲授式教与学—课后合作探索式作业"的课内外一体化探索式教学模式，从而使得我的物理教学鲜活起来。

我设想，课内外一体化之探索式教学的一般模式包括：1. 课前，学生根据教师布置的作业进行探索式研究（相当于传统的预习作业）。2. 课中。（1）学生分享探索性研究成果；（2）合作学习，深入研究；（3）教师总结、讲解，帮助学生完成知识体系的构建、理解；（4）运用所学知识进行针对性练习。3. 课后，完成运用性探索研究作业（包括拓展型、基础型、任务型）。

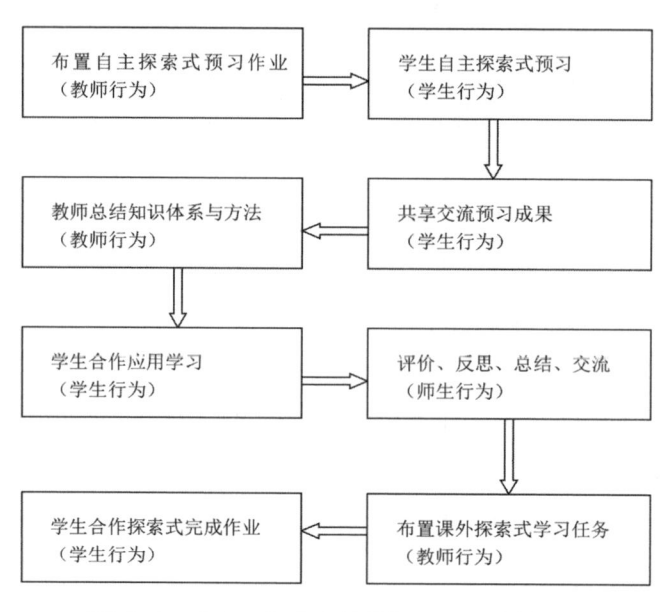

"课内外一体化之探索式教学"的一般模式示意图

接下来，我以 2014 年 3 月 7 日（星期五）下午我在深圳市桂园中学举行的课内外一体化之探索式教学实验公开研讨课《牛顿第一定律》为例，来解说我所建构的探索式教学模式。该课的主要教学步骤包括：

一、课前，学生小组探索实验研究学习；

二、课堂，学生小组课前探索成果分享；

三、课堂，学生小组实验探索研究学习；

四、课堂，学生小组实验探索研究成果分享；

五、课堂，教师知识讲授、规律总结；

六、课堂，学生小组课堂讨论研究和练习；

七、课堂，小结、小测和作业布置；

八、课后，学生完成探索性作业。

第一步，在课前，我给学生布置了小组探索实验研究学习任务。

我给学生设置的探索研究的问题是"阻力对物体的运动有什么影响"。我告诉学生，物体在水泥地面、瓷砖地面、玻璃表面、塑料表面、木地板、桌面、毛巾、各种布料表面上运动时受到的阻力大小不同。而阻力大小不同，物体的运动速度变化快慢也会不同。让小球（或者小车）在相同高度往下运动（或者用同样的力往外推），使之在不同材料表面运动，通过研究小球（或者小车）的运动距离可以研究阻力对物体运动的影响。

我要求学生：1. 上网搜索研究上述问题，寻找办法。2. 设计并实施实验，研究阻力大小对物体运动的影响。要求用手机或相机拍摄视频短片或照片。3. 制作PPT《阻力对物体运动的影响》，在物理课上进行交流、分享。4. 可以小组合作或个人独立完成。5. 在课前完成探索实验和PPT制作，并上传到我的个人邮箱。

第二步，在课堂上，各小组进行课前探索成果分享。

全班10个探索学习小组都认真合作设计并完成了探索试验，并上传了探索实验视频和PPT。我先在2014年3月6日（星期四）下午用了一节课的时间让其中的8个小组在课堂上分享，在3月7日（星期五）下午的公开课上让另外两组学生用时10分38秒时间（包括我的点评时间）进行分享。0分0秒，上课开始，我先引入新课。0分39秒，第一小组课前进行探索实验研究成果分享。小组的两个代表上台分享小组的探究成果，学生甲先谈小组对于问题的思考：阻力对物体的运动有什么影响？他们首先思考如果运动着的物体受到的阻力不同，那么物体的运动路程会有什么不同？他们猜想运动着的物体受到的阻力越大，运动的路程就越长；反之就越短。

接下来，学生乙介绍小组的实验器材和实验设计方案，以及具体的实验步骤。他们小组改造了一个玩具小汽车，制作了一个刹车片，通过变化压力来改变刹车片的阻力，并让小车在不同阻力下从相同高度下滑，来观察小车运动的路程。接下来，学生甲播放小组探究实验视频，并做讲解。最后，学生乙谈他们通过实验获得的结果以及推论。5分07秒，我进行点评。6分04秒，第二小组学生进行课前探索研究成果分享。这个小组的成果由小组的3个学生代表讲解，3个学生代表先后讲解他们对于探索问题的思考，实验的设计原理和步骤，通过图片来再现实验的过程和相关实验数据，最后得出小组的实验结果。8分46秒至11分17秒，我进行点评。

第三步，课堂，学生小组实验探索研究学习。

11分17秒，学生进行新课前预习练（两道填空题）：

1.坐在汽车里的乘客若身体突然向前倾，则可能是汽车正在_____；若乘客的身体突然向后仰，则可能是汽车正在_____；若汽车向左拐弯，乘客将_____。

2.牛顿第一定律是在_____的基础上，通过进一步的_____得出来的。从这个定律得出的一切推论，都经受住了_____。

13分42秒，我讲解亚里士多德和伽利略的观点。亚里士多德认为必须有力作用在物体上，物体才能运动；而伽利略认为运动物体如果不受其他力的作用，物体将会是匀速运动，并一直运动下去。那么谁对谁错呢？

17分03秒，我布置学生小组进行课堂探索研究任务。

19分07秒，学生小组进行课堂实验探索研究学习。学生小组合作进行斜面实验，探索验证伽利略的观点。

第四步，课堂，学生小组实验探索研究成果分享。

21分04秒，学生小组课堂探索研究成果分享。我随机请一个小组的学生代表把他们小组的课堂探索实验结果和大家进行分享。

21分32秒，我进行点评。

第五步，课堂，教师知识讲授、规律总结。

21分58秒，我讲授、总结牛顿第一定律。牛顿在伽利略等人的研究成果基础上总结出牛顿第一定律：一切物体在没有受到力的作用时，总保持静止状态或匀速直线运动状态。

26 分 11 秒，学生课堂练习 1（两道题）：

1. 牛顿第一定律的内容：_____ 物体在没有受到 _____ 的作用时，总保持 _____ 或 _____。

2. 关于牛顿第一定律，下列说法中正确的是（ 　　 ）。

A. 牛顿第一定律是可以通过实验直接证明的；

B. 验证牛顿第一定律的实验做不出来，因此不能肯定这个定律正确；

C. 牛顿第一定律是在大量实验的基础上，通过分析推理而获得的；

D. 物体保持静止或匀速直线运动状态，叫作牛顿第一定律。

27 分 20 秒，我讲授、讲解惯性概念。一切物体都有保持原来运动状态不变的性质叫惯性。

第六步，课堂，学生小组课堂讨论研究和练习。

28 分 29 秒，我通过实验演示和动画演示，布置学生小组讨论题 1。我通过动画和动手演示小球的惯性实验，在一个支座上放一个金属片，把一个小球放在金属片上，旁边有一个弹簧片，拨动弹簧片，把小球与支座间的金属片弹出时，小球并没有随金属片飞出。然后给出小组讨论题 1：拨动弹簧，把小球与支座之间的金属片弹出，为什么小球并没有随弹簧片飞出？

30 分 39 秒，学生分组讨论题 1。

31 分 07 秒，学生分享讨论结论 1。我随机请一个小组的学生代表起立把他们的讨论结果在全班分享。

31 分 33 秒，我进行点评。

31 分 58 秒，我通过动画演示布置学生小组讨论题 2。小车上有一个木块，当小车突然迅速启动时，木块会向后仰倒；当运动的小车突然刹车时，车上的木块突然前倾。动画演示过后，我给出讨论题 2：行驶中的小车突然刹车时，木块为什么会前倾？小车突然启动时，木块为什么会后仰？

33 分 05 秒，学生分组讨论题 2。

33 分 47 秒，学生分享讨论结论 2。我随机请一个小组的学生代表起立把他们的讨论结果在全班分享。

34 分 39 秒，我进行点评。

36 分 08 秒，学生课堂练习 2（两道题）：

1. 惯性是造成许多交通事故的原因，下列不是为了防止由于惯性而造成交通事故所制定的交通规则是（　　）。

A. 某些路段要对机动车辆限速；

B. 车辆快速行驶时要保持车距；

C. 车辆要右侧行驶；

D. 小型客车的驾驶员必须系安全带。

2. 一人面向前方站在一艘匀速航行的轮船的甲板上的某处竖直上跳，当他下落时应落在（　　）。

A. 原处；B. 此处的前方；C. 此处的后方；D. 不能确定。

第七步，课堂，小结、小测和作业布置。

39 分 28 秒，我进行课堂小结。

39 分 50 秒，学生课堂小测验。

44 分 13 秒，我给学生布置作业。

45 分 00 秒，下课。

第八步，课后，学生完成探索性作业。

研究生活中的惯性现象，探索原理。研究生活中惯性的利用和防止惯性的危害。

**（二）课内外一体化教学的任务设计**

苏霍姆林斯基认为："兴趣的源泉还在于把知识加以运用，使学生体验到一种理智高于事实和现象的权力感。"兴趣是主动学习的动力，实践证明：越是与学生学习生活联系密切、生动有趣的知识内容越能激发学生学习热情，越能促进学生主动参与。因此，在教学中，教师要善于从生活中挖掘课程资源，联系学生的生活实际，创设引人入胜的探索性学习任务，使学生进入积极的学习思维状态，从而为课内外教学取得良好的效果奠定基础。那么，探索性学习任务应该具备哪些特点呢？

1. 趣味性：问题要有趣味性，要能够引发学生的好奇心，引发学生的探索欲望，如可采用游戏、故事、操作、现实生活中的问题、古典名题等方式创设探索性学习任务，探索性学习任务切忌抽象、枯燥，没有吸引力。

2. 科学性：探索性学习任务要有科学性，要符合实际，不能是主观臆断的、凭空想象的、缺乏科学依据的，甚至是错误的，这是创设探索性学习任务最基本的要求，忽略了这一点，就会误导学生，说严重一点儿甚至会贻误学生的前程。

3. 学科性：探索性学习任务要能体现学科的本质属性，"去学科化"的倾向需要引起我们的警觉。

4. 现实性：探索性学习任务要接近学生的现实生活，学生要有直接或间接的生活经验，否则，就会达不到预期的效果。

5. 挑战性：探索性学习任务要具有挑战性，要有思维价值，也就是我们常说的"蹦一蹦，摘到桃子"，轻易地摘到桃子，是达不到预期的教学效果的。

6. 量力性：探索性学习任务的思维含量要有度，不能超出学生的能力范围。总摘不到桃子，会让人沮丧、灰心，进而失去学习的信心。因此，探索性学习任务的设置要考虑学生的知识水平和能力水平。

7. 渐进性："探索性学习任务串"要由浅入深，要能引导学生的思维步步深入。

在上课的前一天老师下发预习学案，学生按照预习学案独立完成预习和课前探索任务，并拓展有关的课外阅读，利用网络资源、社区资源等开展探索研究。学生各自找出自己在完成预习和课前探索任务过程中存在的疑惑和解决不了的问题。例如，在教学叶绿体色素吸收光谱的测定之前，教师可为学生提供色素酒精提取液、酒精（用于空白对照）、比色杯、三棱分光镜、毛玻璃板等用具，让他们于课前运用习得的物理学和生物学有关知识，设计一个观察叶绿体色素吸收光谱的实验，并通过亲自操作来检验实验效果。在这样的教学活动中，无论是否取得理想的实验观察效果，学生的求知欲望都会在实践活动中得到激发。当学生观察到各种色素的吸收光谱时，其学习兴趣会陡然增强，他们会情不自禁产生疑问：为什么在红光和蓝紫光部分出现明显暗带？经过思考和分析得出叶绿体色素吸收光能的结论。这样，学生不仅拓宽了知识面，而且能够深刻理解所学知识。

在2013年寒假，我给我所任教的桂园中学初二（8）班学生布置了三个小组合作探索性学习任务，作为2014年上半年我的物理课的课前学生探索实验研究任务。三个小组合作课前探索性实验研究学习任务分别是：

1. 验证力的存在

问题：力，看不见、摸不着，有什么办法可以证明力的存在呢？

力虽然看不见，但是力的作用效果可以看见。比如，物体在力的作用下形状会改变，会被压扁、拉长、弯曲等；物体在力的作用下也可以改变运动的速度大小和方向，比如加速、转弯、减速，或从静止变成运动、从运动变成静止等。

具体要求：（1）上网搜索研究上述问题，寻找办法。（2）设计并实施实验，证明存在的各种力。要求用手机或相机拍摄视频短片或照片。（3）制作PPT《验证力的存在》，下学期在物理课上进行交流、分享。

2. 研究阻力对物体运动的影响

问题：阻力对物体的运动有什么影响？

物体在水泥地面、瓷砖地面、玻璃表面、塑料表面、木地板、桌面、毛巾、各种布料表面上运动时受到的阻力大小不同。而阻力大小不同，物体的运动速度变化快慢也会不同。让小球（或者小车）在相同高度往下运动（或者用同样的力往外推），使之在不同材料表面运动，小球（或者小车）的运动距离不同。可以研究阻力对物体运动的影响。

具体要求：（1）上网搜索研究上述问题，寻找办法。（2）设计并实施实验，研究阻力大小对物体运动的影响。要求用手机或相机拍摄视频短片或照片。（3）制作PPT《阻力对物体运动的影响》，下学期在物理课上进行交流、分享。

3. 验证大气压强的存在

问题：大气压强看不见，摸不着，如何证明大气压强的存在？

大气压强虽然看不见，摸不着，但大气压强有作用效果，作用效果我们可以看见。比如，大气压力可以把吸盘压在光滑的墙上，装满热水的易拉罐被扔进冷水中瞬间会被压扁并发出巨响，喝水时吸吸管水上升进入口中，用纸片盖住装满水的杯子再倒过来水和纸片不会掉下，等等。

具体要求是：（1）上网搜索研究上述问题，寻找办法。（2）设计并实施实验，证明大气压强的存在。要求用手机或相机拍摄视频短片或照片。（3）制作PPT《验证大气球压强的存在》，下学期在物理课上进行交流、分享。

建构主义学习理论认为：学生获取知识的过程，不是被动地接受，而是主动获取、主动建构的过程。学生通过自己动手、动脑，主动获取知识，比被动听讲获取知识要有价值得多，因为他们在主动获取知识的过程中还获取了比知识更重要的东西（如方法、能力、兴趣、意志品质、学科活动经验等）。因此，在教学过程中教师要善于给学生创设自主探索的学习氛围，给学生自主探索的时间与空间，使他们的聪明才智得到充分的发挥。

1. 主题性：学生的自主探索要围绕主题展开，偏离了主题的探究活动如同作文跑题一样。

2. 价值性：学生的探究活动要有意义、有价值，不能为活动而活动（看起来像废话，实则不然）。

3. 可操作性：学生的探究活动要具有可操作性，无法实施的探究活动岂不是白白浪费学生的感情。

4. 有序性：学生的探究活动要有序。

5. 开放性：教师不要对学生的探究活动过多地限制，不要束缚学生的思维，要敢于放手让学生自己去做。

6. 时空性：教师要给学生充足的活动时间，等绝大部分学生完成后再进行下面的任务，否则就会达不到应有的效果。

在课中，教师要先让学生互相分享课前研究成果，并指导合作学习，通过对实验现象的分析获得一定的理论知识后，还要引导他们应用习得知识解释日常生活中的物理现象，或者应用知识解决某些具体问题，使他们经过再实践的过程以实现知识的迁移和深化。如教师让学生思考回答：为什么通常植物的叶子是绿色的，而秋天落叶是金黄色的？这个问题既涉及色素种类，又涉及色素的动态变化,思考和解答这些问题,能够使学生的认知结构更加具体化和深刻化。

在课后活动环节,学生完成能力拓展题的课后练案,并完成下节课的预习学案;教师则进行课后反思总结和作业批改。

当然,开展课内外一体化探索式教学并不意味着我们"逢课必探""一探即成"。探索活动的展开与否取决于教学核心内容本身是否具有探索价值,特别是在内容多、时间紧的情况下应有所侧重。学生探索能力的形成与发展也是一个循序渐进的过程,不可能一蹴而就。在探索式教学过程中,过分强调创新性既无必要也无可能,否则可能导致学生毫无头绪地乱想,或无理论依据,或根本不可行。

### (三)课内外一体化教学的合作与交流

合作与交流是指学生为了完成一项学习任务而进行的小组之间、师生之间的合作与交流,小组讨论、小组实验操作、教师参与学生的小组讨论、指导学生的实验操作都是合作与交流的主要形式。

课堂教学中,有效地组织学生进行合作与交流,可以培养学生与他人合作的意识、与他人交流的能力,养成善于倾听的习惯,由此,学生学会学习的能力逐步形成。小组讨论式的合作,一是要注意所讨论的问题的质量;二是要给学生充分的讨论时间;三是小组间的同学要互相帮助,切忌成绩优异的同学想出的答案就成为小组的研究成果。这样长期下去,一些成绩较差的同学就懒于思考了,其合作也就成了"假合作""伪合作"。

小组实验操作式的合作,学生要有明确的分工、细化的要求,切不可一哄而上,杂乱无章。交流是在自主探究、小组合作的基础上,既有小组之间的交流,也有师生之间的交流,以及在此基础之上的全班同学之间的整体交流。在交流过程中,教师要善于倾听学生的不同见解,善于发现学生思维的闪光点,及时鼓励、引导,促进动态生成。在全班同学之间的整体交流时,教师不要越俎代庖,要让学生讲思路,讲思维过程,而不是仅限于讲思维结果或核对答案。

### (四)课内外一体化教学的评价与反思

新课程标准指出,对学生要多元评价,既要关注学生的学习结果,又要关注学生的学习过程，以及他们在活动过程中表现出来的情感与态度。评价应以多元评价、鼓励性评价为主。这就要求我们在评价学生的学习时，不要只看结果，还要注意发现学生学习过程中思维的闪光点，并及时加以肯定和引导。我们常常通过习题训练检测进行反馈和评价。习题检测可以分为三个层次，第一层次为直接再现性训练，第二层次为变式训练，第三层次为运用训练。

课内外一体化之探索性特别强调反思。一是要反思学习过程，在知识的形成过程、发生发展过程中，有哪些学科思维方法，应形成怎样的科学思维方法等；二是要反思学习结果，学到了哪些知识，学到了哪些方法，积累了怎样的学科活动经验等。俗话说，教学有法，教无定法。我们只有不断地学习、反思，不断地积累和总结教学的经验，才有可能形成属于自己的教学风格。

一天，在电脑里看到我在2009年写的一篇文章，题目是《爸爸，鲁迅写错别字》，内容是：女儿6岁时，我和她一起去鲁迅故居参观，刚刚读书的女儿看到墙上的鲁迅文章时喊"鲁迅写错别字"了。当然这些字在我们读书时老师都教的是"时代特点"或"同另外一个字"或"作者有意为之别有深意"。可是，女儿的话也值得肯定，小孩才会有勇气质疑权威。2019年我和一个老同事聊起此事，老同事说，他也有疑惑，比如"哪里"可以变"那里"，"物以稀为贵"可以变成"物以希为贵"，"模糊"可以变"模胡"，"喝彩"变"喝采"等等。确实，我们老师的解释一定是基于学术研究的严谨标准；孩子的质疑，也是基于自主探索的意识，敢于质疑。我们老师要用心保护学生的这种敢于质疑、善于反思的学习精神，等他们长大后，才会主动释疑，探索类似"通假字"这类疑惑背后的历史内涵与文化价值。不过，无论是孩子，还是老师，在课内外的体验中有疑惑，有质疑，就说明有思考。我们不想模糊知识的界限，正是我们对知识的反思。

## （五）课内外一体化教学的思辨学习

课内外一体化教学引导学生在朋辈群体中探索。探索需要伙伴，我认为探索精神还包含合作精神，而其基础则在于平等、尊重，在于诚信。我个人认为，中国人的各方面素养中最缺的就是尊重，特别是平等下的互相尊重。其根源也许在于几千年来在中国过于强调集体，而基本抹杀了个体的存在。由于个体的极度弱势，所以个体与个体之间缺乏互相尊重的意识。同时导致了诚信与责任意识的缺失。要培养学生适应人与人于平等关系下的相处能力与互相尊重意识，我认为，从教育角度来讲，经常参与辩论是最有效的办法，辩论双方一般来讲关系是平等的，否则也就无法进行实质性的辩论，而且辩论还能有效提高学生自我观点的表达能力和意识。

记得我在美国布朗大学听课，布朗大学的教授给我们讲美国教育对于黑人与白人相融合的作用。我考虑到中国学生的平等意识和交流能力等方面因素，初步设想了"辩论式学习"的教学方法。一般步骤是：

1. 教师快速引导进行相关知识的复习以及必要新知识的讲授；

2. 教师根据教学内容，在学生课前研究的基础上设定辩论题目以及正反方的观点；

3. 把学生分成正反两方，设主辩、其他辩手，要求学生在课前先行探索研究，然后在课堂上双方开展辩论；

4. 教师评论双方辩论情况，总结辩论成果，快速总结、形成新的知识体系。

为了更好地说明辩论学习教学法，我设计了一节历史课的教学过程（当然，我本人并不是历史教师），课题是"戊戌变法对中国社会历史进程是否有积极作用"。该课教学设计共分五步，具体包括：

第一步，历史老师快速复习有关旧知识，讲授戊戌变法相关新知识。

第二步，设计辩论题目：戊戌变法对中国社会历史进程是否有积极作用？正方认为有积极作用，反方认为实质是阻碍了中国社会历史的进程。

第三步，把学生分成两组，让小组学生自学（可以在课前通过网络等途径先行探索研究），查找资料，讨论，总结寻找相关论据，然后双方开展辩论。

第四步，教师总结，讲授戊戌变法的相关知识体系。

第五步，课外研学，"戊戌变法"故事会。

这样的学习方式，后文我会以专门小节进行详解。这种教学趋向，也标志着我开始有意识向融合型进阶式学程设计思路转向。这种转向，到2019年之后，我任深圳市龙华区潜龙学校校长、党总支书记时开始逐渐明晰。后文再详细阐释。

总之，我们的学校教育一定要在保持传统的传授优势的同时，努力减轻人们的从众心理，鼓励对学生探索精神的培养。

### 三、定义与创造：亚伦教学法

美国的教育要培养学生合作共享的意识和能力。在美国，学生上学是自由式的，考试压力相对较小。美国学校重视感性认识，强调实践能力，不要求学生记多少信息、数据，而是教给他们获取信息的能力和解决问题的方法。学校不过分追求考试成绩，不单以成绩来评价学生，而是想方设法打开学生的思路，活跃思维。

美国学校教师在教学中普遍采用合作学习法。合作学习法（cooperative learning）是20世纪70年代初兴起于美国，并在70年代中期至80年代中期取得实质性进展的一种富有创意和实效的教学理论与策略。由于它在改善课堂内的社会心理气氛，大面积提高学生的学业成绩，促进学生形成良好非认知品质等方面实效显著，很快引起了世界各国的关注，并成为当代主流教学理论与策略之一，被人们誉为"近十几年来最重要和最成功的教学改革"。

美国的合作学习法认为生生互动是教学系统中尚待进一步开发的宝贵的人力资源，是教学活动成功的不可缺少的重要因素，因此，把生生互动提到了前所未有的地位，并作为整个教学过程中一种十分重要的互动方式来加以科学利用。这种方式充分开发和利用了教学中的人力资源，为教学活动注入了新的活力，从而把教学建立在更加广阔的交流背景之上，减轻了师生的负担，提高了学生学习的参与度，提高了教学效果。

美国几十年的合作学习教育实践，充分证明了合作学习方法对学生间的合作共享精神和能力培养起着巨大的作用。合作学习使得美国学生的社会生存能力和技巧得到提高。另外，美国几十年的合作学习教育实践也证明了其对学生能力和素质培养的有效性。美国20世纪70年代以来的教育实践都在不停地完善着合作学习法，把如何培养学生学会合作、共享、分析、综合、思考等能力和素质的培养方法和途径发展到很高的水平。

中国几千年的历史文化偏重于对教育的追求，偏重于对学生知识的传授，特别是中华人民共和国成立以来，中国教育更重视基础教育，重视对基础知识和基本技能的传授和培养。中国地大物博，人口众多，人均相对资源少，而且中华人民共和国成立以后我国高等教育发展相对薄弱，所有以上这些因素都导致了我国中小学教育面临强大的竞争压力。另外，由于正如20世纪六七十年代在中国教育界相当流行的一句话所讲的，"学会数、理、化，走遍天下都不怕"，中国传统的社会经济对知识和技能的要求比较高，同时，中国强大的高考制度又不断地引导中国教育进一步强化对双基教育的要求，致使中国教育不断走向所谓的应试教育。

中国过去几十年的教育不断发展、补充、验证和完善着对学生的双基教育，其代表性的教学方式就是讲授法。讲授法是教师通过语言系统连贯地向学生传授知识的方法，它通过循序渐进地叙述、描绘、解释、推论来传递信息，传授知识，阐明概念，论证规律、定律、公式，引导学生分析和认识问题，并促进学生的智力与品德的发展。它以教师为中心，以传授知识、培养基本技能为主要目的，以教师的课堂讲解和学生的习题练习为主要手段。过去50年的教育实践把如何传授给学生基础知识和培养学生基本技能的方法和途径发展到了完美的境界。讲授法有利于学生掌握基础知识、基本技能，但由于讲授法过于强调死记硬背，容易导致学生学习的困难。据深圳中学一个心理老师的统计，在她工作头十年，到她那里寻求心理帮助的学生有一半以上是由于学习方面的苦恼，主要是学习方法不当，学习有困难。

### （一）两种教学方法的比较

中美两国教育有着极为不同的传统，中国教育注重对知识的积累和灌输，注重培养学生对知识和权威的尊重，注重学生对知识的掌握和传承，以及知识体系的构建。相比较，美国则更注重培养学生运用知识的实际能力，注重培养学生对知识和权威的质疑、批判精神，注重对知识的拓展和创造。美国的基础教育从某个角度看不如中国，这可以从在美国的中国孩子的优秀成绩以及中国孩子升入美国名牌大学的比例来说明。在应试教育体制、传统教育理论的影响下，中国的教育一直强调基础知识和基本技能的灌输、传授。无法否认的是，亚洲学生拥有扎实的书本理论知识，使他们在国际奥林匹克竞赛中多次脱颖而出，甚至一些欧美教育界人士也发出重视基础教育、增加小学生家庭作业的呼吁。

美国的教育界现在正在向东方国家学习，开始强调抓基础，美国是在创新有余而基础不足的前提下，开始抓基础来补不足。我们的教育弱点在于学生的素质问题。我国的教育情况正好与美国相反，我们是基础有余而创新不足。中国留美教育学博士黄全愈在他所著的《素质教育在美国》一书中提出一个问题："为什么美国中学生没得过奥林匹克奖，但是美国成人获诺贝尔奖最多，而当今中国高校尚未培养出一个诺贝尔奖得主？"我认为我们现行的教育模式把受教育者视为被动的知识接收器，视为配合教师实现教学任务的工具，扼杀了他们的自主性和创造性，所学不能为其所用。不难发现，我们的体育选手可以在比耐力和基本功的项目中夺魁，却极少问鼎那些需要艺术创造力、表现力的项目；我们的大学生入校要家长陪，毕业要家长跑，绝大部分过了英语四、六级的学生却张不了口等等。因而，我国教育的完善必须以抓创新来补不足。

我们要认识到，虽然中国学生的动手能力不如美国学生，但是理论基础好，宏观观念和逻辑思维强，可以说本科教育前中国的教育和美国是各有千秋的，中国传统的讲授法对学生的"双基"教育作用较强，特别是对于帮助学生形成完整的知识体系、提高学生的学习效率、帮助学生应对考试方面的作用远远大过美国的合作学习法。举例来讲，我在美国的高中学校听课时，对一节课的讲授时间与合作时间进行了统计（如下页表所示），受升学压力影响，美国高中教师的教学方法就比较接近中国的讲授法，因为在美国也有类似中国高考的SAT考试，压力也很大，而且美国高中学生在学习过程中所受的压力比教师的压力还要大，因为学生的每一次平时考试成绩都计入学生的档案，并直接影响到学生上大学。

美国学生进大学比中国容易，但他们进重点大学也很难。比如美国名校普林斯顿大学的门槛就很高，一般录取率不到10%，竞争是非常激烈的。美国的高中毕业生入大学一定要参加全国的统一考试SAT，和中国的高考不同的是，美国高考SAT考试不是一锤子买卖，一般学生从11年级（相当于中国学校的高二）就可以开始考，每年有3次机会。另外，美国学校对学生的评价是多方面的、立体的，比如，大学招生既要看高考（SAT）成绩，还要看学生的平时成绩，看学生的体育、艺术等特长和社会实践活动，以及学生的德育等方面评价。每个学校用 SAT 成绩对考生做第一轮筛选，再根据考生的其他条件，如平时成绩、社会工作、个人特长、科学奖项等做最终挑选，而且美国的学校一般不会给学生做假材料。这样，学生的升学压力就分散到平时的学习过程中，不会像中国一样集中在高考上。

我在美国高中学校听课调查统计表

| 年级 | 美国教师讲课时间 | 学生合作学习时间 |
| --- | --- | --- |
| 9 | 52% | 3% |
| 10 | 50% | 0 |
| 10 | 70% | 0 |
| 11 | 80% | 0 |
| 11 | 67% | 15% |
| 11 | 60% | 0 |
| 11 | 75% | 0 |
| 12 | 15% | 0 |
| 12 | 65% | 5% |
| 12 | 70% | 0 |
| 12 | 73% | 0 |
| 12 | 70% | 0 |
| 12 | 50% | 0 |
| 平均 | 61% | 1.8% |

美国高考（SAT）考试一般有两个大部分，SAT Ⅰ：Reasoning test，一般考 3 小时，内容包括语文和数学；SAT Ⅱ：Subject text，一般考 1 小时。我研究过美国 2000 年 SAT 考试，发现它分 6 个部分，section 1、3、5 是考英语，section 1 有 30 道选择题，主要考的单词和词汇，section 3 有 36 道选择题，主要考学生对句式的理解，section 5 有 12 道选择题，主要是阅读理解；section 2 有 25 道选择题，主要考数学的基本概念，section 4 有 25 道选择题，主要考学生对数学知识的应用，section 6 有 10 道选择题，要求学生推算 section 1 的问题。综上所

述，SAT考试主要考英语和数学，其中英语考很多记忆的东西，数学则有不少推算和理解的问题，也说明了美国高考重视对学生的推理、思维和认知能力的考查，而且美国各地使用的教材不同，所以高考试题与教材的联系不如中国的高考。

根据在美国一所高中任教的朋友介绍，多年的美国高考经验和事实证明，考前对学生的训练对于提高成绩是非常有效的，因此，他们也经常在课堂上讲得比较多，这和中国的高中教学方式非常相似。这里我们再来比较讲授法与合作学习法，会更加理解在升学压力下，美国与中国对讲授法的运用殊途同归。

讲授法与合作学习法的比较

| 教学方法 | 教师的角色 | 学生的角色 | 学生角色的认知任务 | 主要作用 | 主要薄弱点 |
| --- | --- | --- | --- | --- | --- |
| 讲授法 | 作为专家：指导思考、把握知识、评价学生 | 作为接受者：迟钝、惰性、空洞 | 学生对知识进行接受、复制，并在测试中应用 | 有利于对学生进行"双基"教学，并快速形成知识体系 | 对学生创新能力的培养不够 |
| 合作学习法 | 作为资源：明确教学内容和解决的问题、提出与学生相关的问题、转化为学生的世界 | 作为问题的解决者：评价资源、寻找解决办法、积极主动 | 学生对所学知识进行综合，并个别应用到课程情境的问题解决方法中 | 有利于学生的合作共享、分析以及综合等能力和素质的培养 | 创新有余而基础不足 |

我在美国多所高中听课过程中，也对美国各类型学校教师讲课与合作学习时间分配比例进行了统计（如下页表），深刻地体会到中国的讲授法对知识传授的巨大作用，也包括应对考试的作用。美国高中教师的教学方法我认为从根本上来讲也是讲授法。我曾经在美国加利福尼亚州Wood Bridge High School听了一节英语课，可以说比中国教师的讲授法讲得还多。这一节课的课堂内容主要是分析一篇文章，教师先讲题目和作者，接下来介绍文章的主题，然后讲文章的背景，再讲文章的主要特征和互相冲突的地方，最后才让学生谈对文章的看法，整节课教师最少讲了80%的时间。因此，我认为要高速地传授知识，形成知识体系，用中国50年来建构的讲授法是有效的，不管是在美国还是在中国。但是讲授法的缺点是易使学生厌倦，合作学习法一般不会出现这种情

况。合作学习法对培养学生的能力和素质，特别是培养学生的合作意识作用十分巨大。教我们上课的美国 Concordia University Irvine 教授 TOM 经常采取合作学习法，教得我们个个兴趣极高。但是，另一位给我们上课的老师讲得又快又深奥。我们的学生的确拥有更扎实的基础知识，只不过单一的教育体制使我们的优势反而最终变成劣势，因此，我们要促成应试教育与创造性教育模式的结合，寻找新的教育模式，新的突破口。如果能够把两国的教育经验进行整合，把两种教育模式的优势进行互补，使学生既有很好的基础又有很高的创造力，相信将会产生巨大的作用，将推动教育走向新的时代。

我对美国学校教师讲课与合作学习时间分配的统计

| 学校类型 | 小学 | 初中 | 高中 | 平均 |
| --- | --- | --- | --- | --- |
| 教师讲课时间 | 28% | 47% | 61% | 45% |
| 合作学习时间 | 15% | 7% | 1.8% | 8% |

### （二）亚伦教学法的构建

二十年前，在美国学习、调查、研究期间，我一直试图将中美两国的教育教学经验进行整合。在 2002 年 12 月 16 日由 Concordia University Irvine 在美国举行的深圳市第一期海外培训班学习工作总结会上，我提出了一种新的教学方法，我当时把它命名为亚伦教学法（即"镶入合作学习讲授法"）。这种方法试图将中美两国教育的经验进行整合、互补，既快速教给学生知识和基本技能，为学生能力的培养打下基础，又通过适当的合作学习培养学生的合作精神和能力。

亚伦教学法（即"镶入合作学习讲授法"）以教师和学生为教与学的双中心，教师教给学生知识体系和基本技能，并指导学生合作学习，引导学生在合作学习活动中获得合作技巧和能力，其目的在于使学习活动成为学生合作的活动。教师要充分利用小组成员之间的分工合作，共同利用资源，互相支援，去进行学习，利用小组本位的评价和组间竞赛，营造团队比赛的社会心理氛围，以提高学生的学习效率。这样，一方面使学习机会更加平等，另一方面使学习动机更为强烈。

亚伦教学法课堂教学的一般过程包括：

1. 教师简要介绍知识体系，清楚描述课程的目标。

2. 在课前要先分好小组，在课堂中让学生就所学知识在小组内进行讨论，从而加深学生对知识的理解和运用，让学生由"静听的记忆"变为"热烈的辩论"。这样，以当堂内容为中心，让学生说课本，说自己，说生活，从而培养学生的逻辑思维和语言表达能力，增强其参与意识和"主角"意识。

3. 教师小结，布置作业及目标结构。

4. 教师布置合作学习任务。

5. 学生小组合作学习，教师要注意督导合作学习小组的学习效果，适时介入，以提供协助或增加学生间人际关系和技巧。

6. 教师点评，评价学生的收获，并帮助学生讨论他们合作的情况。

"亚伦教学法"的一般过程示意图

2004年4月1日，我在深圳市笋岗中学举行亚伦教学法（即"镶入合作学习讲授法"）实验研究公开课——初中物理《测量小灯泡的电功率》。我在这一节课的教学过程如下：

1. 简要介绍预备知识体系，帮助学生复习：电功率的概念及单位，电功率与电压和电流的关系，额定功率的概念；布置实验任务，让学生学习测量小灯泡在额定电压和大于及小于额定电压三种情况下的电功率。

2. 小组（四人）合作讨论、设计实验方案，要求学生通过合作讨论：实验的原理、方法、步骤和注意事项，画出电路图。

3. 组织学生交流实验方案，教师要注意结合学生的交流情况进行点评，引导学生制定正确的实验方案。

4. 小组（两人）合作进行实验，在此过程中，教师要加强巡视、指导。

5. 组织学生交流实验成果，同时，教师要注意引导学生思考当小灯泡两端电压小于、等于和大于额定电压三种情况下的电功率的大小。

6. 教师点评，教师在此过程要帮助学生形成知识体系：电功率的概念—实验的原理—方法—步骤—注意事项—三种情况下电功率大小的比较。

2004年我在深圳市笋岗中学举行亚伦教学法实验研究公开课

一般来讲，教师可以利用一些学习活动，如听课、自学、讨论、实验等形式让学生根据学习任务进行小组合作学习，在合作教学中要尽量利用评价、奖励或其他各种有形无形的奖罚手段，来强化学生的小组合作学习，要注意利用学生的个人动机及同学间的鼓励来把控学生的合作行为，在课堂教学中一定要激发学生的主体参与精神，要激发学生对课堂教学强烈的参与欲望，让学生带着一种高昂的情绪投入到课堂学习中去，充分发挥学生的主体性、积极性和创造性，这是教学成功的必要条件。作为教学主体的学生，也只有积极主动地参与教学过程，全身心投入教学活动，才能使外部的教学活动逐步内化，成为自身内部的努力活动，从而获得扎实的知识，发展多种能力，提高综合素质。下表是我对美国初中教师讲课时间的统计，教师讲授与引导时间在整节课的一半时间以内。

我对美国初中教师讲课时间的统计

| 年级 | 教师讲课时间 | 学生合作学习 |
|---|---|---|
| 8 | 80% | |
| 8 | 40% | |
| 7 | 70% | |
| 7 | 50% | 7% |
| 8 | 40% | |
| 7 | 36% | |
| 8 | 15% | |
| 7 | 50% | |
| 平均 | 47% | 7% |

亚伦教学法强调教师对学生知识系统的快速传授和教师对学生分组合作学习的监控，防止个别学生在合作学习中滥竽充数、偷懒，只分享、不努力；防止学生间产生摩擦和互相推卸责任。在学生合作学习方面，我认为可以采用以下几种模式：

第一，竞赛式学习。

教师根据学生的能力水平，将学生分成四五人一组，尽量使每一组的学生具有最大的差异，每一组的结构类似于整个班级的结构，利用讲授法教给学生知识，并布置比赛任务。最后，教师根据学生的表现给学生打分、计算小组的得分，并表扬成功的小组。

第二，研究式学习。

教师可以将教学内容分为几个主题，交由几个小组分别负责这些主题，每个小组成员再负责该组主题的部分内容，小组成员先研究，再合作完成小组任务，最后与全班同学共享。这种方法强调分工合作与共享共同合作的成果。

第三，拼图式学习。

教师可以将学习任务分成几个主题，把全班学生（49名学生）分组，每组7人，共有7小题任务，每人一小题，负责相同小题的各组成员再合作研究，然后回到自己原来的小组，负责将所研究到的内容教给同组的其他同学。这个办法强调分工合作与分享成果。

促成两种模式的完美结合还需要至关重要的外部因素。首先，它应该植根于一个积极进取、开放、宽松的社会环境。在这个环境中，每一个为了生存而努力的人都应该得到应有的敬意，不论他有无大学文凭，不论他是卖大饼的还是白领阶层；在这个环境里，创造者的成果可以以最便捷的方式体现其社会价值，实现创造意图。其次，两者的结合，要求教师本身不但有丰富的专业知识，而且具有创造性思想，有独立思考的习惯，有独立的完整的人格，是一个求知欲强的有特性的活生生的个体。

### （三）亚伦教学法的拓新：思辨学习

"下次想好了再说。"让孩子再不想说了！

2024年4月底，我在科学课上讲"导体和绝缘体"，孩子们的问题多得不得了，有的问题是"异想天开的"，有的甚至是"幼儿园式"的。"老师，我的橡皮擦是不是导体？""老师，我的牙齿是不是导体？""老师，我弟弟是不是导体？""老师，水晶宝石是不是导体？"孩子们的很多问题，我其实解答得也不是很有"底气"的。更多时候孩子们问题问得不连贯："老师，那个，那个是不是导体？"学生问了半天，我也没弄懂学生问的是"哪个"，我应该是很有耐心的老师了，我突然想到似乎有的老师有时候会来一句："下次想好了再说。"课后，我感受很深。教过高中、初中的我，现在教小学，每一个学段的学生都对世界充满着好奇，有各种各样的"问题"，而这些"问题"正是我们培养学生思辨性思维的原点。因此，我认为老师还是尽量不要说这种话。要知道，这一次可能已经是他想得最好的一次了，可如果老师让他"下次"再说，也许这个孩子就因此没有了"下次"。我觉得有的孩子小时候爱发言，长大了却不爱表达，原因之一应该就在这里。

写到这里，我想起了李政道先生"问愈透，创更新"这句话，在任何疑问之前敢于打破权威，敢于在独特的路径中克服困难，寻求解答之道，有助于独立思考能力的培养。2011年我在亚伦教学法基础上进一步提出辩论学习教学法，希望有助于学生思辨意识的培养，有助于学生创新精神的培育。

2011年6月15日，我参观了一所美国初中学校。对于美国学生的落落大方，对于美国学生旺盛的自我表达意识和与人平等交流的能力，我非常羡慕。比较而言，中国学生相对不爱自我表达，也不擅长表达，这在当今全球化时代是不能适应社会发展要求的。中国人一般都是"讷于言，敏于行"，而且中华文化也不鼓励"夸夸其谈"。布朗大学教育系李谨教授曾跟我们讲过中美教育比较的一个案例，她说华人子女中安静类型的小孩在唐人街华人学校学习成绩一般都比较好，而在白人背景学校学习成绩一般较差；而比较爱闹的孩子在华人学校学习成绩就较差，在白人子弟学校学习成绩就比较好。

我们可以看出中华教育并不倾向于孩子交流能力的培养。大家也都知道，安静的孩子在中国总是被认为是好学生，总是能得到老师的表扬与特别关爱。但在美国会折腾的学生则学得更好。我这里再举个例子来证明，2011年6月29日上午，我到普罗维登斯（Providence）市Wheeler学校（这是一所私立优质学校）参观考察，该校高中部校长告诉我们，对于学有余力、有想法、又能折腾（能自我表达）的学生学校会加以特别关注，甚至会帮学生联系大学进行共同培养。

2002年在美国教育留学的3个月时间里，我深入研究美国文化、美国学校文化和美国的合作学习等教学方法，2004年回国以后，我在平时的物理课程教学中尝试与学生们交朋友，一段时间后学生们不怕我了，可是发现他们似乎不懂得尊重我，有点过于放肆。我的分析是中华五千年的传统中，关系是上下不平等的，往往是对上敬畏尊重，但缺失平等尊重的文化，因此，当对老师的不平等的害怕消失后，一下子来不及形成平等关系的尊重，以致有点不听老师的话了。

为此，我想到有必要培养学生适应人与人于平等关系下的相处能力、互相尊重意识，以及自我表达的能力。而要达成这两个方面，从教育角度来讲，我认为经常参与辩论是最有效的办法。辩论双方一般来讲关系是平等的，否则也就无法进行实质性的辩论，而且辩论能有效培养学生的表达能力，提高自我观点的表达能力和意识，培养学生的思辨性思维。

对于思辨学习的理解，作为教师的我们不仅要有保护学生敢于提问的意识，还要为学生敢于提问而叫"好"。这里，我再讲述一个真实案例。2000年

5月，在一节小学科学课上，我提醒学生讨论时间结束，要暂停讨论，回到老师讲解的内容上来了。我问学生："你们为什么话这么多？"这时，一个小男生站起来，对我喊道："老师，因为我们不怕你！"然后，继续和小组同学讨论。这时，我就想，我们要让学生敢于提问，就要让学生不怕你，这些年来我就是这么把这些小朋友从小学一年级一直带到五年级的。

有了敢于提问的学生，我就更加相信"亚伦教学法"的生命力了。"亚伦教学法"一直坚持探索式教学、系统讲授法、课内外一体化教学的有机融合，让学生在课内外一体化学程设计中不断探索。那么，时至今日，我在跨学段教学中，更加理解当时自己提出"亚伦教学法"还蕴含着一个教学要素——思辨学习。正是因为"亚伦教学法"蕴含着思辨学习的要素，才能够在课堂教学中不断促进学生思维的活化与变式。关于"思辨学习"的课堂教学要素，我可以回溯"亚伦教学法"的最初发展。

2011年6月16日下午，我在美国布朗大学听课，大学老师给我们讲美国历史，讲美国的教育公平问题，讲美国教育对于黑人与白人相融合的作用，这时我开了"小差"。我的思绪飞扬，我突然想到合作学习对于美国黑人小孩与白人小孩学会互相合作的作用，美国黑人小孩和白人小孩不会合作，但需要学会合作。而我们中国孩子没有这种种族问题，可是也有别的问题，比如缺乏在平等关系下互相尊重的意识，交流能力较弱。我再次认真思考如何把辩论与教学进行整合，又想到中国传统的讲授法对快速教学知识、形成知识体系的重要作用，于是结合我在2003年提出并多年实践的亚伦教学法（即镶入合作学习讲授法），初步设想了"探索式教学""系统讲授法""思辨学习"三种教学方法相融合的课堂教学基本范式。为利于表达，这里我先暂且把这种教学方法称为"辩论式学习"。

我在2003年提出的"亚伦教学法"是把"合作探究"与"讲授法"相结合，我觉得"辩论式学习"可以是"亚伦教学法"的进一步发展。目前我认为，这种教学方法特别适用于人文学科教学，也适合于科学学科中对于两种科学方法优劣之辨等方面的教学。

还是以前面提到的"戊戌变法"一课为例。

首先，设定课题：戊戌变法对中国社会历史进程是否产生积极作用？其次，教学设计。前面提到，该课教学设计分五步，具体包括：第一步，历史老师快速复习有关旧知识，讲授戊戌变法相关新知识。第二步，设计辩论题目，戊戌变法对中国社会历史进程是否有积极作用？正方认为有积极作用，反方认为实质是阻碍了中国社会历史的进程。第三步，把学生分成两组，让小组学生自学，查找资料，讨论，总结寻找相关论据，然后双方开展辩论。第四步，教师总结，讲授戊戌变法的相关知识体系。第五步，开展课外研学，"戊戌变法"故事会。

2012年的一个晚上，我和几个校长在布朗大学食堂进餐后一起散步，和他们谈起我对于这一课设想的辩论学习法，其中一位教数学的中学校长谈到数学教学中，有时让学生辩论，是为了越辩越明。数学辩论主要在出现一题多解或者数学原理、概念不明时应用。我是教物理的，我也有同感。我们还谈到文科教学中使用辩论学习法，除了我之前所想到的可以让学生学会平等对待他人以及表达自我、提升交流能力外，还可以让学生们在辩论中互相学习对方的思维、想法，从而在辩论中提升个人的智慧。

事实上在学校平常的大型学生活动中我们也常常组织辩论活动，比如，目前在众多学校开展的学生模拟联合国活动以及各种辩论赛活动等。但是这些活动主要是学校的一些精英学生才有机会参加，而且活动组织的频率太低，对于大多数学生来讲，并不能得到实践的机会与表现的平台。即便对于精英学生来讲，他们实践的机会也是很少的。我这里所设想的辩论学习，是希望在各科平时的课堂教学或课后学习活动中可以随时开展，辩论学习时间可长可短，辩论参与人员可多可少，辩题与所学课程内容相结合，参加辩论的可以有各种学习程度的学生。也就是说，我所设想的辩论学习法是为了提高全体学生与人平等交流、自我表达能力的。

我认为辩论学习不但能提高学生的交流能力与互相尊重意识，而且还能培养学生敢于质疑的精神，这和我们要培养学生的创新精神的教育追求方向是一致的。

另外，辩论学习法能够培养学生的思辨意识，培养学生从多方面思考问题的能力，还有助于提高学生的自信心、同学间的合作意识以及收集和分析信息的能力，这是我与蛇口学校校长在一起研讨时所达成的共识。在辩论之前，学生需要从课本、网络中去寻找、筛选资料，需要同组同学的共同研讨，需要向老师、向他人请教，组织辩论所需的材料，并将材料系统化、条理化。而在辩论过程中，学生们需要更为自信，需要应变及时，需要同组同学间的配合。另外，辩论既涉及组内同学间的合作，又涉及组间的竞争、辩论，但辩论的对手也是自己的同学，我想这也要求学生尊重自己的对手，就事论事、辩论真理，而不该、不能，也不会攻击对手，这是基本的道德操守。要让辩论有序进行，还要求辩手学会倾听，这既是同学间互相尊重的要求，也是让辩论学习活动有序进行的要求。如果不会倾听，只会胡搅蛮缠，是难以获得辩论的真正胜利的。

辩论所培养的学生的能力和现如今中国高考试题改革对学生能力的考察要求、方向也是相一致的。比如，近二十年广东高考非常重视学生对于非选择题的解答考核，重视学生分析和解决问题的能力（审题能力）的考察，重视学生对语言的组织能力（回答问题的表达能力）的考察，重视学生对实验以及社会生活问题的思考能力的考察。辩论学习培养的学生能力是适应全球化的需要的，因此，我认为辩论学习更适合以学生出国留学和移民为目的的各种国际班、国际校的教学要求。

## "乐活大课堂"课堂教学的实践研究

2002年至2012年的11年间,我主要开展"亚伦教学法"课堂教学的实践研究。在反复的实践与思考中,我明确了"亚伦教学法"的内核元素——"系统讲授+合作探究+课内外一体化学程设计"。至此,我对课堂教学模式的探索到了一个成熟期。事物的发展总是有其特有的规律,任何一种教学模式在不同的学情、校情、政策研究中都会出现不同的新问题。但我的教学研究探索并没有停下,并没有受制于"瓶颈期"。这里,我们一起回顾一下"亚伦教学法"。我在实践中创造出的这种课堂教学基本范式,事实上很方便学校教学管理和学业质量检测,因为它既能系统讲授知识,又能激发学生的探索欲望。但是,学习活动本质上是一种主体转变客体的结构性动作,其终极目的是促进学习主体对外部自然与社会环境的适应,从而实现主体与客体环境的双向平衡,建构主义流派也一直强调认知结构(图式)的概念。于是,我在想,我们的教育一定是为未来而教,可是,未来社会的需求我们教师是否知道?我们的课堂是否能够渗透?"亚伦教学法"确实能促进学生"学"和教师"教"的双向互动,可是,真实的生活情境、学习情境对学生的评价却是多元的、多维度的,因此,我从建构主义"情境""协作""会话""意义建构"四个要素中选取"情境""意义建构"两个要素进行新一轮的思考与探索。

2014年,在深圳市龙华新区面向全市公选校长竞选中,我成为龙华新区福苑学校(今龙华区教科院附属学校)的创校校长。这所新建校完全是一张"白纸",如何为它上色,让它成为一所师生都能感受到教育带来的幸福感的学校,我心中不免有些忐忑。但是,先前十几年贯通式教育的基础研究和课堂教学实践让我快速调整思路,直接从"课堂教学模式"这个"牛鼻子"入手,重新审视"亚伦教学法",从其内在核心要素开始想,越想越有意思。"有意思"的点在于,我们的新学校要培养时代新人,在这个伟大的时代,我们的孩子代表着新时代的正向样貌,那么,他们应该是什么样子的呢?谦逊、正直、自信、阳光、勤学、善思……一时,我的脑海中闪现出所有最美好的词语,希望这所新学校能赋予龙华一抹亮色。于是,我重新审视"学习"的深刻内涵。

学习，事实上应该是学生自己独特潜能的被发现、被珍视、被激发，那么，这里就涉及学生的认知、情感、需要、人格等各种要素。学生是有自我意识的个体，我们的课堂教学模式不能简单地将他们当作"学习的机器"，而应该是一个"完整的人"，这样的人应该是有丰沛的情感、坚毅的意志、良好的学习素养、健硕的身体素养。因此，我更加坚定"亚伦教学法"的内核元素，我也开始将学生的整体发展放在更加重要的位置。毕竟学习的目的不只是单纯的学习和智力发展，还应该是情感、自我意识、人格的不断完善，有人称这些是"学商"，我倒不觉得只是"学商"。

我将新的课堂教学模式的聚焦点放在"功能"二字上。前面提到我们要培养"完整的人"，也就是说，我们的教育既要关注学生的学习素养和智力发展，也要关注学生的心理健康、情绪状态、自我意识的发展。换句话说，我们的课堂教学要特别关注学生作为完整的、独特的个体的"内心生活"，我们的教学设计、活动设计、任务设计都要能促进学生的情感、精神和价值观充分、持续的发展，培养学生成为"各种功能充分发挥、生长"的时代新人。于是，我开始带领老师们开展新的课堂教学研究。

## 一、运用与延展：学用型课堂教学程式

我和一批90后老师一起研讨，我们一起做一件让每个学生都因为在我们的学校而感到幸福的事情。2014年，我提出了"幸福教育"理念。在福苑学校，我们认为每个学生都是有无限潜力的，都是独一无二的。因此，我进一步深化"亚伦教学法"的内核元素，提出"乐中学，学中用，用中成"的课堂教学方向，经历课堂教学实践，凝练出"学用型课堂教学程式"（又称"学用教学法"）。"乐中学，学中用，用中成"也逐步被确立为福苑学校的办学理念。"幸福教育"在创校之后不长的时间里成为福苑学校的教学理念。相较"亚伦教学法"，"学用型课堂教学程式"有三个最明显的变化。一是更加强调学生的主体性与完整性。强调运用真实情境唤起学生的学习注意，引导学生自如地选择学习方法和问题解决方法，并付诸实践，勇于承担选择后的责任，最终成为对自己负责、情智合一，具有独立性、创造性的人。这样的人是真实的，充满自信的，能够对自己的学习负责，也能对他人抱有移情性理解的"完整的

人"，即"自我实现的人"。后来，为了方便表述，我将这种教学倡议称为"有点子并能付诸实践的创客学子"。二是更加强调学生学习的情境性与运用性。我们要培养"完整的人"，要让学生获得"学会幸福"的能力，那么，其本质就是呼唤人的精神的回归，应该"把人作为一个整体来研究，而不是将人的心理肢解为不能整合的几个部分"。因此，"学用教学法"强调真实的学习情境和生活情境，不再人为刻意地割裂具体学习学程，而是将学生的学习任务情景化，让学生在"学习—应用—收获"的学习过程中实现情感和认知的有机融合，促进学生整个精神世界的丰沛和自由。三是更加强调学习成果的呈现与正向肯定。"评价"是课堂教学重要的一环，学生在学习情境中运用所学知识和技能，那么，我们对学生的评价也应该是"多一个维度，多一把量尺"，看到学生独特的创造性，也关注学生思维的变化。

"学用教学法"相较"亚伦教学法"的三个变化

经过五年的课堂教学实践，"学用型课堂教学程式"为培养"有点子并能付诸实践的创客学子"提供了坚实的基础。这种课堂教学基本范式强调学生的主体性、实践性、创新性，在新建校里学生能创造一切属于他们的点子。我也将这种课堂教学基本范式逐步建构起来，与"幸福教育"办学理念相融合，鼓励创新，鼓励创造，与福苑学校"儒行课程"相结合。在学校教育教学实践过程中，老师们发现学校首批学生视野较狭窄，阅读能力弱，还有就是学生的动手实践能力较弱，科技素养不高。而科学思维和人文精神应该是现代社会最需要的。因此，我和老师们在创校第一年就定下两大重点特色建设目标，包括

"科技教育"和"书香满福苑"。在经历几年的实践后，学生在系统的课程体系下实现成长，学习素养、实践能力、创新意识都有了长足的进步。学生的各类比赛成绩、学业成绩都稳步提升。更重要的是，学生喜欢学校，喜欢来学校找老师问问题，喜欢和老师探讨生活中的知识运用。因此，我们深深地为之感动，同时，这份成长让我们再次确认，"学用型课堂教学程式"是有价值的。

我在福苑学校和老师们开展"学用型课堂教学程式"的课堂教学探索，本意是想做一件让所有人都感到幸福的事情。对这样的教育愿景，我们还拟了自我勉励的对联："福荫桃李，接地气办素质教育，快乐学子龙舞华章；苑留芬芳，扬天性拓智慧课堂，幸福教师笑观沧澜"。后来，我们一起从"课堂教学"走向"课程建设"，做出了《深圳市龙华区教科院附属学校幸福教育课程模式》，期望通过对课程的整体规划，让学校的贯通培养目标有扎实的课程体系保障。

学校以幸福教育为办学理念，引领师生坚守家国情怀，教导学生博学慎思、明辨笃行，强调家校合育、师生共赢。在福苑，在"乐中学，学中做，做中成"就是幸福。学校通过幸福教育课程，帮助学生体验和感知幸福，培养有点子并能付诸实践的幸福学子。

学校以"发现兴趣、激发潜能"为课程理念，以幸福教育课程建设引领学生生涯规划，通过学校教育，帮助学生明兴趣、育特长；通过家庭教育，帮助学生提兴趣、强特长。

学校努力构建"两维度、四系列、四大课程、四个学习社区"的"二四四四幸福教育课程体系"，着力推进国家课程校本化、校本课程特色化两个维度的实施，建设"乐学、研思、致用和儒行"四大系列课程。在构建幸福教育课程体系建设过程中，学校重点开发德育体验学习、快乐学习、书香学习和科技教育四大核心课程，着力建设德育体验学习社区、快乐学习社区、书香学习社区和科技创新学习社区。

课程两维度，让学生明兴趣、有特长，引领学生人生生涯规划。其中，国家地方课程校本化促进学生特长发展，社团活动课程特色化促进学生兴趣发展。

课程四系列，让学生有点子并能付诸实践，助力学生快乐成长，为学生人生幸福奠基。"儒行德育体验系列课程"引导学生在德育活动过程中体验幸福，学会生活，让学生获得感知幸福的能力。"乐学系列课程"促进学生积极主动学习，激发学习兴趣，让学生在快乐中成长。"研思系列课程"促进学生研究思考，启迪智慧，让学生有点子。"致用系列课程"促进学生动手实践，学以致用，让学生能把点子付诸实践。

幸福教育课程建设分三步走。第一步，课堂教学与研究。学校让全体教师以"学用型课堂教学程式"为课型，面向全体学生开设活动选修和学科拓展课程，让学生选择，师生在活动选修和学科拓展课教学过程中朝着"兴趣、特长和幸福"的目标互助共研、合作共享、共同进步，这一步强调的是在行动中研究，在行动中建设。第二步，课题研究和培训。学校在第一步的基础上要求并引导老师们开展与"学用型课堂教学程式"相关的小课题研究，并在小课题研究过程中开展教师培训，在此过程中强调老师在教学过程中进行课题研究，在课题研究过程中开展教学。第三步，课程标准和评价。在前两步的基础上，学校努力指导老师们制定校本课程标准和评价，规范校本课程建设，特别是逐步确定"学用型课堂教学程式"的课堂教学范式。在此过程，学校大力引导出教材、出书，大力推进教师专业成长。我们的最终目标是建设包括德育体验学习社区、快乐学习社区、书香学习社区和科技创新学习社区在内的四大学习社区。四大学习社区建设面向素质教育，由教师和学生组成，强调平等尊重、互助共研、合作共享和共同成长，最终在教学活动中实现师生共同进步。

学校努力开设"儒行德育体验课程"。儒行德育体验学习课程包括领袖素养课程、荣誉体悟课程、行为习惯养成课程、学习习惯教育课程、生涯规划教育、礼仪教育课程、安全教育课、爱护公物教育课程、课间静校课程和以校为荣课程等。在儒行德育体验学习课程构建过程中，学校努力建设德育体验学习社区。

学校大力开设"领袖素养课程"。福苑人认为，领导者一定是有点子并能付诸实践的人，也是创客！创新成长，全员领袖。学校还强力推进社会实践、社区服务和游学课程。我们知道，读万卷书不如行万里路。学校努力开设体艺特色课程，助力学生快乐成长。

我开发设计了"儒行课程"（与"儒行德育体验课程"相呼应），努力培育学生文化自信。"儒行课程"包括礼义廉耻为先、孝悌智勇为核、忠信仁和为重，共三章十二节。儒行课程教学一般包括原文教学、古文解释、教师评论、故事分享、合作讨论和教育借鉴六个步骤。

以第九课《忠》教学为例。第一步，原文教学。《论语·里仁》有云："子曰：'参乎，吾道一以贯之。'曾子曰：'唯。'子出，门人问曰：'何谓也？'曾子曰：'夫子之道，忠恕而已矣。'"第二步，古文解释。孔子说："参啊，我讲的道是由一个基本的思想贯彻始终的。"曾子说："是。"孔子出去之后，其他学生便问曾子："这是什么意思呢？"曾子说："老师的道，就是忠恕罢了。"第三步，教师评论。忠者，心无二心，意无二意之尽心尽力，坚持真理、修正谬误；后引申为对国家应尽的义务。第四步，故事分享。第五步，合作讨论：小组讨论，有何体会。第六步，教育借鉴。教育学生，于公要忠于国家，于私要勿忘初心。

学校大力开展"体艺特色课程""快乐节日课程"和"学科兴趣类课程"，助力学生兴趣培养和全面发展，着力建设快乐学习社区，打破传统课堂的学习场域，和社区联动，实现社会化育人的目标。学校重点打造"快乐节日课程"。月月过节，让学生在活动中把点子付诸实践，并检阅学生是否全面发展，促进学生创客的培养，让学生在活动中激发兴趣，提升热情，锐意创新。3月"志愿服务节"，让学生在活动中体验，在体验中感知，知行合一，助力学生思想道德素质的养成。4月"国际理解节"，用活动的乐趣激发学生学习英语的兴趣。5月"童心童话节"，培养学生的创新意识，给学生着力搭建一个发挥想象、展示自己、张扬个性的舞台。6月"美育节"，为学生提供艺术实践的舞台，激发他们对艺术的兴趣和爱好，培养学生健康的审美情趣和良好的艺术修养。9月"科技创新节"，培养学生的科技创新兴趣和创新精神，增强学生实践能力，助力学生创客培育。10月"体育健康节"，活跃校园气氛，锻炼学生身心健康，促进学生终身体育观的形成。11月"少年读书月"，走进文字的世界，浸润书香。让书成为学生的良师益友，让书成为学生生活的一部分，陪伴其一生。领悟读书之趣，畅想幸福人生。12月"文化艺术节"，为师生提供展示文艺才华的舞台，促进学生审美能力和水平的提高，激发创造和创新能力，促进学生全面发展。

在课程体系的护航下，学校积极开展"书香满校园"活动。"书香满校园"是学校努力追求的特色建设，学校努力建设包括书香学习课程和各学科研思课程等在内的研思系列课程。在书香校园建设过程中，学校努力推进学生学思研结合，着力推进书香学习社区建设。学校努力开设"学科研思课程"，提升学科素养，提升学生谋取幸福的能力。学校强调以学案为抓手的学法指导课程。我们特别强调老师在课堂教学中加强对学生学习方法和学科思维的培养。我们认为，有方法并能取得好成绩者也是创客。学校特别大力建设"书香学习课程"，改变传统图书馆的形式，把图书分置到校园各个适合的角落，建设"漂流书吧"，让学生可以随时随地地阅读，而不受空间的限制。各班教室建立图书角，在各种活动、竞赛的奖项中，奖品均为书籍，做到"人人一本书"。学校在低年级开设"读书课"，高年级开设"阅读课"，精心研究并公布各年级《读书指南》，包括必读书目、选读书目及阅读建议。设置机动阅读项目：组织读书报告、读书沙龙、万里路与万卷书、师生图书推荐会、师生读书辩论会、读书主题班会、作家报告及家校阅读等。推进低年级学生排队放学开展国学朗诵活动，弘扬国学经典文化，营造校园书香文化氛围。"语文周""读书月"等活动使学生感受传统文化的涵养与滋润，使学校真正成为彰显传统文化、传播书香的园地。借助深圳读书月，让书香弥漫校园。每年11月的"少年读书月"活动，学生积极参加现场作文大赛、深圳市读书月中英文演讲比赛；积极组织读书月专题报告会，成立班级学生书友会，点燃学生的读书热情，让学生交流读书心得，培养学生读书习惯。

"科技教育特色"是学校特色建设的两大任务之一。在科技教育特色建设过程中，学校努力构建包括科技教育、社会实践以及文化学科知识运用在内的致用系列课程，培育创客型学生，让学生在"创造"中体验快乐，着力建设科技创新学习社区。学校特别大力开展"科技教育课程"，邀请专家教授做专题组织讲座；带领学生进行参观、访问、讨论等活动，以扩大学生视野；举办科技文化节暨青少年科技创新大赛等科技创新活动，指导学生探索小发明、小创作和小制作；创新作业模式、考试模式、评价模式；让学生自己设计、自己动手、自己检验，促使学生把动手与动脑、实践与探索、学习与创造等密切结合起来。分年龄段科技特色活动课程成型。学校开展分段科技特色活动课堂，让每个孩子都有机会融入学习参与创作。比如，一二三年级自然现象观察课，四年级电脑模拟驾驶汽车课，五年级电脑模拟驾驶飞机课，六年级飞机模型驾驶课，七年级电脑绘画课，八年级动漫课。

盛世中华时代汤汤，不忘初心，福苑筑基，幸福教育启新程，立德树人育栋梁；菁菁校园桃李芬芬，牢记使命，附校方兴，创客学子展新颜，逐梦登峰创未来。总之，这是深圳市龙华区教育科学研究院附属学校的追求，也是我始终不变的教育"乌托邦"。

"学用型课堂教学程式"事实上是将学生的"认知"作为逻辑的起点，从具体的学情出发，在丰富的课程中，学生能够体验知识的特点。但是学生不只是将知识机械地记住，或浅表地体验，而是将新的知识加入自己的心理加工，几乎每一个课程体系都强调"主体性、整体性、情境性、运用性、肯定性"，这也是"学用型课堂教学程式"在课程体系中的体现。我在与90后老师们研讨课型时常说，我们的贯通培养，在课程体系下，有了"贯"的保障，至于学生能否活学活用、灵活"贯通"，就要看老师们在具体的课堂教学中能否扎实落实"学用型课堂教学程式"了。于是，我除了和物理学科的老师们一起备课，商讨课堂教学设计，还尝试跨学科，和语文学科、英语学科、数学学科的老师们一起商讨。

在一节心灵成长课上，我曾经给初二的学生设计了一道特别的作文题：有一句古老的谚语，流传千年，悄然传颂：燕子不进苦寒门。在大自然的画卷中，燕子常常被赋予一种神秘的象征，传说中它们从不进入穷人家筑巢。燕子似乎懂得人间的悲欢离合，懂得何处是温暖，何处是匮乏。它们会选择那些生活宽裕、温馨幸福的家庭，为这些家庭带来更多的欢乐和祥和。在古老的农村，燕子进入人家成了一件好事，人们将燕子视作幸福的使者。燕子的巢穴，由泥土和草枝精心垒砌而成，燕子是精湛的建筑师，用自然的材料构筑出坚固而温暖的居所。然而，燕子不会盲目地飞往任何地方，它们会审慎地挑选房屋结构。在古代，一些穷人家的房子覆盖着茅草屋顶。虽然这种建筑方式廉价而朴实，但在阴雨天气中，却极易变得潮湿。燕子的巢穴同样会受到这种潮湿环境的影响，因为它们的筑巢材料来自大自然，泥土容易受潮，而潮湿的巢穴对孵化和育雏是一种威胁。因此，燕子选择不进入这样的房屋筑巢，而转而飞往那些房屋结构更加坚固、干燥温暖的地方。这样的选择并不是对穷人家的歧视，而是燕子的本能驱使。它们希望能够为巢穴寻找一个稳定、温馨的环境，以确保下一代的安全和健康成长。请就"燕子选择巢穴的智慧"谈谈你的认识及对生活的体会。

从这个作文题目中，我们可以看到"学用型课堂教学程式"对"亚伦教学法"的延伸与发展。一是关注学生的主体性与完整性。作文题目引导学生自如地选择学习方法和问题的解决方法，燕子选择巢穴，其实是让学生联系生活，思考自己的人生选择。初二的学生正处在"心理断裂期"，我希望通过这个作文题目引导学生进一步思考自己所面对的成长困惑，无论学生的选择是什么，都可以有自己的思考，让学生充分发挥自己的主体创造力。当初为了给学生充分的思考空间，我还特别选了两个班级进行实验，一个班积极引导学生去探索自我，一个班只是布置作业，进行理想教育。结果是积极引导学生去探索自我的班级，学生的习作特别生活化，生动有趣，可以从自己的成长困惑出发，审视自己的优缺点，然后勇敢地做出选择。当然，大多数同学的选择是"阳光、自信、专注、突破"等品质的学习素养和生活素养。二是关注学生学习的情境性与运用性。燕子选择巢穴的智慧是基于燕子本能的选择，基于燕子面对自己的生存情境所做的最优解。前面提到，我们要培养"完整的人"，那么，我们应该让学生面对自己的真实学习情境，从学习到生活，真正用起来，在反复思考中认识自我，而不只是了解燕子筑巢的知识。知识本身并无法让学生实现人格的完整，情绪的唤醒，写作任务的驱动才可以刺激学生向内观照自己的精神世界。三是关注学习成果的呈现与正向肯定。积极正向的肯定能够不断促进学生持续性的思考与探究。我们的课堂教学需要鼓励学生去大胆求索，"亚伦教学法"吸纳了探索式教学的核心要素，"学用型课堂教学程式"不仅将"亚伦教学法"的探索式教学融合进课堂教学中,还格外重视学生学习成果的呈现和及时正向的肯定。我们也只有真正站在学生是一个"完整的人",会犯错,渴望被肯定,会进步的视角,才能真诚地站在学生的立场上去看待学习过程和学习成果。

从以上的分析,大家可以看到"学用型课堂教学程式"的内核元素是"亚伦教学法"的升级版,是实践后再运用的版本。"学用教学法"是要让学生获得幸福的课堂教学基本范式。90后的老师,渴望自己的课堂能"多尊重、多鼓励、多肯定",让学生的思维真正被激发,这是从价值论的视角整体去看待学习对于人的发展意义,让贯通式教育不只是能看到"树木",还能看到"森林",从而促进学生系统性的发展。

类似的学习任务还有很多。比如,我参与初三语文备课组《唐雎不辱使命》的集体备课时,以90后为主的老师们更多的是从语文学科引导学生思考唐雎的"士的精神",而我却引导老师们从"学用型课堂教学程式"中汲取营养。当时我为初三的学生设计了这样的一份语文课后研学任务:

西汉刘向的《唐雎不辱使命》文章中有以下内容:

秦王曰:"天子之怒,伏尸百万,流血千里。"

唐雎曰:"……若士必怒,伏尸二人,流血五步,天下缟素,今日是也。"挺剑而起。

秦王色挠,长跪而谢之曰:"先生坐!何至于此!寡人谕矣:夫韩、魏灭亡,而安陵以五十里之地存者,徒以有先生也。"

请同学们思考以下两点后,写一段富有思辨性的感想:

1.为什么秦王敢"天子之怒,伏尸百万",令"夫韩、魏灭亡";但面对唐雎,却"色挠,长跪而谢之","安陵以五十里之地存者"?

2.请结合《唐雎不辱使命》,谈对世界大势或者个人人生的启示。

再比如,我给学生设计了一个学习情境——确定你的目标,然后拿出你全部精力去达成这个目标。想一下,你还有什么能做的?还有什么可以做得更好的?如果你一直没有成功,那么请你停下来问问,为什么?不要总是抱怨,你是要赢,还是只是想辩个输赢?世界就是这个样子的,从来就没有什么事情是简简单单就可以做好的。如果有的话，那这个事情一定没有什么价值。请结合个人生活经验，谈谈你的思考。

通过以上案例，我们可以发现"学用型课堂教学程式"（又称"学用教学法"）对学生主体情意的关注，旨在唤醒学生对任务选择的自主性。情意的发展依托于实践活动，在不断达成学习任务的过程中，实现精神的完整和人格的完善。相较"亚伦教学法"，"学用型课堂教学程式"有明显的特质，比如"主体性、整体性、情境性、运用性、肯定性"等。福苑学校是一所新建校，2014年至2019年，历时5年的探索，在我们的课堂教学中经常有学生的笑声、掌声，我们的课堂教学经常不在课堂，而在实验室、操场、功能室里面。90后的年轻老师乐于接受新事物，我也定期给老师们做培训，带领年轻的老师们做课题、做实验、做研讨，渐渐地，"学用型课堂教学程式"就在福苑学校扎下根，不断发展起来。后来，我整理文稿的时候，发现"学用型课堂教学程式"事实上是对以往与情境割裂的传统课堂教学的反驳，因为它更加强调学习的文化嵌入和社会参与，让学生从知识学习中获得的不仅仅是知识，更多的是学习体验和生命体验。

接下来我以初中物理的学科教学为例，进一步阐释"学用型课堂教学程式"在物理学科中是如何体现其独有的特点的。物理是强调实验、运用的学科，新课程标准强调培养学生的探究能力和科学态度，以及将知识与实践相结合的重要性。2024年6月，我设计了一节关于《牛顿第一定律》的说课，当时还做了录像。我们可以从这个说课案例中体会"主体性、整体性、情境性、运用性、肯定性"这些"学用型课堂教学程式"的课堂艺术。

## 《牛顿第一定律》说课稿

### 一、说教材

**（一）课标分析**

"牛顿第一定律"是人教版八年级第八章第一节内容，属于"运动与力"单元。本单元属于"运动和相互作用"下的二级主题"机械运动和力"中的内容。课标给的要求是：2.2.5 通过实验和科学推理，认识牛顿第一定律。能运用物体的惯性解释自然界和生活中的有关现象。

（二）教学内容

本节课的教学内容包括：认识阻力对物体运动的影响，通过伽利略小车斜面实验的探究，经历牛顿第一定律的发现过程，体会理想实验在科学研究中的作用，认识力与运动的相互作用关系；知道惯性是物体的本质属性，并能运用知识解释日常生活和生产中简单的惯性现象，解决有关惯性的利用和防止问题。

牛顿第一定律与惯性概念是比较抽象的知识，而"运动需要力维持""惯性是一种力"是部分初中生固有的生活"经验"，学生需通过经历教材提供的真实探究情境修正亚里士多德关于力与运动的错误观点；并通过教材中大量反映生活中的惯性的素材与教师巧妙设计的小实验，揭示惯性的本质属性。

二、说目标

（一）学习目标

物理观念：认识牛顿第一定律的内容和意义；了解惯性概念，会解释简单的惯性现象，并解决日常生活和生产中有关惯性的利用与防止问题；从物理学视角认识运动与力的关系，具有使用科学证据的意识，初步形成运动与力的相互作用的观念。

科学思维：通过对牛顿第一定律的探究，学会利用"实验＋推理"的研究方法进行科学推理；能利用证据表达自己的观点，具有初步的分析归纳能力和质疑创新意识。

科学探究：经历"阻力对物体运动的影响"探究过程，初步形成提出问题、猜想假设、实验论证、交流合作的科学探究能力。

科学态度与责任：通过了解伽利略等人对力与运动关系的研究，体会物理学与生活的密切联系，培养不迷信权威、敢于坚持真理、实事求是、尊重自然规律的科学态度。

（二）教学重难点

教学重点：理解牛顿第一定律的内涵和外延，理解力和运动的关系，知道惯性与质量的关系。

教学难点：以理想实验法建立牛顿第一定律的科学思维过程。

### 三、说学情

学生在学习牛顿第一定律之前已经掌握了力的定义、力的三要素、力的作用效果、力的示意图的画法以及相互作用力等力学知识，同时掌握了运动的相对性、运动的快慢等运动学知识，但对力与运动的关系缺乏认知。另外，学生经历过一些探究实验，但在探究理想实验基础上进行分析推理建立定律还是第一次遇到。八年级学生的分析推理、概括归纳能力还比较弱，需要科学的规范与指导，同时，学生由于缺乏生活经验，在惯性的利用和防止方面缺乏知识联系实际的运用能力。但优势也很明显，学生的求知欲望强烈，学习动机较强，合作交流意识也很明显。因此，本节课教学要充分依据学情，通过情境激起学生的好奇心，并循循善诱地启发，使学生在愉快的氛围中学习知识，实现核心素养的发展。

### 四、说模式

"教学有法，教无定法"。选择行之有效的方法是取得良好教学效果的保证。本课我采用"学用型课堂教学程式"，不仅充分利用"亚伦教学法"课堂内外资源和环境，将学生的学习从单一的课堂教学延伸到更加多样化的学习方式，为学生提供更广阔的学习空间和机会，而且引导学生将所学知识与生活相联系，让学生进一步体会科学的求真与严谨的学科态度。该课的主要教学步骤包括：一、课前，学生小组探索实验研究学习；二、课堂，学生小组课前探索成果分享；三、课堂，学生小组实验探索研究学习；四、课堂，学生小组实验探索研究成果分享；五、课堂，教师知识讲授、规律总结；六、课堂，学生小组课堂讨论研究和练习；七、课堂，小结、小测和作业布置；八、课后，学生完成情境性生活作业。

### 五、说教学过程

第一步，课前，我给学生布置了小组探索实验研究学习任务。我给学生设置的探索研究的问题是"阻力对物体的运动有什么影响"。我告诉学生，物体在水泥地面、瓷砖地面、玻璃表面、塑料表面、木地板、桌面、毛巾、各种布料表面上运动时受到的阻力大小不同。而阻力大小不同，物体的运动速度变化快慢也会不同。让小球（或者小车）在相同高度往下运动（或者用同样的力往外推），使之在不同材料表面运动，通过研究小球（或者小车）的运动距离可以研究阻力对物体运动的影响。我要求学生：1.上网搜索研究上述问题，寻找办法。2.设计并实施实验，研究阻力大小对物体运动的影响。要求用手机或相机拍摄视频短片或照片。3.制作PPT《阻力对物体运动的影响》，下节物理课上进行交流、分享。4.可以小组合作或个人独立完成。5.在课前完成探索实验和PPT制作，并上传到我的个人邮箱。

第二步，课堂，各学生小组课前探索成果分享。课前我整理了各组的资料。上课开始后，我先引入新课，并请第一小组进行实验研究成果分享。第一小组的两个代表上台分享他们小组的探索成果，学生甲先谈他们小组对于问题的思考：阻力对物体的运动有什么影响？他们首先思考如果运动着的物体受到的阻力不同，那么物体的运动路程会有什么不同？他们猜想运动着的物体受到的阻力越大，运动的路程就越长；反之就越短。接下来，学生乙介绍他们小组的实验器材和实验设计方案以及具体的实验步骤。他们小组改造了一个玩具小汽车，制作了一个刹车片，他们通过变化压力来改变刹车片的阻力，并让小车在不同阻力下从相同高度下滑，来观察小车运动的路程。接下来学生甲播放小组探索实验视频，并做讲解。学生乙谈他们通过实验获得的结果及推论。最后我进行点评。接下来第二小组上台分享探索研究成果。这个小组的成果由小组的三个学生代表讲解，三个学生代表先后讲解他们对于探索问题的思考，实验的设计原理和步骤，他们通过图片再现实验的过程和相关实验数据，得出他们小组的实验结果。最后，我进行点评。

第三步，课堂，学生小组实验探索研究学习。学生新课前预习练（两道填空题）：1.坐在汽车里的乘客若身体突然向前倾，则可能是汽车正在_____；若乘客的身体突然向后仰，则可能是汽车正在_____；若汽车向左拐弯，乘客将_____。2.牛顿第一定律是在_____的基础上，通过进一步的_____得出来的。从这个定律得出的一切推论，都经受住了_____。基于两道练习题，我讲解亚里士多德和伽利略的观点。亚里士多德认为必须有力作用在物体上，物体才保持运动；而伽利略则认为运动物体如果不受其他力的作用，物体将会是匀速运动，并一直运动下去。那么谁对谁错呢？我布置学生小组课堂探索研究任务。学生小组课堂实验探索研究学习，学生小组合作进行斜面实验，探索验证伽利略的观点。

第四步，课堂，学生小组实验探索研究成果分享。学生小组课堂探索研究成果分享。我随机请一个小组的学生代表把他们小组的课堂探索实验结果和大家进行分享，并进行点评。

第五步，课堂，教师课堂传授、规律总结。我讲授、总结牛顿第一定律。牛顿在伽利略等人的研究成果基础上总结出牛顿第一定律：一切物体在没有受到力的作用时，总保持静止状态或匀速直线运动状态。学生课堂练习1（两道题）：1.牛顿第一定律的内容：_____物体在没有受到力的作用时，总保持_____或_____。2.关于牛顿第一定律，下列说法正确的是（　）。A.牛顿第一定律是可以通过实验直接证明的；B.验证牛顿第一定律的实验做不出来，因此不能肯定这个定律正确；C.牛顿第一定律是在大量实验的基础上，通过分析推理而获得的；D.物体保持静止或匀速直线运动状态，叫作牛顿第一定律。接下来我讲解惯性概念。一切物体都有保持原来运动状态不变的性质叫惯性。

第六步，课堂，学生小组课堂讨论研究和练习。接下来，我通过实验演示和动画演示，布置学生小组讨论题1。我通过动画和动手演示小球的惯性实验，在一个支座上放一个金属片，把一个小球放在金属片上，旁边有一个弹片，拨动弹簧片，把小球与支座间的金属片弹出时，小球并没有随金属片飞出。然后给出小组讨论题1：拨动弹簧，把小球与支座之间的金属片弹出，为什么小球并没有随弹簧片飞出？学生进行分组讨论。我随机请一个小组的学生代表起立，把他们的讨论结果在全班分享，并进行点评。接下来，我通过动画演示布置学生小组讨论题2。小车上有一个木块，当小车突然迅速启动时，木块会向后仰倒；当运动的小车突然刹车时，车上的木块突然前倾。动画演示完后，我给出讨论题2：行驶中的小车突然刹车时，木块为什么会前倾？小车突然启动时，木块为什么会后仰？学生分组讨论。我随机请一个小组的学生代表起立，把他们的讨论结果在全班分享，我进行点评。最后，学生进行课堂练习2（两道题）：1.惯性是造成许多交通事故的原因，下列不是为了防止由于惯性而造成交通事故所制定的交通规则是（　　）。A. 某些路段要对机动车辆限速；B. 车辆快速行驶时要保持车距；C. 车辆要靠右侧行驶；D. 小型客车的驾驶员必须系安全带。2. 一人面向前方站在一艘匀速航行的轮船的甲板上的某处竖直上跳，当他下落时应落在（　　）。原处；B. 此处的前方；C. 此处的后方；D. 不能确定。

第七步，课堂，小结、小测和作业布置。接着，我进行课堂小结，梳理本节课知识及其蕴含的思维方法，使知识系统化、结构化。并让学生进行课堂小测验。最后，我给学生布置作业。

第八步，课后，学生完成情境性生活作业。课后，学生研究生活中的惯性现象，探索原理，研究生活中惯性的利用和防止惯性的危害，并在"科技展"活动周中进行学习分享，将任务的前期、中期以及后期的完成情况、体会与来宾分享。

我们可以从这一说课稿中看到，"学用型课堂教学程式"具有"主体性、整体性、情境性、运用性、肯定性"等课堂教学的特质。整个教学流程聚集生活真实场景，将知识学以致用，用以解决实际问题，实现学生核心素养的培养。物理学科的课堂教学也就能实现兴趣的培养、学习素养的提升，从而对学生理解知识、认识世界起到长足的效用。

与此同时，大家也能看到我对课堂教学基本范式的探索不断走向深化。从"亚伦教学法"——"系统讲授＋合作探究＋课内外一体化学程设计"，到"学用型课堂教学程式"——"主体性、整体性、情境性、运用性、肯定性等特质"，这种转向既有包含，又有拓新，既有"定法"，又有"新义"。它是从局部探索到整体观照，从教学教法到模式建构，从实践研究到特质提炼。虽然我们常说"以学定教，教无定法"，但是，从我的探索过程中可以看到"以生为本，发展为主，探索为要，创造为核"的教学方向。从物理的单一学科到多元学科的运用，这样的探索路径将人本思想贯通到每一个学科中，将创新意识贯通到每一节课堂里，将合作与实践贯通到每个学程设计中。

每个学科都能在自己的学科中运用得顺畅、高效。如果学生面对更大场域,更复杂的学习环境,他们能否将不同学科的知识、技能融会贯通呢?既然我们培养的是"完整的人",那么,"完整的人"面对复杂多变的生活情境时,能否顺利提取能量来参与、解决问题呢?就如上文,我们知道学习的实质是个体参与实践,与他人、环境等相互作用,是形成参与实践活动、完成学习任务、提高社会化水平的过程。那么,我们培养的学生真的能适应未来的生活与世界吗?这时,我关注了两个新的变化:一是AI智能时代需要什么样的人?二是"互联网+"的时代该怎么处理一件事情?带着这两个问题,我开始审视"学用型课堂教学程式"。诚然,我们的认知活动一定是发生在特定的社会文化环境中的,不同的社会有不同的文化特点。比如,中国人过中秋节、清明节,美国人却不过中秋节、清明节,那么,美国人过什么节呢?种种特殊的环境产生的特殊问题,如何带领学生去理解、去实证、去体验呢?文化和社会因素不可避免地影响和制约着我们的认知活动,"学用型课堂教学程式"虽然倡导学习与生活相结合,扭转了个体认知的偏狭,但还是缺少全域性的情境训练与体验。我们一堂课只有40分钟,容量有限,哪怕"亚伦教学法"主张将课内外一体化,却也缺少结构性的学习实践的设计。在九年一贯制学校里,学生九年一直在同一所学校学习,有些学校还有附属幼儿园,往前回溯,可以做到十二年一贯制培养,甚至还有高中学校,那就是十五年贯通制培养了。可是,我们是否有为学生搭建系统的学科实践活动,让学生在有条理、有层次、有内在逻辑的学科实践活动中体验知识的魅力,运用所习得的知识与技能呢?带着这个问题,我陷入了沉思。

2019年4月底,我调任深圳市龙华区潜龙学校。相较福苑学校,这所学校是一所有着11年教学沉淀的"老校",有着丰富的教学实践经验,也有一些相对成型的课堂教学探索,老师的构成比较合理,老中青三代人都占有一定的比重,教学资源相对丰富。学校还有3所附属幼儿园,教学硬件齐全,各科室行政配备较完整,社会声誉较好。刚到这所学校,我第一件事情就是想,该怎么带好团队,为学生的终身发展奠基。换句话说,九年一贯制学校,甚至说是十二年一贯制学校该怎么开展贯通式教育呢?

在听了一学期的课,参加了各学科实践活动之后,2019年9月,我大胆设想构建"融合型学科素养课程",实现课程育人。可是,"融合型学科素养课程"涉及的学科众多,学段跨龄幅度也很大,要如何扎扎实实落实下去呢?于是,我将"亚伦教学法"和"学用型课堂教学程式"两种课堂教学基本范式进一步扩展,以活动铸魂,以活动生发,以活动育人。我围绕"融合、活动、贯通、育人"等教学关键信息开始实践、反思,再实践、再反思。我与备课组、教研组开展同课异构;与教学处、科研处开展课题研究,最终,形成了"乐活大课堂"的课堂教学基本范式。从"亚伦教学法"到"学用型课堂教学程式",再到"乐活大课堂",从学科局部探索到学科整体建构,再到素养立意"跨学科融学段"实践活动设计,从单一学科到多元学科,从教法学法的探索到课程整体设计,这是贯通式教育向纵深发展的必经之路。

## 二、融合与再创:乐活大课堂

贯通式教育的优势在于学生在一个系统中能实现有节奏、可持续发展,实现"全人"的完整培养。在教学贯通培养上,我们希望学生能参与各种社会实践,在实践中体悟知识、运用知识,甚至创造新知识。这种参与,急需个体具有一定的技能储备,需要个体具有认知的结构和对概念的理解。我们的"乐活大课堂"学科素养实践活动有以下三个特点:

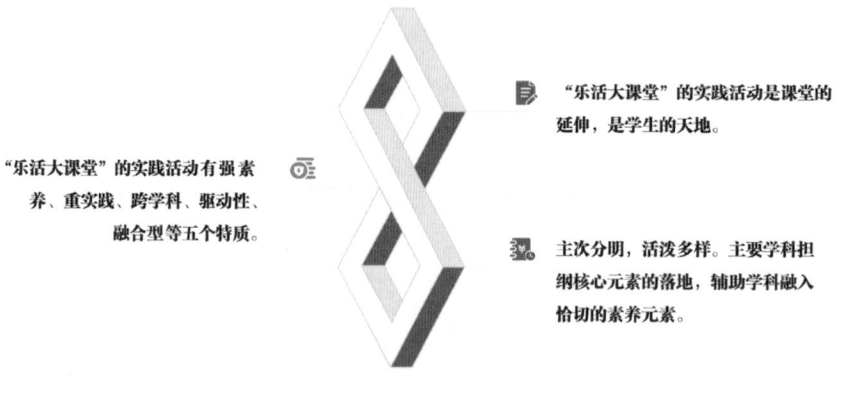

"乐活大课堂"的实践活动有强素养、重实践、跨学科、驱动性、融合型等五个特质。

"乐活大课堂"的实践活动是课堂的延伸,是学生的天地。

主次分明,活泼多样。主要学科担纲核心元素的落地,辅助学科融入恰切的素养元素。

"乐活大课堂"的特点

第一,"乐活大课堂"的实践活动是课堂的延伸,是学生的天地。"乐活大课堂"有三个课堂追求,即"快乐、生长、融合"。随着国家"双减"政策的落地,课堂教学也随之发生了革新。我们的课堂要让学生感受到学习的快乐，而不只是学习任务的完成；我们的课堂要让学生身心不断生长，不只是年岁的增加，而是情智的发展、身心的和谐；我们的课堂要让学生有足够的时间和空间参与丰富的学习活动、社会活动、生活活动，并在其中获得幸福感、成就感、创造感，而不是简单的学习任务的交叠。因此，我们所设计的融合型学科素养实践活动既要体现主要学科的核心知识以及核心技能的运用，还要关注学科间的交互与融通；既要看到学生此时此刻的点滴进步，又要看到学生在不同年级中的进阶式成长；既要看到学生在学校场域下运用知识解决问题的能力，又要看到学生在家庭场域、在活动场域的社会参与。这样的活动设计，内容上是学科的课堂教学核心知识，形式上是生活的各种真实情境。教师要善于创造情境，无论是跨学科的拟真情境，还是生活中的真实情境，都是我们教育教学的贯通点、融合点。当然，所有的活动设计，内容上都是国家课程、校本课程的有机融合。只是我们为了让学生的活动体验有模糊性，而有意模糊。为什么要这么做呢？这是由"乐活大课堂"的独有特质所决定的。

　　第二，"乐活大课堂"的实践活动富有"强素养、重实践、跨学科、驱动性、融合型"等五个特质。我们从这五个特质中可以感受到"乐活大课堂"希望实现"知识的有效迁移"和"学生的有效参与"的课堂教学艺术。学生所学的知识要实现有效的迁移，就要求在我们的课堂教学中，学生不能只关注本学科的那一点知识，而应该携带这一点知识跨越情境边界，不再将所学的这个知识点当作一个孤立的存在，这个知识点应该是解决问题中的一个"参与者"，而不是一个独立的实体。教师在课堂中所搭建的学习框架、创设的学习情境，也不再是独立学科的封闭情境，而是将学习情境或学习框架视为一个复杂情境、一个模糊边界的新领域。所有的课堂教学情境和学科实践活动都是融合、交叉、联动的，需要学生调动不止一个学科的知识去参与、去完成。当然，这并不意味着学科知识的弱化和模糊，而是在有着清晰的学科知识的认知前提下，学生真切地参与知识的建构与运用，完成设定的学习情境或问题情境。那么，要达成这个目标，老师们在备课的时候就要提炼单元学习的大概念，从真实的应用情境切入，选点讲解，布点探索，这样，学生才能够真正运用知识。在目前的实践中，老师往往从运用媒介的融合、学习元素的融合、呈现渠道的融合以及从学段混龄的融合等四个角度设计学科素养实践活动。

　　第三，"乐活大课堂"实践活动主次分明，活泼多样。主要学科担纲核心元素的落地，辅助学科融入恰切的素养元素。我一开始提出要构建"融合型学科素养课程"的时候，很多老师都感到困难。跟老师们交流、沟通后，才发现老师不希望组织太多的活动，希望能安安静静地抓学生的学习成绩。甚至有个别老师认为，活动这么多，成绩考不出来，到时候还是没有办法检测学生的学习成果。得知老师们的顾虑之后，我也开始思考，"融合型学科素养课程"的融合点应该是老师们有能力执行的，而且活动不能多，不然光有形式，没有内核，"劳民伤财"一定不是我做贯通式教育的初衷。贯通式教育本就是为了科学地减负，让老师们看到学生可持续性的发展，有轨迹、有规律的发展，决不是一个年级搞一套。于是，我重新审视"融合型学科素养课程"的构想。在经过三个月的实践与反思、求证与研讨之后，我们做了四件事：

　　1.升级：将潜龙学校原有的"人人一优课"教研活动进行升级，打造"寻找潜龙活力课堂"，打造一系列"乐活大课堂"的典范课例，从实践中不断凝结新课堂的智慧与质感。

　　2.精造：将潜龙学校原有的"每班一台戏"美育活动精细打造，将学生展演的节目内容与学科课堂教学相结合，将学科学习元素融入学生喜闻乐见的艺术展演节目中。

　　3.甄选：将潜龙学校原有的"每月一活动"学科实践活动重新审查、鉴别，让选题更广泛、更接地气、更能体现学生的综合素养，而不只是体现学生的学习素养。因此，势必要减少一些不够经典的项目，更新一些更有时代特点、符合学生学习实际的项目，项目总数由原来的48项减少为25项。

　　4.新造：将"家庭教育节""悦读节"融入"每月一活动"学科实践活动，形成混龄式、全覆盖、跨场域的"月·节文化"素养课程。

　　如此一来，依托"乐活大课堂"的课堂教学范式，"融合型学科素养课程"的构建逐步成为现实。为什么在"乐活大课堂"的打造过程中要融合、要跨学科？这正是因为我们要借助贯通式教育培育"完整的人"。虽然如此，我们还是从"乐活大课堂"中看到"大"的外显中有着内在的逻辑和隐藏的教学机智。

首先,"乐活大课堂"保留了"亚伦教学法"中"系统讲授+合作探究+课内外一体化学程设计"的内核元素,以及"学用型课堂教学程式"的"主体性、整体性、情境性、运用性、肯定性"等课堂特质,这是对之前的探索成果的继承和实践。

其次,"乐活大课堂"扩展了前二者的研究领域,不仅关注知识的习得、运用、情智,还关注学生对知识系统性、综合性的运用。

最后,"乐活大课堂"认为学生的学习目标应该是基于创新、创造的情智的生长,不仅关注知识的流通、技能的运用,还要关注新情境的创新运用,所有的知识都能被创新性地调用与联通。毕竟,AI智能时代和"互联网+"的时代特征,决定了我们绝不是为了学习某一个知识模块,而是要懂得如何根据任务需要、情境需求随时调用各类知识,甚至能创新性地创造新的知识或技能。如此,学生的综合素质才能得到长足的发展,贯通式教育才能实现课程育人、活动铸魂的目标。经过几年的实践与研究,我们提出了《基于学校文化的学校课程规划方案》,这就意味着我们的贯通式教育在"乐活大课堂"以及扎实的学科素养活动中得到反复实践与验证。

## 基于学校文化的学校课程规划方案

为全面贯彻国家、省、市、区"十四五"教育事业发展规划精神,落实"双减"政策,促进学校教育教学高质量发展,潜龙学校根据《广东省中长期教育改革和发展规划纲要(2010—2020年)》、深圳市教育局关于印发《关于全面深化中小学课程改革的指导意见》(深教〔2015〕297号)、《广东省教育厅关于中小学地方综合课程的指导纲要(试行)》(粤教基〔2016〕11号)的重要精神,结合自身办学特点和学校实际,精心制定了潜龙学校课程建设方案。

### 第一部分 学校文化体系的建构

#### 一、学校文化定位

潜龙学校历经十二年的发展,形成了以"自主发展的独立精神,追求卓越的拼搏精神,爱岗敬业的奉献精神"为核心的"潜龙精神",在潜龙精神的引领下，逐步沉淀了潜龙特有的校园文化，包括"人文管理"的管理文化、"自主发展"的教师文化、"自然合作"的学生文化等。潜龙学校文化积淀厚重，成为促进学校教育高质量发展的持久动力。

## 二、育人理念体系

办学理念：每位潜龙人都重要，做最好的自己

办学目标：培养具有传统底蕴、国际视野和创新精神的现代公民

校训：刚毅之气、厚实之学、强健之体

校风：志存高远、脚踏实地

教风：师德高尚、治教严谨、合作共赢

学风：知足，知不足，不知足

育人目标：学校致力于将学子培养成为科学素养与人文情怀交融，厚德之质与博学之力并举，具有家国情怀、国际视野，有责任敢担当和有自我终身持续发展能力的高素质、创新型后备人才。

守正与创新：厚植学生传统底蕴，大力弘扬中华传统美德，传承和发扬中华优秀传统文化理念与思想，以中华优秀传统文化为营养之基。坚持开拓创新，不断浸润理论前沿知识，用先进的文化理念武装自己的头脑，为学生适应未来社会不断奠基。

科学与人文交融：培养学生科学素养与人文素养共同提高，并使之和谐发展。不仅要让学生在科学知识、能力、方法、态度等方面具备较强的能力，而且要让学生具有关注人类自身发展，关注人与自然的和谐发展的态度和能力。

厚德与博学并举：厚德，就是始终以德育为核心，让学生在做人的道德意识、责任意识、法治意识、人生观、价值观等方面具有厚重的积淀，成为品德高尚的人；博学，重在积累，使学生在哲学、历史、文学、艺术、科学、经济等诸多方面具有广泛的涉猎，为未来发展奠定深厚的基础。

家国情怀与国际视野并蓄：要让学生热爱祖国，并有为之奉献的思想，热爱祖国的历史文化，关注祖国的未来发展，具有强烈的社会责任感和民族自豪感，具有强烈的国家意识、公民意识，使学生将来成为高素质的社会主义建设者和接班人。使学生对世界多元文化形成理解与包容，能充分把握现代文明发

展的方向，并广泛吸收、为我所用，适应深圳作为改革开放前沿的需要，使学生具有国际意识和具有初步的国际交往的能力。

## 第二部分　学校课程体系的规划

### 一、编制依据

#### （一）国家和地方的课程政策

学校依据教育部《义务教育课程方案和课程标准（2022年版）》《深圳市义务教育课程计划》，编制学校课程实施方案。

#### （二）学生、教师、家长等的共同期待

结合潜龙学校的培养目标，以中华博大精深的文化经典和源远流长的礼仪文化为核心，规范学生日常行为习惯，扎实开展文明礼仪教育，引导学生争做温和有礼、温文尔雅的潜龙学子，树立校园文雅之气。

### 二、课程理念

"教育即成长"，在学校教育教学工作中，一切为学生的快乐成长助力，努力推进幸福教育，培养有点子并能付诸实践的创客学子。学生学和教师教的过程，都应着眼于学生的成长，通过让其成长，为其带来成就感、归属感和幸福感。在教学中，要充分发挥十二年教育的优势，尊重教育规律，因材施教，精心设计，以素质教育为抓手，激发学生的热情、兴趣，让学习成为一件快乐并孜孜以求的事，从而收获优异成绩。培养具有适应未来社会发展需要的人格健全、心灵健康、幸福快乐的社会主义建设者和接班人。真正做到为学生终身成长助力，为学生幸福人生奠基。

### 三、课程目标

#### （一）课程总目标

全面贯彻党的教育方针，坚持走"尊重教育，内涵发展"之路，以促进学生综合素质发展和个性化成长为宗旨，以立德树人为根本，以提高质量为核心，以改革创新为动力，为培养具有传统底蕴、国际视野和创新精神自主发展的现代公民奠基。

#### （二）课程具体目标

通过构建潜龙"二三三N"乐活课程体系，结合潜龙学校"每位潜龙人都

重要，做最好的自己"的办学理念和"为了孩子的快乐成长"的办学宗旨，引导学生"乐中学""学中做""做中成"，以更好地适应当下及未来社会的需要，帮助每一个学生快乐成长。

培育"乐活大课堂"下的课改特色。推进潜龙"二三三N"乐活课程体系，旨在通过这一过程，逐渐形成完善的潜龙学校乐活课程体系及课程资源的建设，根据课程安排，组织撰写校本教材，尊重学生的发展规律，在原有"先学后教、讲练结合、生生互动、留白质疑"的课堂教学策略基础上，进一步打造"快乐、生长、融合"的"乐活大课堂"，形成彰显"乐活大课堂"特色的教学基本范式。

构建"乐活课程"体系下的教师发展机制。尊重教师价值和成长需要，按照"外培内塑"的教师专业发展理念，形成"全员与分类、集中与分散、系列与专题、综合与专业"相结合的培训体系。建立教师自主学习、自主反思、自主评价和改进的发展机制。

培育"乐活大课堂"下的课程文化。尊重落实"每位潜龙人都重要，做最好的自己"的办学理念和"为了孩子的快乐成长"的办学宗旨，重视每一位教职员工、每一个孩子家长的需求，给他们以发展空间和平台，激发其内在动力。加强学校理念文化的宣传和渗透，在教育教学工作中培养每位潜龙人的"乐商"，组织丰富多彩的师生论坛、活动，让学校理念内化为师生行为准则，打造学生乐学、教师乐教、潜龙人乐活的精神家园。

完善"乐活课程"体系下的评价激励机制。实施目标驱动制，结合学生发展现状以及学校整体目标，指导每个年级、每个班级、每个人分层制订短期及长期教学目标。通过目标驱动，激发学生内在动力，提高教学和学习热忱，从而提升教学质量。同时，开展学科诊断与指导、个性化教学，完善监控手段，实行综合评价。

### 四、课程结构

"二三三N"乐活课程体系中"二三三N"指两个维度、三个系列、三个学习社区、N个学习俱乐部。即国家和校本两个维度，三大系列课程即综合体验课程、创新探索课程、文化浸润课程，每个系列分别建设三个学习社区和多个学习俱乐部。其中两个维度相互融通，保障国家课程的基础上实现国家课程校本化，实现校本课程活动化、活动课程特色化、特色课程兴趣化。为了强调体验感悟，让学生能不断发现自我，收获成功，快乐成长，成为一个积极乐观、阳光向上的人而设置综合体验课程；文化浸润系列课程强调熏陶感染，让学生在传统文化和国际素养的感召下，心怀家国，博学多识，成为一个有底蕴，有见识，更有文化自信的人，设置国学课程、国际素养课程、领导力课程等；创新探索系列课程强调实践应用，涵盖科技创新、未来创客、信息化融合、PBL课程，让学生不断开拓思维，增强其动手能力，让学生成为一个有想法并能把想法付诸实践的人。

## 五、课程实施

作为一所以培养"具有传统底蕴、国际视野和创新精神自主发展的现代公民"为目标的九年制一贯学校，课程教学是决定学校人才培养、教学质量和教学水平的最基本要素，也是学校综合办学实力的根本体现。为此，我们提出了两点要求：就教师而言，能够精心备课，全心育人，备课组个个有特色课，教研组组组有精品课；就学生而言，除了有国家规定的学习要求之外，学校还专门设置多种校本课程和课后延时服务课程，为培养学生的核心素养不懈努力，以保证人才规格和质量。

**（一）规范基础性课程：推进国家课程校本化、地方课程本土化、学校课程特色化**

贯彻落实国家课程计划，开齐开足各类常规课程。关注学生的长效发展，遵循"每位潜龙人都重要，做最好的自己"的办学理念，根据学生身心特点，发展和完善学校的课程体系。

以"基础与层次性、自主与灵活性、多样与综合性、开放与共享性、科学与创新性"为原则，开发适合本校学生需求的校本课程。如增设生存性课程"应急避险""适应训练""医疗急救"等；生活性课程"现代礼仪""心理辅导""社会服务"等，发展性课程"生涯规划""职业体验""法庭科学"等，全面拓宽校本课程的广度和深度，为学生自主发展创造良好条件。

## （二）探索创新性课程：实施潜龙课堂教学创新工程

积极适应和研究教改，大力开展"让学生参与、体验、创造"的教改研究，努力构建以学生主动学习为主，有活力、高效能的新型课堂教学模式，打造"潜龙活力大课堂"，充分激发学生学习兴趣，激活学生学习能力，激励学生自主学习。贯彻落实国家提出的"立德树人"教育观，整合社会各界资源，创新德育类课程：开发职业生涯规划、感恩教育等德育类课程；充分利用法院、公安、消防等国家机关和社会组织的相关资源，邀请机关干部为学生开展生动形象的法治、安全德育课程；邀请从事专业领域的家长为学生开展德育课堂，全方位、多层次加强学生思想品德教育，为学生"全面而自由"的发展提供开放性课程构架保障。

## （三）构建发展性课程：建立以提升学生综合素养为导向的评价机制

学校课程评价体系是高水平实施学校课程建设方案的关键。因此，学校课程评价总的原则是"学生为大，发展为本，重在过程"。注重对学生学习过程的评价和评价的多元性，使教师单一的评价与同学评价、自我评价等方式结合起来，探索"在学习中评价，在评价中学习"的理念，围绕学生品德、身心、学习、创新、国际、审美、信息、生活八大素养，建立学生综合素养成长电子档案，全程跟踪和记录学生体质、心理、学业、品德等各类素养成长情况。同时，通过"学生对课程的满意率调查""课程执教教师自评""学科同行互评"三位一体的评价体系，关注"自创性、生成性和适切性"，同时兼顾家长和社会相关人士的评价。

## （四）拓展实践型课程：建立以公共服务为归旨的研学型课程

实践型课程主要采用主题引领的项目式学习，基于问题解决，融合多学科内容，综合培养学生的创新与实践能力。构建立体化劳动课程：一是利用劳动教材，促进学生劳动技能实现阶梯性提升；二是结合市区"劳艺节"，训练学生专项劳动技能；三是引进特色劳动课程"绣工坊"，打造亮点，产出劳动课程周边产品；四是加强劳动课程和其他学科课程的渗透融合，将生物、地理、化学、物理、美术、信息等课程与劳动课程融合到一起，实现理论与实践相结合，学习与探究相关联。重视科学实验，规范实验课，提高中小学的实验开出率。同时，坚持走出校园原则，进行研学型课程建设：致力于突破时空界限，打破学科壁垒，建立立体学习场，带领学生走进社会，贴近生活，遵循学生发展规律，借由教材指引，走进教材的现实世界。通过游于研和学之间，让学生深入课堂，自觉学习，激发学生兴趣，培养学生核心素养。

（五）发展阅读补充课程：建立以阅读为学校课程中心的发展愿景

学校把阅读作为学校文化氛围营造的起点，通过为学生提供良好的阅读环境，使学生浸润在书香的文化气息中；同时为学生畅读提供高质量、高水平的图书品类，并建立导读指导体系，通过成立阅读社团、组织读书分享会、编辑书目、推荐画册等活动，为学生读书提供广阔的舞台，借以提高学生阅读内驱力，使校园形成爱读书、多读书、会读书、读好书的良好氛围。培养一批阅读教学骨干教师，推出"阅读教学示范课"，建立阅读教学资源库。

（六）拓展未来课程：建立以高效学习为宗旨的信息技术课堂模式

积极探索信息技术与学科融合，借助人机互动的新模式，让信息技术辅助快速提高课堂的教学效率，提升教学的针对性和有效性，使学生学得有效，教师教得高效。在探索新课堂模式的同时，加大信息技术优秀教师的引进力度，积极引入新理念、新方式、新技巧、新模式，不断对老师加以培训，对学生加以指导，促进教与学方式的转变，教与学内容的更新。

（七）构建乐活课程体系：培养有点子并付诸实践的能合作、善分享、快乐成长的创客学子

打造"乐活大课堂"课堂教学范式，积极构建"乐活课程"体系，秉承"每个潜龙人都重要，做最好的自己"的办学理念和"一切为了学生的快乐成长"的办学宗旨，针对学生全面发展需要，着眼学生核心素养形成，努力帮助学生发现兴趣，激发潜能，服务学生长远可持续发展，重点培养有点子并付诸实践的能合作、善分享、快乐成长的创客学子。

潜龙学校将乐活理念融入课程教育中，开发设计多元校本课程，加强资源开发，拓宽覆盖面，丰富课程。学校的乐活课程主要分国家和校本两个维度以及综合体验、文化浸润和创新探索三个系列，努力建设三个学习社区和多个学习俱乐部，为学生的快乐成长助力，为学生的人生幸福奠基。学校积极探索国

家课程校本化的路径，实现每个年级有特色；践行校本课程活动化，让每个孩子选修自己感兴趣的课程。开发乐享体验系列课程，强调学生的体验感悟，让学生在体验快乐中成长；人文浸润系列课程强调研究思考，增强学生的文化底蕴，让学生积极分享，让学生生发新点子；科学探索系列课程强调实践应用，重视合作，让学生把点子付诸实践。通过项目式学习、探究式学习、跨学科融合学习等形式，培养学生善于合作、善于分享的精神品质。让孩子在积极的情绪体验中学习到最前沿的知识，同时培养学生的创造力和合作精神，为学生的终身发展奠基。

因学科特点不同，每个学科根据学科性质打造自己学科课堂教学样式。目前比较成熟的学科课堂教学样式有初中数学、历史等各学科。以下呈现初中数学学科的课堂样式。

## 初中数学学科"乐活大课堂"教学样式

### 一、导入新课，唤醒注意（2—3分钟）

（一）说明

1.课堂教学开始，教师创设与学生已有的知识、经验相适应的问题情境，引起学生的认知冲突，激发学生的参与欲望，使学生迅速沉浸于自主探究的境地，从而为课堂教学的成功奠定良好的基础。

2.温故知新，即教师提出复习问题的同时，巧妙地与新知衔接，启发学生积极、主动地回答问题，以展示自己的才能。

（二）注意的问题

1.导课的方法：

（1）创设情境导课。

（2）温故知新导课。

（3）设计小测题导课等。

2.情境导课要符合以下要求：

（1）有的放矢，适合学生的经验（生活的、数学学习的）。

（2）先声夺人，引发学生学习的热情和好奇心。

（3）发人深思，激发学生思维，并能迅速引入主题。

（4）能反映数学本质。

## （三）目的

1. 激发学生学习的兴趣，变被动学习为主动学习。

2. 让学生始终带着问题去学习。

3. 激励学生上进，培养学生的自信心。

## 二、展标设疑，激发思考（1—2分钟）

### （一）说明

1. 定准目标：把一堂课的学习目标定科学、定准确、定具体。这既是对学生说的，也是对教师说的。师生都应重视这一环节。

2. 在定教学目标的时候，要充分考虑到三维目标的统一。知识与技能、情感态度与价值观、过程与方法，这三个方面同等重要，缺一不可。

### （二）注意的问题

1. 教学目标的定位要难易适中。

2. 教学目标的制定要兼顾好、中、差三个层次。

### （三）目的

1. 培养概括知识的能力。

2. 理解运用各种学习方法的能力。

## 三、引导自学，独立研学（3—6分钟）

### （一）说明

1. 在学生对学习目标清楚、明白的情况下，完全让学生独立自主地、主动地学习知识或提升能力。

2. 在学生自学的过程中，教师应深入到学生中认真、细致地洞察、了解学情，教师要让学生做课堂教学的主人，让学生围绕问题看书自学，独立获取知识、提出问题、解决问题，教师进行巡视，做个别指导，不要事事包办代替。

### （二）注意的问题

1. 教师要设计好导学提纲。

2. 在此过程中，教师要少说话、少讲解，学生之间少讨论、少研究，尽量发挥学生个体的自学潜能，养成独立学习的习惯。

3. 教师巡视，督促每个学生都积极动脑、动手，认真自学。

4. 关注学困生，给予他们适当的启发指导。

（三）目的

1. 培养学生养成自主学习的习惯。

2. 培养学生分析问题和解决问题的能力。

3. 学会运用各种学习方法。

## 四、合作探究，正向评价（6—10分钟）

（一）说明

在学生自主探究的基础上，适时引导学生同桌合作、小组交流、全班交流，这样可以取得相互启迪、相互弥补、相互质疑、相互竞争的效果，这是实现课堂教学多维互动的重要环节。

（二）注意的问题

1. 师生互动，合作探究，要特别关注学困生的学情反馈。

2. 对于错误的信息，在"尊重"的前提下，启发学生用"兵教兵"的方法予以帮助纠正。

3. 学生解决不了的疑难问题，教师应及时帮助解决。

4. 根据学情适时提出拓展性新问题，进行例题、习题的变式训练，点燃探究创新激情。

（三）目的

1. 培养师生之间、生生之间合作学习的精神。

2. 培养学生的思辨能力、口头表达能力，助力其学会探究、辩论。

## 五、训练提升，迁移运用（15—18分钟）

（一）说明

1. 教师根据自己对学情的调查了解，抓住几个带有普遍性的关键问题，以多种练习纷呈，精心设计，巧妙点拨。

2. 在教师的指导、启发下，引导学生多动脑思考。

## （二）注意的问题

1. 教师要选准点拨的问题，设计梯度适宜的训练题组。

2. 设计好质疑和讨论的问题。

3. 选好有探究空间的例题、习题。

4. 恰当选用课堂教学手段、策略。

## （三）目的

1. 引导学生学会归纳、总结、创新。

2. 培养合作意识、合作能力、创新能力。

3. 体现目标达成的巩固性、知识方法的规律性。

## 六、达标测评，多元展示（5—6分钟）

### （一）说明

通过学生独立完成，来测定他们是否完成了学习目标，并以口头方式，简短地总结本堂课的学习情况和学习感受。

### （二）注意的问题

1. 教师设计好测试题：

（1）该测试题要围绕本节课的学习目标设计，体现层次性。

（2）达标测试题的设计应紧扣学习目标，尽可能让学生自主完成知识和能力迁移。

（3）试题要主客观相结合，注意课内外材料的兼顾，包括课内外材料的巧妙联系，恰当组合。

（4）提供选择性试题，题型可有基础题型、拓展题型、实践任务型。其中，实践任务型可以以PBL项目式学习、读书会、学科素养实践活动进行展示。

2. 限定学生完成测试题的时间。

3. 对于测试中的失误，应及时给予矫正补救。

4. 测试要达到"短、平、快"的效果。

### （三）目的

1. 做好当堂评价，对后进生的作业要给予肯定，让全班同学都尝到成功的喜悦。

2. 让学生体验数学来源于生活，应用于生活，获得成功的体验。

3. 培养学生独立自主、勇于探索的学习精神。

在教学设计过程中，不论采用什么样的教学方法或模式，都不能机械地按部就班地套用模式，而是应该结合课堂教学实际，并根据学生实际，进行"变式"处理。只有"变"才会显示出灵活性，只有"变"才会有效地发展学生的个性，只有"变"才会充分展示教师个性化的教学艺术风格，教师的"教"、学生的"学"，才会更具创造力。正如魏书生所说："探索课堂教学方法，确立课堂教学类型，目的是提高课堂教学效率。教师不应该非把自己框定在某一种模式里不可，可根据自己与学生的实际确立一种基本模式。基本情况如此，情况有变则变。如果自己眼界比去年开阔了，学生基础比去年坚实了，学习积极性比去年高了，那么课堂教学方法、教学步骤必须随之改变。"这应该是我们面对任何一种教学方法，面对任何一种教学基本范式应持的科学态度。

## 三、课程评价

为完善课程建设，凸显课程实效，学校结合课程特色和学生个性差异，采取学生自评、互评、家长问卷、作品展览、参加竞赛及综合活动等评价方式，实现了评价主体多样化、评价方法多样化。

### （一）探索综合素养评价新路径

注重学生综合素养成长的过程性评价和发展性评价，建立学生综合素养成长电子档案，全程跟踪记录学生体质、心理、学业、品德等方面的情况。

### （二）优化学生综合评价体系

定期开展学生综合测试，检测学生综合素质发展情况，通过学业质量抽测、问卷调查以及社会实践情况，测评学生综合素质发展水平，并对课程改革的推进情况、学业负担、师生关系、教师育人能力等进行分析评价，促进学校不断提升办学水平和育人能力。

### （三）落实教学评一致性的评价

学校课程评价总的原则是"育人为本，发展为上，重在过程，重在选择"。每门课程的质量评估重点关注的是"科学性、发展性和适切性"，评价基本方式是通过"学生对教师的满意率调查""课程执教教师自评""学科同行互评"的评价体系，同时参考家长和社会相关人士的评价来展现。

**1. 学生对教师的满意率调查**

学校制订教师的"三喜欢"满意率量表，在一学期结束后让学生对教师进行满意度评价。学校则根据相关制度予以表彰"最有魅力的教师"。

**2. 课程执教教师自评**

学校制订课程执教教师自评量表，在一学期结束后要求执教教师从课程内容、设置、课堂教学、课程效果等多方面进行自评，及时总结经验教训，为下一轮课程的开始做好更充分的准备。

**3. 学科同行互评**

学校制订课程学科同行互评量表，在一学期结束后要求学科同行对该课程的实施情况及效果等方面进行评价，并对执教教师提出意见和建议，以便其能够及时调整并逐步完善该门课程。

## 四、课程保障

### （一）组织保障

为使新课程的推进能得到有效管理，成立以下管理小组，形成新课程组织管理机构。

1. 潜龙学校课程领导小组
2. 潜龙学校课程建设工作指导小组

### （二）制度保障

1. 各级各类岗位职责包括：《教学处主任岗位职责》《教研组长岗位职责》《备课组长岗位职责》《实验员岗位职责》等。

2. 教育教学类：《学校教研活动制度》《教师集体备课制度》《教师听课评课制度》《青蓝工程制度》《教师教学工作常规》《教师调课和代课的规章制度》《关于教学责任事故的认定原则和处理办法》等。

3. 考试管理及成绩管理类：《学校考试管理办法》《监考工作职责》《关于考试违纪和作弊行为的认定及处理办法》《试题命制和阅卷的有关规定》《关于学生成绩管理的规定》《学分认定办法》《综合素质考核办法》等。

4. 选修课程开发开设类：重新修订其中的《选修课程开发与选课办法》，以适应课程结构的调整；完善社团课程化管理制度；建立外聘教师管理制度。修订《潜龙学校教师岗位职责》，明确在新的课程结构下学校选修课程专任教师岗位职责、教学要求、工作量计算、课时计算等。制订《校本课程的开发、开设管理办法》《教师个人出版选修教材资助和奖励办法》等。

（三）资源保障

为使新课程能够稳步推进，以及校本课程能顺利开设，学校在经费、设备投入和师资配备等方面予以充分保障。

1. 经费保障

（1）确保按上级主管部门要求全额满足新课程工作的资金需求，如：合作学校教师合作开课、选修课程开发、选修课实践活动等产生的费用，以及教师培训、学习所产生的费用等。

（2）做好专项资金预算，积极向上级部门争取资金。

（3）积极争取学校、政府和社会资金对学校课程改革的支持，如教师培训、设备购置、成果奖励等。

2. 师资保障

学校加强对校长和教师的课程改革专项培训，增强校长的课程领导能力和开发能力，按照课程体系优化要求，增强课程改革的统筹能力。建设高素质专业化教师队伍，通过建设教师基地和推进教学研究方式转型等办法，创建分层分类分岗教师培训模式，积极推进"研训教合一"的校本研修，做强做大"名师工程"，增强教师的课程开发能力、教学研究能力和教学改革能力。加强对本校课程开发的管理，系统规划好校本课程开发，提高课程开发质量。具体措施有：

（1）学校以教育科研为先导，全面实施科研兴校战略，加大课题研究支持力度，搭建科研平台，引入优质教科研资源，不断提升办学品位，凸显办学特色。

（2）组建由社会各界精英参与的教师资源库。充分利用优质家长资源、高校专家、新教育实验榜样教师等智力优势和专业优势，为选修课提供广泛的师资保障。

（3）构建面向社会购买优质课程机制和奖励机制。引入新生命教育、晨诵、一道研学等优质课程，并对研发校本素养课程的优秀教师给予一定的物质和精神奖励，营造"好上课、上好课，上课好"的优质课程产出机制。

**3. 设施保障**

（1）教育教学场地和设施设备做到能用、够用、适度超前。学校仪器、设备和实验室、功能教室均按省中小学教育技术装备标准要求配备。

（2）为使素养课能顺利开展，学校灵活调配标准教室、实验室和其他各类功能教室的使用。提供理化生实验室、计算机教室、功能室、创新实验室、排练厅、体育馆等近10个教学场所。

（3）随着全校课后延时校本活动课程的全面铺开，学校目前的教学场所一度出现需求不足，目前也在努力想办法解决教学场地不足问题。

本课程建设方案是新课改新要求下顺势推出的，其间起草小组反复研究，反复斟酌，反复推敲，多次修订，此版本为阶段性成果，后续将不断丰富完善。以此作为潜龙学校新课改积极稳妥推进的新蓝图。

现在，我们回到最开始遇到的两个特殊问题：学生在复杂的学习场域或生活场域中，他会对"（1）中国人过中秋节、清明节，美国人却不过中秋节、清明节，那么，美国人是怎么过节的？（2）集市里杂耍艺人的手着火了，竟然没有烫伤，这又是为什么？"等问题产生好奇。我们如果能够在国学节（传统文化节）、科技节（科技创新节）里，借助学科素养实践活动向学生进行科学的解释，并引导学生持续性好奇、探索，那么，学生也就更能理解中国人纪念先祖是为了寄托哀思，更好地前行；中秋团圆自然也是中国人对自然的敬畏与人伦情感的珍视；学生也就更能理解带有丁烷气的气泡和家用的花露水、啫喱水一样都属于高酒精含量的易燃品，却是燃点低的易燃品，因此低温燃烧情况下，我们的手上只要有凉水层保护着，短时间就不会被烧伤。学生在这种富有学习元素的学科实践活动中不仅能学到知识，而且更多的是有一种探索欲，想去了解更多新的知识，甚至为了解决问题，创造新的知识链接点，从而实现知识的内化，知识的创造。

由此我们可以理解，"乐活大课堂"对"学习""学生"的理解相较"亚伦教学法"和"学用型课堂教学程式"有其特别的角度。

一是对学习的认知。事实上学习不仅仅强调建立与已有知识经验的连接，还强调在学习过程中创造新的知识联结点，并将所能调取的知识与新知识相连接，从而促进知识的生长。"乐活大课堂"的"活"既是课堂教学环节、学习任务设计、实践活动设计得灵活、多元，还强调学生灵活地运用知识、灵活创造知识、灵活连接知识。因此，学习不再是单向的，学习不再是学生主体对知识习得的单向连接，而是学生将自己当作"可根据情境需要大胆创造知识的人"，学习是连接点的建立和连接网络的形成。这里，我们要特别说明，"乐活大课堂"对学生主体性的珍视是坚持"以人为本"的育人理念，在贯通式教育课程体系的建构中，学生可以在不同的学段去参与与其智龄相匹配的素养活动，也能在体验中自行建构属于自己知识加工习惯的学习方法。这样，在贯通培养的视野下，学习就能实现"学生内部认知策略""知识技能系统""社会、情境、需求系统"三者的有机融合。学习也不再是学生对知识发出的单向事件，也不是学习的最终目的，而是不断发展的学习体验。我们各学科所讲授的知识以及学生对世界的疑惑都只是学生学习和知识生成过程中的一部分，而不是学习的全部。

二是对思维的认知。"亚伦教学法"和"学用型课堂教学程式"基本上都是关注知识的建构，在贯通培养机制下，学生对知识发出"单向思维的学习实践"，哪怕强调课内外一体化、强调情景化，但是，其学习网络主要是交互的社会媒体，是客观存在的外部环境。这样的课堂教学范式虽然有着强大的知识建构的生命力，但是难免缺少学生对知识再创造的生长空间，毕竟学生的学习方式相对单向，也难免会受限制。2019年之后，在历时17年对贯通式教育的探索之后，我也隐隐感受到这种限制可以实现再突破。"乐活大课堂"的设计必然会让学生在学科实践活动中获得全新的体会，在学科实践活动中，学生能体会到学习的交互不仅仅是社会情境、社会需求与所学知识的交互，还有学生作为学习者与学习场域中的各个连接点都在发生联系，这些连接点包括人、媒介、地点、时间、任务要求等，因为学生能够理解一个学科实践活动中布满了各种学科的知识，整个学习场域就是一个学习网络，整个学习网络就是人的思维和认知的扩展。

三是对迁移的认知。2019年以来，AI智能与"互联网+"的蓬勃发展，告诉我们为未来而教的教育要更加重视学生学习的整体性观照。数字时代，一个学生手拿一部手机，就可以搜索出他想要了解的大部分知识，这是现实，我们不得不面对；也是机遇，因为数字时代，教师对数字科技的认识以及在教育场域中的运用至关重要。"乐活大课堂"不仅继承了"亚伦教学法""学用型课堂教学程式"的先进经验，也对时代发展做出回应。"乐活大课堂"侧重学生主体创造能力的培养，以及学习的整体链接与迁移运用，特别是解决那些模糊的、无法确定唯一答案或者需要众多人群策群力的问题。毕竟学生未来要面对的情景一定是知识纷繁、工具众多、需求复杂的真实情境。因此，学生在运用知识、实现知识迁移的过程中将要整体运用各种技能、各种知识，我们以终为始，往回推，也代表着我们的课堂教学也要将各种教学方法、各种学习方法、各种评测角度融合为一，一切为了学生的快乐成长而努力，从整体思维、整体运用的角度引导学生体验学习、解决问题。只有如此，我们才能实现知识的有效迁移。

## 五、乐活大课堂的学科实践

2023年5月，由教育部等18个部门联合印发的《关于加强新时代中小学科学教育工作的意见》引起了各界关注。为了呼应新课程改革的时代课题，转变"双减"背景下教育教学质效观，我在潜龙学校推出了"乐活大课堂"的课堂教学理念，开展了一系列学科教学与研究活动。"乐活大课堂"课堂教学基本范式有"亚伦教学法"以及"学用型课堂教学程式"的影子，但也是我对贯通式教育新的探索。贯通培养的内核是对学生认知策略的深刻理解，不同学科、不同年级、不同学情都会对教学方法提出新的要求，但是，其课堂内核是不变的，是坚持的。比如说，培养学生的创造能力，培养学生的探索能力，还有培养学生的自主选择都是相通的。我本人是教物理的，高中、初中、小学都教过，几十年都在课堂教学的第一线，和老师们一起备课、观课、议课，每次研讨都能感受到老师们的思维很活跃，也有愿望想做一些有意思有意义的事情。所以，"学用型课堂教学程式"和"乐活大课堂"这两个课堂教学基本范式的实践不只是我一个人在做，而是福苑学校、潜龙学校两所学校优秀的老师们和我一起探索的。从老师们的课堂实践以及学科素养的实践活动中，我们可以看到贯通培养正在一步步成为现实。

以下我选择了在 2024 年 3 月上的一节小学四年级科学（物理）公开课《听听声音》，从理科视角去理解"乐活大课堂"的课堂教学。我还选择了一节初中语文课《深刻表达，巧妙叙事》，从写作思维进阶训练的视角去观察、理解"乐活大课堂"。同时，我精选潜龙学校教师团队设计的融合数学、小学科学、初中物理、初中化学、初中生物等学科素养实践活动——"科技创新节"活动设计方案与大家分享。我们从中可以看到"乐活大课堂"课堂教学基本范式对学生学习观的重新审视，学习不仅仅是学生习得、体验、参与特定学习情境的过程，而且还是知识的创造过程，或者说是学生对知识的重新链接与运用的过程。

### （一）课堂教学（小学科学）：《听听声音》背后的故事

上文提到，"要创新，需学问；只学答，非学问。要创新，需学问；问愈透，创更新"。这是著名物理学家李政道先生对自己的治学经历的深刻启示录。此治学之道早在 2002 年就深刻地影响了从事物理学科教育和学校管理的我。20 年前，我在自己的专著《中美学校文化比较》里，借助真实的教育教学案例深刻地阐释了这句治学求真的至理名言。如今，我重新思考贯通培养视域下我们的课堂教学应该怎么做，才能培养善于提问、敢于提问的学生；我们应如何设计一堂课让学生有探索欲，甚至自己能创造知识，实现学习场域的全要素学习。于是，在我的这堂小学科学公开课《听听声音》上，我一如既往地关注学生主体的学习逻辑。开学伊始，我便以第一堂科学公开课——《听听声音》为潜龙学校教师展现了贯通式教育在学科教学中新的探索。站在学生的立场，为真学而教，为未来而教，与潜龙学校的老师们一起探索培育富有科学素养的创新型人才的教学策略。这也是我连续5年在潜龙学校公开讲授"开学第一堂科学公开课"。此举旨在呼应新时代的教育科学研究与课堂教学改革的新课题、新趋势、新理念。

贯通培养视域下，必须坚持学生立场，唤醒情意。教育是唤醒的艺术。学生善于在生活鲜明、愉快自在的情景下、语境中学习，这往往能化解符号与真实生活之间的断层，使学生实现更优质的习得。因此，课堂伊始，我便引入大自然与人类生产生活中的各种声音，让学生听声音，说场景。学生调动感官，聆听不同的声音，仔细分辨不同声音的音色、声调。而后，我鼓励学生表达自己所想到的场景或事物，顺势引导学生用完整的句式表达完整的意思，让学生的语言学习在科学课的真实场景中得到有效的运用。与此同时，面对不同场景、画面、事物，我配以互动小游戏，不仅激发了学生的探索兴趣，更唤醒了学生的情感，将学生的注意力牢牢地凝聚在课堂上，带着50名学生体验缤纷多彩的声音的世界。

贯通培养视域下必须回归"童我"，以己"度"人。教师适当的"稚"化有利于儿童的"智"化。加拿大学者马克斯·范梅南强调，不了解自己儿童时代的成人是不了解孩子的。因此，教师"稚化自我"何尝不是教师对教育角色、教育策略和育人理念等的一种"智化"呢？在随后的课堂教学环节，我以不同的节奏吹起课前准备的教具——小喇叭，让学生在课堂中尝试探索"我们能够发出的声音"，并说出这些不同声音的特点。为了让学生们对响度、音调有初步的认识与区分，我甚至和学生唱起不同版本的《小星星》，并以自己的声音为例，让学生理解音高、音色、响度等概念，不断加深学生的印象。同学们在一片欢乐中，感受到了不同声音带来的不同效果。

贯通培养视域下必须自获其"渔"，互享"渔"利。"授人以鱼，不如授人以渔。"这则中国古代名言蕴含着现代教育追求的一个核心理念——教方法比教知识更重要。然而，教师不能教给学生自以为正确的学习方法，而应该帮助学生发现和建构适合他们自己的学习方法。课堂中，我多次引导学生对任务、问题进行讨论和记录，甚至加入学生的小组，和学生一起讨论。学生从个体慢慢蓄积知识，走向集体适时地碰撞、完善、共享，课堂氛围热烈，教学质量高，学生展示积极，引得旁听的老师们也展开了激烈讨论。当我设置障碍，引导学生提出一个与声音有关的问题时，有学生提出："我们知道不同的动物会发出不同的声音，那么，不同的动物是如何接收到不同的声音的呢？"还有学生提出："我想知道嘴巴吃饭时，那个声音是怎么被我们知道的？"学生提出的很多问题，都是基于真实情境所生发的，对于这些问题，教师常常不必告诉学生"哪里"和"怎样"，而应鼓励学生去发现和建构，去探索和创造。学生会提问比学生会抄写背诵，更接近创新的本质。此刻，我耐心倾听，同时引导学生学会耐心倾听不同的问题并且思考，课堂上凝聚真学、静学的内在力量。对于悬而未决的问题，我引导学生课后去探索，继续讨论，并将探索的方法、过程整理成文字，在班级里分享。

贯通培养视域下必须思维在场，大成若缺。杜威强调："思维一定是由难题和疑问或一些困惑、混淆或怀疑引发的。"在这堂课上，学生的思维在场，生命的活力激越，轻舞飞扬。有效思维活动让学习由表及里，有思维深度的课也必然不太顺。课堂中，每当学生的思维受阻时，我便适时放缓教学进度，让学生苦思冥想一会儿，让学生沉默无言一会儿。而后，当学生在思维波动中解开疑惑、战胜困难时，我及时肯定学生坚韧的思考意志。这样的课，不是行云流水，却能使得学生在知、情、意、行等诸方面悄然成长，不断拔节。

课后，我向听课老师阐述教学思路时，动情地说："科学课，不能追求十全十美、行云流水，而应该珍视学生最真实的思维过程，哪怕留有遗憾。"我在潜龙学校教研组会议上，也常鼓励老师关注课堂上学生思维过程中的合宜性、再生性。"乐活大课堂"的行动哲学就是对学生思维过程的珍视，鼓励为学而教，鼓励思维跃动，鼓励真学真教。本节示范课，我充分展现了潜龙学校"乐活大课堂"的课堂教学风采，体现了潜龙学校全新的教育教学质效观，对学校教育教研的长足发展起到了示范引领作用。一位学者说："理念不是讲出来的，而是通过教师真实的教学行为透视出来的，是流淌在血液中、浸透在骨髓里的一股劲儿，是教师行为'本能'的一部分。"2022年，随着新课标的出台，科学教育更强调学生在真实情境中的发现与建构，我便以身作则，带领老师们一起备课，一起上课，一起研究，带着老师们继续探索贯通式教学，以期促进学生深度、真实学习的教学策略。

**（二）课堂教学（初中语文）：《深刻表达，巧妙叙事》写作思维进阶训练**

初三第二次调研测试中，不少学生在作文上失分很严重，无论是对作文题目的理解还是内容的阐述，都只是简单地触及表面，而未能深入分析其内在。究其主要原因是学生的写作思维为低阶思维，未能达到高阶思维。为了解决学生低阶思维的写作习惯，修正学生简单套作的写作误区，我与初三语文备课组一起商讨，希望以"高站位、精创意、趣活动"的课堂教学设计，让学生从根本上理解、习得策略、方法，形成高阶思维和良好的表达习惯，从而在考场上能自如地唤醒情感积淀，生成有个性、有灵性、有智性的生动表达，最终创作出有深度的文章。《义务教育语文课程标准（2022年版）》对学生的"表达与交流"做了详细的阐释，指向性更明确。一是指向写作任务、写作情境的准确把握，考查学生依据不同的任务或情境，灵活选用恰切的表达方式，抒情言志；二是指向丰富的生活价值，考查学生对现实的社会、人生的感悟与理解；三是指向文章写作要充实，要为传情达意服务。

因此，初三语文备课组为一位老师磨课，将本课设计了三个教学创意点：一是聚焦疑难，解决问题。根据学生二模作文出现的核心问题，设计写作训练活动，让学生在练中学。这是学生遇到的真实的问题，这就有了激发学生学习的动力源。二是思维进阶，不断跃升。引导学生运用、分析、综合、评价（辩论），整理具体写作经验中的规律、方法、学习元素，形成可迁移、可操作的概念、原理、学习元素。这一环节实际上就是运用"亚伦教学法"，将互动与讲解、质疑与辩论相融合。三是讲练结合，尊重主体。设计四个写作训练，鼓励学生大胆展示，课堂时间大部分是学生学习活动，体现学生主体性。虽然，初三的升学压力很大，但是，学生在课堂中还是积极思考、互动。后来，我和上课老师沟通，他说初一、初二的时候已经有意识培养学生积极探索的意识，在学科实践活动中，及时肯定学生的"异想天开""不着边际"，所以，在写作训练时，学生的思维是发散的，是被调动的。

具体的学程设计如下：

1. 基于学情，聚焦疑难。课堂从学生的考场病文出发，洞察学生的写作疑难处。呈现考场原题，引导学生读懂题意，条分缕析，为学生归纳病文类型及其写作误区，导入写作技法的学习。具体的写作误区有：一是写作任务解读偏差，篇章结构不合理。部分学生读不懂题目给出的材料语和引导语，无法提炼核心主题，以致详略失当，叙事无波澜，平淡无奇。二是细节描写缺乏画面感，写作思维太局限。部分学生有"单点思维"的写作习惯，缺乏对动人细节的细致描述，文章读起来自然没有画面感。三是叙事主题欠缺升华，文章内涵不深刻。部分学生不仅没有洞悉题目隐含的多层次主题，而且也缺乏表达多层次主题的思维跃升。据此，课堂设计了"深度叙事三法"，即指向整篇文章的构思技法——波折法，指向细节描写的写作技法——托物法，指向升华主题的写作技法——虚实法。期待通过这三种写作技法帮助学生写出有深度的文章。

2. 技法指导，思维跃升。课堂聚焦学生的写作思维进阶训练。一方面，课堂层层递进，依据整篇构思—段落细描—主题升华的讲解思路，交替运用"归纳式"与"演绎式"的讲授方式。课堂通过病文分析、升格美文的交替呈现，引导学生发现美文的写作规律，归纳可操作强、有迁移价值的写作技法，再辅以情境写作训练，让学生"知其然，知其所以然"。与此同时，课堂引导学生依法探究、依技写作，从而提升学生写作技法的运用度。另一方面，指向写作素养提升，促进学生写作思维进阶。课堂设计了大量的写作训练环节，有"整篇复述训练"，指向整篇构思的思维训练，运用波折法，引导学生注意文章的行文节奏，努力做到跌宕起伏；有"片段升格训练""任务情境训练"，指向段落细节的描写训练，引导学生运用托物法，细化情感触发点，努力实现情感饱满；有"灵感运动场"，指向主题立意的升华与深化，引导学生运用虚实结合，评议交融，努力写出主题深刻的文章。课堂聚焦写作技法的理解与运用，学生在形式多样的训练活动中，逐步意识到"直觉感观""形象思维""抽象思维"三者的递进关系，并且在思维的模拟中，逐渐掌握写作技法，实现写作思维的逐层跃升。

3. 容量充盈，活力高效。课堂针对学生作文拼凑、庸常、风雅等问题，开展了大量的写作训练，师生互动频繁，学生展示与写作环节成为课堂的主体部分。"波折法"的讲解，引入唐伯虎的祝寿诗、《故乡》《紫藤萝瀑布》《谁是最可爱的人》《一颗小桃树》等学习资源，给学生以充分的感知空间，将学习场域里的每一个学习点连接起来，所有知识调取出来，重新组合，创造出属于自己独特气质的文段写作。然后，提炼写作技法，通过"多重时空，折叠叙事""多点散发，主题串联"等写作技法，引导学生学习整篇结构的优化。"托物法"的讲解则通过病文与美文的句式对比，引入《台阶》《端午的鸭蛋》，从写人、写事、写物的运用情境，引导学生学习借助外物，缩放写作镜头，写出细节的画面感，实现从直觉感观到形象思维的进阶。"虚实法"的讲解是借助《驿路梨花》《散步》《紫藤萝瀑布》等名篇名段，引导学生灵活变换由实入虚，由虚入实，进而实现形象思维到抽象思维的进阶。与此同时，写作训练的题目丰富有趣，引导学生发挥想象和联想，运用修辞和评议，气氛热烈，课堂生动有趣味。

## （三）学科素养实践活动（科技创新节）

### 科创脑洞大开，秀我青春风采
—— 潜龙学校第十六届科技创新节活动方案

**一、活动背景**

少年智则国智，少年强则国强。为推动科技教育活动的开展，不断丰富科技教育内涵，潜龙学校举办了"科创脑洞大开，秀我青春风采"校园科技节活动。引导学生关注现代科技新发展和新成果，鼓励学生参与科学实践活动，提高学生学科学、爱科学、用科学的意识、兴趣和素养，培养学生的创新精神和实践能力。为实施"科教兴国"战略和贯彻《关于新时代进一步加强科学技术普及工作的意见》《全民科学素质行动规划纲要（2021—2035年）》部署要求，着力在教育"双减"中做好科学教育加法，一体化推进教育、科技、人才高质量发展，通过丰富多彩的科技教育和科普活动，组织学生实践操作，延伸学校科学课程，开展综合实践活动和研究性学习，形成"双向互动"，推进我校素质教育的深入发展，促进学生科学素养的全面提升。一直以来，学校坚持"一切为了学生的快乐成长"的办学宗旨，聚力打造"乐活大课程"课堂教学基本范式，通过融合型学科素养实践活动来提升学生的综合素质。让学生在活动中实现知识、能力、情感和价值观的主动构建，为学生一生的幸福打下基础。

## 二、活动主题

科创脑洞大开，秀我青春风采！

## 三、活动时间

2023年9月11日—10月9日。

## 四、参加人员

全体师生。

## 五、活动目标

1. 通过引导学生参与科学研究的实践活动，激发每个学生积极动脑动手，培养学生发现问题、思考问题的能力以及积极创新的科学精神，引导学生在活动中充分体验学习科学的乐趣，度过一个快乐而又有意义的校园科技节。

2. 以"做中学、用中学、创中学"的教育理念为指导，培养学生的创新意识与实践能力、提高学生的科学文化素养，为培养学生的核心素养做好积淀。

3. 通过开展科技嘉年华的实践活动，建构、丰富我校综合实践性课程，推进和落实我校创建科技特色教育品牌的教育教学工作。

## 六、活动板块

### 1. 开幕式

以精彩的科技节视频开启第十六届科技节，视频中回顾往期精彩瞬间，再加上科技表演展示，让学生不仅惊叹于科学的神奇之处，更能被科技的无穷魅力所吸引，进而激发学生的科学兴趣，培养学生的科学精神。

### 2. 系列竞技

以年级为单位开展创意制作或科学小竞赛，引导学生亲自动手、不断尝试，在实际操作科学器材和亲手制作、不断改进作品的过程中，感受科技在生活中方方面面的应用，从而提高自己的设计能力和操作能力，激发学生的创新意识。

### 3. 学科活动

开展跨学科研究性的课程体验，让学生在感受、理解、运用科学道理的过程中，相互激发、不断涌现灵感，完成从设计思路到制作成品的过程，引导学生充分发挥想象力和创造力，培养学生的创新精神，助推学生的全面发展。

### 4. 科技制作

以年级为单位进行科技制作发明，内容形式多样，能够充分发挥学生的想象力、创造力，培养学生的审美能力和集体荣誉感，每个年级选出代表作品后，在学校一楼进行统一展示交流，让学生体会到创造的无限可能，注重科学核心素养的培养和提升。

### 5. 科技文娱

兴趣是孩子最好的老师。科技节期间，校图书馆开展科学读书月活动，进行科普读物展示和借阅，推荐科幻电影或科普纪录片，在周一或无法跑操的大课间播放，引导学生热爱科学，让学生在文娱活动中获得知识、思考问题、开拓眼界。

## 七、活动安排

| 版块 | 项　　目 | 时间 |
| --- | --- | --- |
| 开幕式 | 主持人开场（升旗） | 9月11日 |
|  | 活动介绍 |  |
|  | 开幕表演秀 |  |
|  | 播放开幕视频 |  |
|  | 校长致辞 |  |
| 闭幕式 | 播放闭幕视频 | 10月9日 |
|  | 总结、颁奖 |  |
| 1—9年级系列活动 | 一年级 制作叶脉书签（附件1） | 9月22日 |
|  | 二年级 制作特色帽子（附件2） | 9月22日 |
|  | 三年级 吹乒乓球比赛（附件3） | 9月22日 |
|  | 四年级 制作小乐器（附件4） | 9月22日 |
|  | 五年级 制作小夜灯（附件5） | 9月22日 |

续表

| 版块 | 项 目 | 时间 |
|---|---|---|
| | 六年级 制作简易国旗升降台（附件6） | 9月22日 |
| | 七年级 生物实验技能大赛（附件7） | 9月22日 |
| | 八年级 趣味物理知识竞赛（附件8） | 9月22日 |
| | 九年级 化学实验技能大赛（附件9） | 9月22日 |
| 学科活动 | 小学科技——嘉年华活动（附件10） | 9月21日 |
| | 小学数学——七巧板、速算、数独（附件11） | 9月19日 |
| | 初中数学——图形制作、魔方、速算（附件12—14） | 9月22日 |
| | 美术——科幻画 | 9月22日 |
| | 信息——网络竞技比赛（附件15） | 9月22日 |
| 1—6年级科技制作 | 1—3年级科学小制作 | 9月14日 |
| 科技书市 | 4—6年级科学小制作+小发明 | 9月14日 |
| | 科技手抄报班级展示 | 10月21日 |
| | 科技图书推荐月 | 9月14—10月12日 |
| 科技文娱 | 观看科幻电影/纪录片 | 9月11日 |

附件1

## 深圳市潜龙学校第十六届校园科技节系列活动
—— 一年级制作叶脉书签比赛方案

### 一、活动目的

为了激发一年级学生学科学的兴趣，培养学生观察植物叶片的形状等特征，提高学生的动手能力，特开展制作叶脉书签比赛。

### 二、比赛内容

课后在家长的帮助下制作叶脉书签，可以通过胶装、上色、组合、在纸上拼凑成图案等方式提交，依照书签的完整度、精美程度进行评奖。

三、比赛对象

一年级全体学生。

四、比赛时间

9月22日截止。

五、奖励设置

各班评选一等奖1名，二等奖2名，三等奖3名。

附件2

# 深圳市潜龙学校第十六届校园科技节系列活动
——二年级制作特色帽子比赛方案

一、活动目的

为了促进二年级学生学会观察、体会到不同材料的不同特性，增强学生的设计能力、实践动手能力以及环保意识，开展制作特色帽子比赛。

二、比赛项目及要求

制作特色帽子，要求具有一定的实用性，既可以戴在头上不掉下来，并且不会非常容易散架。

三、比赛对象

二年级全体学生。

四、比赛时间

9月22日截止。

五、比赛规则

以帽子的精美程度、实用性以及是否有主题为评奖标准。

六、奖励设置

各班评选一等奖1名，二等奖2名，三等奖3名。

**附件3**

## 深圳市潜龙学校第十六届校园科技节系列活动
——三年级吹乒乓球比赛方案

**一、活动目的**

为了丰富校园生活，张扬学生个性，培养学生学科学、用科学的兴趣，提高学生动手能力，特搭建学生展示自我的舞台，学校在9—10月全校科技节活动中举办一场吹乒乓球比赛。

**二、比赛项目**

吹乒乓球。

**三、比赛时间和地点**

9月22日前，以班级为单位，在各班科学课时间进行；地点：实验室。

**四、比赛规则**

1. 用6对纸杯装满水，然后紧挨着分放成两排。
2. 在第一排纸杯上分别放一个乒乓球，参加游戏比赛的选手双手撑课桌。
3. 用嘴吹乒乓球，将乒乓球吹到对面纸杯中，用秒表记录时间。
4. 水杯中的水太少可以要求将水加满。

**五、奖励设置**

成绩按时间快慢取前6名，分别为一等奖1名，二等奖2名，三等奖3名。

**附件4**

## 深圳市潜龙学校第十六届校园科技节系列活动
——四年级制作小乐器比赛方案

**一、活动目的**

科学是一门非常有趣又有用的自然学科，为推广科学知识，让同学们更好地熟悉科学、了解科学，以及乐器方面相关的科学知识，我们决定开展制作小乐器活动。通过这次活动，激发学生的学习热情，培养学生的动手操作能力。

## 二、比赛项目

制作小乐器。

## 三、比赛对象

四年级全体学生。

## 四、比赛时间

9月22日截止。

## 五、比赛规则

以乐器的精美程度、是否能弹奏为评奖标准。

## 六、奖励设置

一等奖5名，二等奖10名，三等奖15名。

附件5

# 深圳市潜龙学校第十六届校园科技节系列活动
——五年级制作小夜灯比赛方案

## 一、活动目的

科学不一定是深奥的，也可以是我们身边很常见的现象。为锻炼同学们的设计、动手能力，我们决定举办制作小夜灯的比赛，希望同学们将所学的电路知识与自己的奇妙创造力相结合，制作出美观且实用的小夜灯。

## 二、比赛项目

制作小夜灯。

## 三、比赛对象

五年级全体学生。

## 四、比赛时间

9月22日截止。

## 五、评比方式

从小夜灯的效果、外观、质量等方面进行对比，最终选出一等奖5名，二等奖10名，三等奖15名。

附件 6

## 深圳市潜龙学校第十六届校园科技节系列活动
——六年级制作简易国旗升降台比赛方案

**一、活动目的**

科学是一门非常有趣又有用的自然学科，为推广科学知识，让同学们更好地熟悉科学、了解科学，以及科研方面的相关知识，我们决定开展制作简易国旗升降台活动。通过这次活动，能够激发学生的学习热情，培养学生的动手操作能力。

**二、比赛项目**

制作简易国旗升降台。

**三、比赛对象**

六年级全体学生。

**四、比赛时间**

9月22日截止。

**五、比赛规则**

以国旗升降台的精美程度、是否能顺畅升降国旗为评奖标准。

**六、奖励设置**

一等奖8名，二等奖、三等奖根据评选情况确定数量。

附件 7

## 深圳市潜龙学校第十六届校园科技节系列活动
——初中生物实验技能比赛方案

**一、比赛对象**

初一年级每班组织两组（每组2人）学生参加比赛。

**二、比赛题目**

观察洋葱表皮细胞并画图。

说明：实验需根据现场提供的器材、物品，进行设计及操作，请各班选拔队员并组织训练，比赛时参赛队员需自行携带画图工具（铅笔、橡皮）。

### 三、比赛程序

现场操作：每队可自行确定相应实验的参赛选手，每队完成相应一组实验及相关实验报告。

### 四、名次评定及奖项设置

设团体一、二、三等奖，一等奖2组，二等奖4组，三等奖6组。

### 五、责任人安排

实验室准备、评委。

### 六、评分细则

**观察洋葱表皮细胞实验操作**

| 序号 | 考查评分点 | 分值 |
| --- | --- | --- |
| 1 | 擦片（载玻片、盖玻片） | 5 |
| 2 | 滴清水 | 5 |
| 3 | 撕取标本 | 10 |
| 4 | 展开 | 5 |
| 5 | 盖盖玻片 | 10 |
| 6 | 滴碘液 | 10 |
| 7 | 吸引、染色 | 10 |
| 8 | 观察（显微镜的对光、调节） | 20 |
| 9 | 画图 | 20 |
| 10 | 收镜 | 5 |
| | 总分 | 100 |

附件8

# 深圳市潜龙学校第十六届校园科技节系列活动
## ——初中趣味物理知识竞赛方案

**一、比赛对象**

八年级全体同学。

**二、比赛题目**

趣味物理知识竞赛。

说明：八年级的同学刚开始接触物理课程，对物理知识充满好奇。教师通过物理课堂教学和平时交流，要重点培养学生学习物理的兴趣，在各班参与物理趣味知识训练的过程中，选拔对物理知识兴趣较浓厚的同学参加最终的竞赛。

**三、比赛程序**

现场限时训练，满分70分。

**四、名次评定及奖项设置**

设个人一、二、三等奖，一等奖3人，二等奖6人，三等奖10人。

**五、责任人安排**

竞赛选题；评委。

**六、评分细则**

| 题型分布 | 相关知识点 | 分值 |
| --- | --- | --- |
| 1.选择 | 声、光、热、电和力 | 每题2分/共40分 |
| 2.填空 | 机械运动、声现象、光现象、物态变化 | 每空1分/共10分 |
| 3.实验设计 | 机械运动、声现象、光现象 | 每个实验10分/共20分 |
| 总分 |  | 70分 |

附件9

# 深圳市潜龙学校第十六届校园科技节系列活动
## ——初中化学实验技能大赛方案

### 一、比赛对象

初三年级学生。

### 二、比赛题目

实验室制备氧气实验。

### 三、比赛程序

初赛：9月21—22日，全年级进行加热高锰酸钾制备氧气实验，由科任老师选出每班1组（每组2人）入围决赛。

决赛：9月27日，用高锰酸钾制备氧气实验，每队现场操作，按照实验操作步骤逐项完成，每队完成相应制取实验及相关实验报告。

### 四、名次评定及奖项设置

设团体一等奖1组（颁发奖品）；团体二等奖2组（颁发奖品），团体三等奖3组（颁发奖状）。奖品为：中学化学分子结构模型1份。

### 五、责任人安排

实验室准备；评委。

### 六、评分细则

| 序号 | 考查评分点 | 分值 | 得分 |
| --- | --- | --- | --- |
| 1 | 能正确选择仪器进行实验（1分），检查装置气密性（2分）；未检查扣2分，检查时操作错误扣1分，未看到明显现象扣1分 | 3 | |
| 2 | 正确装药品（1分），在试管口放一小团棉花（1分） | 2 | |
| 3 | 能按要求将试管口略朝下固定在铁架台上（1分），自下而上安装仪器，试管高度合适（1分） | 2 | |
| 4 | 水槽中集气瓶准备好了再开始加热（1分） | 1 | |
| 5 | 能按要求用酒精灯进行预热（1分），并用外焰对药品进行集中加热（1分） | 2 | |
| 6 | 能用排水法进行收集氧气（2分），集气瓶中有气泡扣1分，一开始加热就把导管伸入集气瓶扣1分，未收集满扣1分，扣完为止 | 2 | |

续表

| 序号 | 考查评分点 | 分值 | 得分 |
|---|---|---|---|
| 7 | 收集完毕后，能先将导管撤离水槽，再熄灭酒精灯（1分） | 1 | |
| 8 | 能用带火星木条进行检验，并且实验现象明显（1分） | 1 | |
| 9 | 能将仪器装置清洗干净，并按要求摆放整齐并将桌面整理干净（1分） | 1 | |
| | 总分 | 15 | |

附件10

# 深圳市潜龙学校第十六届校园科技节系列活动
## ——嘉年华活动

| 序号 | 环节 | 项目名称 | 项目介绍 |
|---|---|---|---|
| 1 | 开幕式 | 航模表演 | 由专业飞手进行无人机拉条幅、拉烟，大型固定翼无人机、穿越机、钢铁侠、六轴无人机等表演。 |
| 2 | 体验项目 | 小米AlphaGo机器狗体验 | 此项目是让学生近距离感受人工智能的魅力，体验人工智能机器狗与人的一些互动，感受人工智能走进生活的魅力。 |
| 3 | | 9D动感电影 | 人们坐在封闭式的9D蛋舱内，通过模拟晃动、声音、震动、视觉以及失重等情境实现身临其境的效果。内置30多个电影游戏，如过山车、太空漫步、月球探索等。 |
| 4 | | 意念飞行 | 通过脑电波控制无人机的飞行速度、转向等。 |
| 5 | | 怒发冲冠 | 静电发生器是一件很神奇的物理实验道具，当你把手放在它的表面时，你的头发就会不可思议地竖起来，这是由于静电电荷作用力的效果。表演者站在绝缘台上，手触摸在高压静电球上，这时表演者的头发上带有与静电球相同极性的电荷，由于同性相斥的原理，就会出现"怒发冲冠"的现象。 |
| 6 | | 气流差机关炮 | 气流是一团移动的空气，它们是由许多条件引起的，特别是压力和温度的差异，当两个气团的气压不同时，气流就会以空气的形式从高压区流向低压区。 |

续表

| 序号 | 环节 | 项目名称 | 项目介绍 |
|---|---|---|---|
| 7 | 体验项目 | 干冰悬浮气球 | 通过热水加速干冰的汽化反应，以致相对密闭的空间内充斥着大量的二氧化碳气体，当将充满空气的小气球放进相对密闭的空间内，因为二氧化碳密度大于空气的密度，当气球受到的浮力大于或等于自重时，气球即可悬浮。 |
| 8 | | 静电章鱼 | 通过用羊毛摩擦后的带负电的塑料棒与羊毛摩擦后带负电的塑料丝接触，基于带同种电荷的物质相排斥的原理，塑料丝张开，形成章鱼状，然后通过塑料棒的排斥力，使之悬浮。 |
| 9 | | 魔术棒拼搭 | 材料共用，单独创作，学生可以用魔术棒拼搭出多种立体图形，考查学生的空间想象能力与动手能力。多以小组形式进行现场体验。 |
| 10 | | 吸管拼搭 | 材料共用，单独创作，学生可以用吸管棒拼搭出多种立体图形，考查学生的空间想象能力与动手能力。多以小组形式进行现场体验。 |
| 11 | | 珠行万里 | 站立不移动，将球滚到指定地点，然后用杯子接住，球数最多的团队获胜。 |
| 12 | | 穿越火线 | 待定，需确认校内器材是否完好可用。 |
| 13 | | 眼疾手快 | 待定，需确认校内器材是否完好可用。 |

**游园活动时间安排表**

| 游园时间 | 年级 | 负责人 |
|---|---|---|
| 第三节、第四节（9:50—11:20） | 一二年级 | 班主任 科学老师 |
| 第五节、第六节（14:05—15:40） | 三四年级 | |
| 第七节——延时服务（15:50—17:20） | 五六年级 | |
| 延时服务（17:30—18:10） | 七八年级 | |

**注意事项**
活动开始前：
请班主任分发徽章和游园积分卡片（<u>七八年级只体验活动，不发积分卡</u>）；
向学生明确活动开始和结束时间；
请班主任提前整队，安静有序带到操场。
活动过程中：
注意安全，文明有序排队，不要乱扔垃圾。
活动结束时：
班主任提前组织学生安静回班级。

**附件 11**

## 深圳市潜龙学校第十六届校园科技节系列活动
### ——2—6 年级趣味数学赛活动方案

### 一、活动背景

信息时代下，为探索信息技术在教育中的应用，努力简化活动筹备组织工作，优化比赛流程，降低执行的时间成本，扩大比赛的参与度及影响力，学校将开展趣味数学赛活动，2—4 年级备课组、5—6 年级备课组，计划在 2023 年 9 月 19 日运用通过教育部、广东省教育厅备案的作业盒子平台，举行 2 年级趣味七巧板、3—4 年级速算、5—6 年级数独校级决赛。通过七巧板、口算、数独等丰富多元的数学活动，提高学生的空间想象能力、计算能力、逻辑推理能力，让学生在活动过程中体会到学习数学的乐趣，激发学生学习数学的兴趣；同时，通过比赛可以了解我校小学数学计算教学中存在的问题和薄弱环节，为今后的数学计算教学收集一些数据参考。

### 二、参赛对象

为体现教育公平性，同时鼓励更多学生参加比赛，本次比赛参赛对象为本校 2—6 年级所有学生。在免费自愿的基础上鼓励大家积极参加。

### 三、参赛流程

本次参赛分线上预选赛与线下决赛两个阶段。

线上预选赛：学生通过自身设备（免费，自愿）在作业盒子 App 上答题预选，系统会提前设置试题，学生在规定的时段内，自愿自主选择空余时间参加，取最好成绩排名，老师端可以看到实时排名。

预选赛时间为 2023 年 9 月 5 日至 2023 年 9 月 17 日，结束后评选出年级前 30 名同学参加决赛（名额平均分配到各班）。

| 年级 | 预选赛比赛形式 | 比赛范围 |
| --- | --- | --- |
| 2 年级 | 七巧板 | 一年级 |
| 3—4 年级 | 速算 | 上一年级下册 + 本学期第一单元 |
| 5—6 年级 | 数独 | 各一道 6 宫格 + 一道 9 宫格 |

线下决赛：线下决赛，学校只需解决场地、网络，作业盒子免费提供设备，并有技术人员现场支持。

通过预选赛选拔的学生将进入线下决赛环节，以作业盒子 App 发起对应年级的比赛项目，现场 10 分钟决出优胜者，大屏幕实时公布排名。决赛举行时间为 2023 年 9 月 19 日。

四、比赛规则

预选赛通过作业盒子 App 参与，学生可多次作答，系统每次会在题库中随机抽题，以最好成绩的平均正确率排名，相同正确率按平均用时排名（作业盒子系统能自动生成数据）。决赛仅一次作答，按当次作答的正确率排名，相同正确率按速度排名（系统现场排出名次）。

五、奖项设置

预选赛每个年级选前 30 人，属于入围者，他们将进入决赛。决赛根据实时排名，各年级分别评一等奖 5 名，二等奖 10 名，三等奖 15 名。

六、颁奖仪式

比赛结束后现场颁发各奖项证书。

附件12

# 深圳市潜龙学校第十六届校园科技节系列活动之七年级数学活动方案

一、时间

2023 年 9 月 11 日—9 月 22 日。

二、活动对象

七年级学生。

三、活动内容

1. 初赛：制作正方体表面展开图。

要求：大小形式不限，图文并茂。

2. 决赛：制作一个生活中常见的立体图形。

要求：大小形式不限，图文并茂，描述制作步骤。

奖项设置名额：前 5 名为一等奖，6 到 10 名为二等奖，11 到 15 名为三等奖。

3. 作品展示：择优在七年级走廊展示。

**四、任务分工（略）**

附件13

# 深圳市潜龙学校第十六届校园科技节系列活动之八年级数学魔方比赛方案

**一、参赛对象**

八年级学生。

**二、报名时间及方式**

9月21日前，到各班数学老师处报名参加。

**三、参赛内容与要求**

1. 参赛项目为三阶速拧赛，即还原魔方时间最短者获胜。

2. 参赛形式为个人。

3. 参赛选手需自带魔方，计时器由学校提供。

4. 大赛分为预选赛、小组赛和决赛。各班在9月21日前举行预选赛，班级前5名同学获得参加八年级魔方大赛资格。小组赛于9月22日下午4:40在556录播室举行。参赛选手需提前10分钟到达比赛现场，抽签分组，10人一组，小组前3名晋级决赛。小组赛结束马上举行决赛，前5名为一等奖，5到10名为二等奖，其余均为三等奖。

**四、比赛规则**

1. 参赛者将魔方交给打乱员，然后在参赛区等候，直到被叫到比赛。

2. 打乱员根据打乱公式打乱魔方，打乱后将魔方放在桌子上并用物体盖住。

3. 比赛开始前参赛选手可以有15秒拿起魔方观察时间，但不可动手复原操作，直到裁判喊开始。

4. 复原魔方的参赛选手举手示意，然后交给裁判检查。

**五、奖项奖品设置**

一二三等奖均设置证书。

附件 14

# 深圳市潜龙学校第十六届校园科技节系列活动之
# 九年级数学速算比赛方案

**一、参赛对象**

九年级全体学生。

**二、参赛内容与要求**

1. 参赛形式为个人。

2. 速算内容分为四个模块：方程速算、根式速算、勾股定理 + 分式化简速算、规律速算。

3. 大赛分为预选赛和决赛。各班在 9 月 18 日上午 8：40 举行预选赛，前 6 名同学获得参加九年级速算大赛资格。决赛于 9 月 22 日上午 8：40 在 556 录播室举行。

**三、比赛方式**

每人一份试题，时间 30 分钟。

**四、奖项奖品设置**

一等奖 5 名：笔记本；二等奖 10 名：小礼品；三等奖 15 名：小礼品。

附件 15

# 深圳市潜龙学校第十六届校园科技节系列活动之
# 网络竞技比赛方案和规则

**一、比赛内容**

网络竞技比赛，设立学生注意力考级、专注力考级、洞察力考级和计算力考级四个项目。

**二、参赛对象**

小学高段（4—6 年级），每班限报 3 人。

### 三、比赛时间和地点

时间：2023年9月22日。

地点：电脑室。

### 四、比赛项目

比赛设立注意力、专注力、洞察力和计算力四大项目进行考级，选手可参加一个或多个项目的考级。

（一）注意力考级

1. 考级工具：5分钟5×5舒尔特方格（A模式）。5分钟内，以3次最快时间（秒数）的平均值计算成绩。

2. 定级标准：

10级：≤4秒； 9级：≤6秒； 8级：≤8秒；

7级：≤10秒； 6级：≤16秒； 5级：≤25秒；

4级：≤35秒； 3级：≤50秒； 2级：≤75秒；

1级：≤100秒； 0级：大于100秒

（二）专注力考级

1. 考级工具：数字输入考级软件（考级模式）。

2. 定级标准：连续正确输入从100开始到1000以上，依次为1—10级。

（三）洞察力考级

1. 考级工具：洞察力大挑战软件（挑战模式）。

2. 定级标准：先在"难度设置"中设定等级，然后在挑战模式中进行挑战。根据软件设定的等级进行考级。

（四）计算力考级

1. 1—5级考级：

（1）考级工具：20以内的口算加减法。

（2）1—5级定级标准：

成绩≤50秒：5级； 成绩≤150秒：4级； 成绩≤300秒：3级；

成绩≤450秒：2级； 成绩≤600秒：1级。

2. 5—10级考级

（1）5—10级考级工具：速算全能（高段考级版）考级模式。

（2）5—10级定级标准：

成绩≤100秒：10级；　　成绩≤200秒：9级；　　成绩≤300秒：8级；

成绩≤400秒：7级；　　成绩≤500秒：6级；　　成绩≤600秒：5级；

成绩>600秒，达不到5级，请先用20以内加减法进行低段考级。

**五、活动流程**

(一) 活动报名

报名时间：9月5日—9月16日。

（二）现场比赛

9月下旬在电脑室进行现场比赛。

（三）奖项设置

比赛按年级设一等奖3名，二等奖6名，三等奖12名。

从小学科学到初中语文，从学科教学到融合型实践活动，无论是我们要带学生学习间接的理性知识，还是引导学生调取感性的情感体验，间接经验和直接经验都没办法完全分开，而是合二为一，融合为之的。因此，我们应当以整体思维去现实、客观、全面地看待各种课堂教学基本范式或者教学模式。贯通式教育，势必需要实现道德理性和知识理性和谐互补的整体、融合的教学贯通模式，是某一种教学模式但绝对不能解决所有的问题。我是教物理的，每次遇到问题都喜欢从纵向、横向、单向、双向、多向等角度去思考，在贯通式教育的探索路上，这种思维让我有意识地去关注学生作为学习的主体，他是如何实现有效学习的。我的同事们是如何站在讲台上，在一节一节的40分钟课程里培养学生成为时代新人的。贯通培养视域下，我重新审视"亚伦教学法""课内外一体化教学""学用型课堂教学程式""乐活大课堂"，每一次拓新与完善都是对贯通式教育坚实的探索。从教法、学法到培养"完整的人"，再到实现知识的再创造，事实上都反映了我对学生学习的理解。学生的学习应该是将"学习主体的内在理解、体悟"与"知识的连接、运用"有机结合起来，在体验情境、解决问题的过程中实现自我的可持续发展。有的学者认为人类个体和人类整体的自我意识和自我超越是学习的本质，我想，这有一定的道理，但我还认为学习的本质应该是人的自我解放与自由。贯通式教育的目的就是希望学生不只是满足当下生活的基础应用，而应该为了更好地适应未来的生活，养成主动连接知识，创造新的知识的习惯，学生应该成为学习的主人，真正主宰自己的命运。这个过程是学生作为学习的主体，要与社会情境、与理性知识产生多向的互动与连接。而我们的学校教育是学生学习场域中的主要组成部分，甚至会影响学生的一生。因此，就学习方式而言，学校教育给学生带来的应该是一种"可持续的学习素养"。我们可以通过课堂教学基本范式、素养课程体系建构、学科实践活动等角度为学生搭建一个理想的"学习网络"。我们可以倡导以探索、合作、自主、思辨、体验、反思等多种学习方式为一体的整体式融合型的学习方式。就学习价值维度而言，贯通式教育旨在融合与统一，统一的学校培养目标、统一的课程体系建设、统一的学习价值形态，我们在给学生实实在在地减负，让他们能看到自己的成长轨迹，通达生命的多彩绽放。马克思认为，人是实践存在物。贯通式教育正是让学生通过融合型、学用一体的学习活动使自己成为自我创造的主体性存在。我们培养的学生是集"自然存在""社会存在""精神存在"于一体的实践者，是实实在在地理解知识、运用知识、创造知识的主体。

2023年，我就在想，近十年，我们培养出去的学生在面对激烈的职场竞争时，是否真正做到了学以致用？是否能成为一个让自己满意、让考官满意的优秀的人？我还特别将这种教育反思总结如下，也算是十年面向大学毕业生招聘时作为考官的心得。

我认为见多识广是最重要的素质，而从小到大贯通培养学生的综合素养，培养有点子并能付诸实践的创客学子，就成了教育的根本任务之一。2016年以前，我初为考官，关注失败者所欠缺的素质为以下两点：一为"不自信"。主要表现为回答问题或断断续续，或不断重复，或声音小，或语速过快，或手足无措。二为"没逻辑"。主要表现在回答考官问题时来回折腾。我有一个大体感觉，中学在大城市第一中学之类的学校就读的大学毕业生，一般能说会道，更会自我推荐。后来我去查阅相关资料，才发现，往往教育资源丰富的学校，综合实践课程建设会比较好，学生自然也就能得到更多的训练。还有，善于表达、沟通与自我推荐的文科毕业生比例较大，大概是理科生的4倍，说明文科一些专业的学习确实有利于自我表达和沟通方面的素质培养。2017年至2019年期间，我在面试应届毕业生时更为关注成功考生的特征。他们大多外表端庄，衣着大方，口齿清晰，动作自然。他们多数声音大、中气足，回答问题语气肯定，自信心足；回答问题有条理，有内容，思维逻辑清晰。他们或铿锵有力显自信，或思路清晰思维好，或娓娓道来有故事。我更为欣赏的是笑容阳光、表达从容、言之有物的考生。文明礼貌、仪表端庄、自信从容、思维清晰的考生更易出线，而"苦大仇深者""手足无措者""口齿不清者""言语偏激者"多要出局。我在观察考生时主要看考生和考官有无眼神交流（是否眼中有人），关注考生问题回答内容中关注点更在于人还是事（是否心中有人），我看的是考生自信与否，看的是他们答题背后的专业素养和举止仪表，看的是他们的思维。这几年，教育均衡发展已经得到更扎实的落实，很多学校也在开展各种课堂教学改革，因此，大多数学生都能得到比较多的发言机会，自信表达、稳定的心理素质等都能得到一定程度的发展。2019年至2022年期间，我多次作为考官参加线上面试考官工作。线上面试和传统现场面试有所不同，我特别关注考生的个人专业素养，关注考生的表达能力和亲和力，欣赏面相和善、应答从容、专业素质（基本功）好、综合表现佳的考生。对于认真准备、口齿清晰、动作自然、仪态从容、衣着大方的考生更为欣赏。总体而言，网络条件好，网速高，视频平齐视线，视频颜色正常；考生形象大方，着装简洁，化妆适当，自信从容，面带笑容，表达清楚；应考现场干净、整洁，对于这样准备充分、从容自信的考生，考官自然会多给予高分。当然，我在线上面试时给予考生不是很高的评价也有一定的原因：第一，考生面试重点偏移，更重外在妆容，在视频里看起来让人有点难受；第二，考生或者眼神飘忽，或者不时闭眼，或者老往某个角落看，看着就给人一种不自信的感觉；第三，过于紧张，神色严肃；第四，或者表达不清，或者语速过快，或者像在背答案，或者两个字两个字地讲；第五，有的考生口头禅不好，"啊啊啊""哦哦哦"的；第六，有的是网络技术和设备的原因，有的考生背光，有的考生摄像镜头的位置过低，致使个人形象不佳；第七，有的男考生偏柔弱，男性阳刚气质不够，表达声量小，逻辑混乱；第八，有的考生态度消极，不够积极去应对考题；第九，有的相关准备工作没做好，面试所需视频程序没有下载好，或者是面试视频设备及现场条件没准备好，网络不好或者现场太吵等；第十，有的考生表达不利索，要么语速过快，要么语速过慢，导致时间不够，评价不高；第十一，还有的考生不善于倾听，考官问听到问话了没有，考生不回答，却反问考官是不是能听到自己的声音。约有25%的考生网络卡顿；有20%的考生镜头偏低；有10%的考生音响回音（杂音）大；有的考生人像太小，模糊不清；等等。2022年至2024年期间，我还参加了十几场线下面试工作，我认为考生的"见多识广"是最关键的素质。大方从容显自信，真诚微笑易亲近，场地设施准备好，综合素养最重要。我给予评价高的多是微笑、热情、从容淡定、语言连贯、教学从容、讲解清楚、神采飞扬的面谈生。

  以终为始，回溯学校教育，我们要培养的学生绝不是"高分低能"的，而应该是能从容应对真实情境和社会需求的。我们招聘教师尚且需要从多维度去考察，那么，其他行业呢？我想，每一个工作岗位都需要人的相互连接与配合。因此，我们做贯通式教育，就是希望让学生成为"完整的人"，这样的人能够积极应对真实情境，能够根据需要，将所学的知识重新连接起来，甚至可以创造新的知识，以达成目标。我们无论从学术视野反思贯通式教育的课堂教学，还是从生命视野观照学生的成长与发展，都可以确定的是，贯通式教育一定是需要融合各种教学模式，融合各种学习方法，让学生在融合型的课程体系中学习、应用、获得。只有我们用融合思维去理解课堂教学，才能真正理解贯通式教育实实在在的教育智慧。

德育融通篇

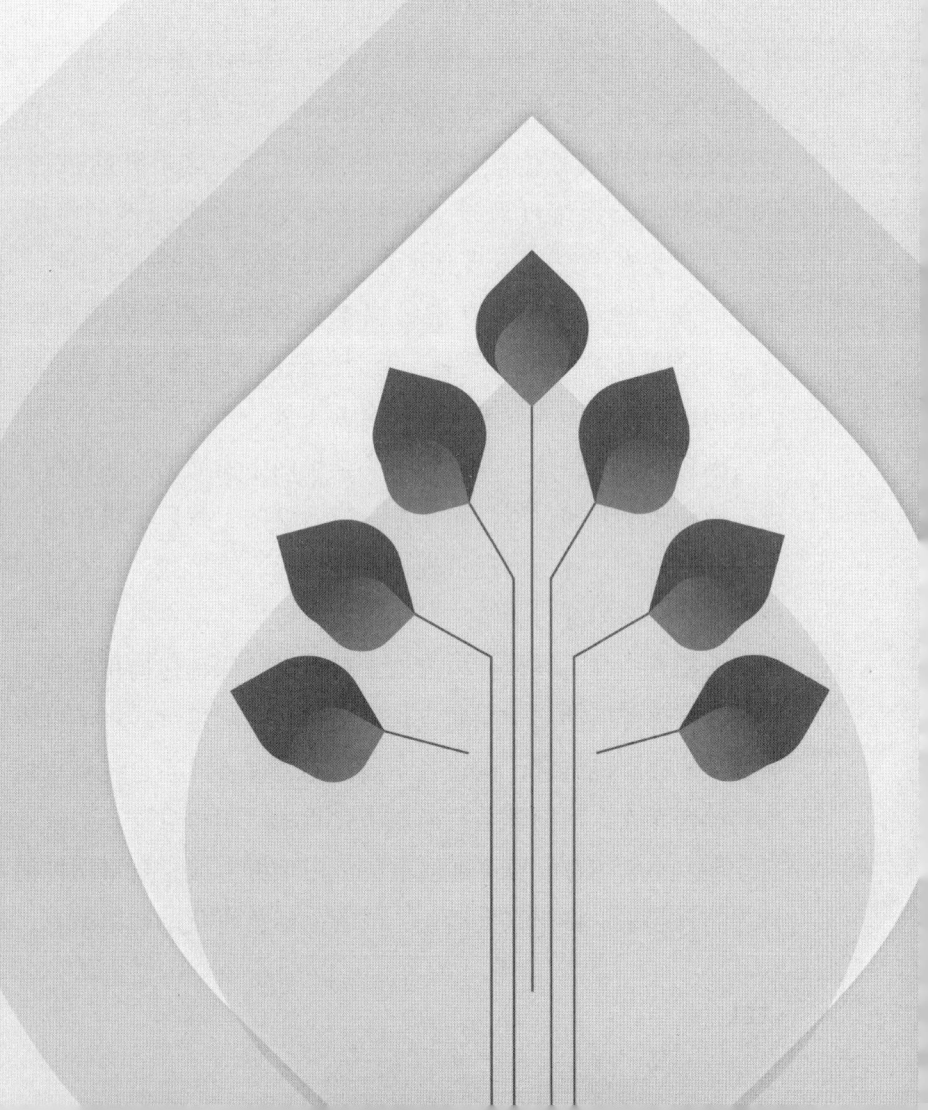

## 本篇导言

国家以"立德树人"为教育的根本任务,着力培养"德智体美劳"全面发展的社会主义建设者和接班人。"德育"作为"五育"的首位,是学校落实"立德树人"的关键环节,体现了国家对学生思想品德教育的高度重视。教师要做好德育工作,首先必须从宏观上把握"立德树人"的内在逻辑,使德育工作有体系,有节奏,有实效。贯通式德育指向学生的身心成长,这不只是一个理论逻辑问题,更是一个复杂的实践问题。"贯通"意味着要有明确的育人目标和培育体系,一以贯之,从而获得实效。这就涉及德育贯通的核心要素:德育体系与德育管理制度。只有理顺一个学校的德育体系与德育管理制度,才能在"纵向的学段贯通、横向的课程协同"上精准发力。从纵向贯通维度看,学生心智发展有其独特的发展需求,会出现各种成长问题,帮助学生打通成长中的"痛点""难点",这是纵向贯通中必须面对的课题。从横向协力维度看,学生的成长是一个全域性的吸纳、体验、养成过程,不只是在思想品德课上才能获得品德修养方面的学习,还可能在实践活动中,在专题课程里,在学科课堂教学中,甚至是在教师、同伴、家庭成员、社会人员的一言一行中。无论是纵向贯通维度还是横向协力维度,德育工作的核心都是为了促进学生的全面发展。

德育的融通路径要关注到中小学生内生发展动力的规律,这是一个循序渐进、螺旋式上升的过程,而不是一蹴而就的。我们不难发现,有些学校的德育工作相对机械,容易出现重理论、轻体验,重形式、轻实效的现象。这种德育现象是"片面德育行为"。"片面德育行为"没有遵循以下两个基本原则:一是精选德育内容,将德育内容与学科教学、课程建构相融合;二是构建德育体系,并将德育活动与学生的成长生活进行代际连续。将学生成长规律与思想政治教育规律有机结合,构建各学段的德育课程体系,统筹规划,以系统视角去落实德育元素,帮助学生打通成长过程的"阻碍点",引领学生自由发展、全面发展。小学德育,要更加注重行为习惯的养成,要将学校德育与学生的日常行为结合起来,将德育生活化,或者生活德育化。初中德育,要更加注重心理健康教育，如青春期教育、抗挫折教育等，抚慰学生心灵，让学生阳光、自信地面对身心发展的断裂期。高中德育，则应更注重理想教育，铸就学生为理想奋斗的品质。实际上，无论哪个阶段，德育工作都不是单独开展的，一定是多要素相互融通的，只是每个学段的侧重点不同，贯通式德育正是基于这样的背景，尝试将德育课程建设从低学段到高学段，从浅层到深层，从局部到系统，逐步构建起来，形成连贯的体系，让学生的成长有迹可循，让德育工作有重点，有节奏，可持续。

正是出于这样的考虑，我从初登讲台开始，就有意识地从整体、宏观的视角看待德育，看待每一个独特的学生。后来，根据工作安排，我转向德育管理工作，就开始着手德育课程体系的建构，逐步探索贯通培养视域下的德育融通实践路径。我在德育融通方面的探索经历了两个主要时期：

第一时期为"心育·关爱式德育"。2006年，我根据自己在网络环境下的教学研究以及学生心理健康研究工作的经验，成功申请并主持了国家级课题"网络环境下未成年人心理健康教育研究"，也因此成为我国最早开展学生心理健康教育方面研究的一批人之一。本时期聚焦心理健康教育，关心关爱学生，抚慰学生心灵，促进学生身心和谐、健康发展。我尝试以"问题"为导向，化解学生心理上和情感上的一些"疑难杂症"，让学生在心理上和情感上相信师长，相信自己。2002年，我担任笋岗中学副校长，主管学校德育、教学、安全等方面工作。在此之前，我已经将自己担任教师、班主任、年级长、部门行政时期的德育工作以"工作日志"的方式记录下来。分管德育工作之后，我和同事们一起研讨、再实践，从纵向贯通维度出发，对"心困生"与"德困生"进行专项实践研究。这一时期，我重点关注学生的心理健康，帮助学生打通成长过程中的"痛点""难点""障碍点"，从而让学生实现心灵困境的突围。本阶段是从纵向贯通维度切入，但是在实际工作中，我发现德育的融通路径需要把多学科理论和方法、社会文化、社会要求以及学生内生动力融合起来，通过设置德育课程，开展学科实践活动以及德育活动，最大程度地调动学生参与、体验的积极性。而这就是我第二阶段的探索视角。

第二时期为"儒行·体验式德育"。本阶段我从中国传统文化的化育功能入手，系统开发了"儒行·体验式"德育课程，在实践中达成了"智育"与"德育"并举的目标，促进学生在体验、反思中实现品德内化与养成，也是呼应培育具有"文化自信"的时代少年的时代使命。这个时期的探索分为两个阶段，第一阶段是 2014 年至 2018 年，主要在龙华新区福苑学校开展实践研究；第二阶段是 2018 年之后，在福苑学校和潜龙学校开展实践研究。2014 年，我担任龙华新区福苑学校（今龙华区教科院附属学校）的创校校长，开始从更多维度去审视一所九年一贯制学校的德育课程体系，思考如何建立科学的、可视化的、可评价的课程标准，培养出富有家国情怀和文化自信的时代少年，从而与国家培养目标相适应。这时，我要将相对零散的、片段化的德育实践经验提升为系统化的有效路径，于是，我和一群 90 后同事开启了"儒行·体验式德育"的实践研究之路。2019 年 4 月，我调任龙华区潜龙学校，这所九年一贯制学校已有 11 年的办学历史，我不需要从零开始，重新建构一套德育管理体系。于是延续了"儒行·体验式德育"的部分核心内容，并基于实际需要，将潜龙学校原有的德育管理经验筛选、提炼，保留适合"乐活课程体系"的德育内容，增补"叙事性德育"等德育项目，丰富和提升潜龙学校"月·节"文化，实现教学与德育的深度融合，达成教育行为与培养目标的一致性。第二阶段的后 5 年，主要是从"横向协力维度"出发，基于潜龙学校的办学历史和发展需求，在现实逻辑上正本清源、充盈丰沛，在"融合型素养课程"这个大的课程设置下，打造与"乐活课程体系"相融合的德育课程。将日常德育工作与"叙事性德育"等创新性实践活动相结合，在过程与效果上追求统一。

综上，在国家"双减"政策全面落地的大背景下，德育管理不能再囿于无序、零碎、烦琐的工作生态之中，时代呼吁更高质量、更有质感的教育氛围和教育情境，让学生能够自我驱动，去实践、去成长。中小学生大多处于心理发展的关键期，易出现逆反心理，他们特立独行、个性张扬。因此，我们在开展德育工作时要做到两个基本原则：一是坚持从"纵向贯通，横向协力"两个维度去思考日常德育实践的得与失，探索德育管理在贯通培养视域下实现减负提质、培根铸魂的有效路径；二是坚持从整体观念出发，设计全覆盖、可进阶、可视化的德育课程，让德育课程和教学课程相融合，实现五育并举，知行合一。

## "心育·关爱式"德育实践研究

"心育·关爱式"德育实践研究是基于我大量的课堂教学经验及担任班主任、年级长的实践经验进行的。多年的经验积累使我深刻地意识到，学生的心理健康教育是做好德育工作的重中之重。我们大多数的德育工作是事务性的，能很快完成好，但是，却要在"问题学生"上花费很多的精力，这部分学生要么个性张扬，要么心理困顿，要么习惯不好。总之，无论是跟他们耐心沟通，还是批评教育，投入大量的时间，却收效甚微。于是，我和同事们一起做课题研讨，随着探索的深入，我意识到问题学生的根源是心理问题。后来，我读了不少关于心理健康教育方面的书籍，我发现在校园中开展以心理健康素养为理论基点的心理健康教育，不仅能从深层次去理解学生、帮助学生，而且还可以增加师生的心理健康与疾病的相关知识储备，提升师生的心理健康水平。刚开始，很多研究者通过知识借鉴、实践总结，为心理健康教育研究搭建了理论的基本框架。后来，"心理健康问题"的研究开始从过去的"理论的建构"到如今的"实践丰富"，不断精细化。2002年，我到笋岗中学任职，主管全校的德育工作，尝试从纵向贯通维度出发，对"心困生"与"德困生"进行专项实践研究。可是，那时候我还没有很明确的研究模型，我就和同事们先从实践案例的研究入手，以点带面，逐步建构心育模型，这样，才能实现贯通培养下的德育融通。于是，我就开始研究"问题学生"，关注他们的心理发展轨迹，探查他们在成长过程中的"痛点""障碍点"，帮助他们实现心灵的突围。

此后，我大量收集全国各地心理健康教育的典型案例，也关注到"心理育人"这一核心概念。"心理育人"是通过心理健康教育对教育对象进行积极的心理引导，来实现育人的目的。从中我们可以理解心理健康教育的出发点和归宿就是为了提升学生的心理健康水平，当然，心理健康水平的提升是学生心理内生动力的整体的提升。那么，这一时期，我的"心理育人"工作是如何开展的呢？经过反复实践与研究，我主要从以下三个角度去开展工作：

一是"抓"，抓住心理发展的"关键期"。"关键期"是教育心理学中的一个重要概念，指对特定技能或行为模式发展最敏感的时期。我们所面对的是中小学生，他们的身心发展是有规律的，虽然他们的发展速度不一，但整体区间是一致的。我们要做符合他们发展规律的努力，意识到学生心理上、情感上的困惑，其背后是成长的困惑，我们要珍视这些"困惑""错误"，化危为机，将"问题学生"转化为"有问题的学生"，拒绝标签化，转向德育研究。

二是"导"，以"问题"为导向，有针对性地开展工作，积极提炼教育策略。学生存在"问题"，那么我们就要做到"心中有人，眼中有爱，脑中有法"，真正关爱学生，让学生与我们形成"心理同盟"，让学生相信在老师的帮助下一定可以解决困难。用爱去温暖学生，让学生顺利地渡过情绪危机期；用适宜的方法帮助学生，让学生学会问题的界定与厘清，并用行动去改正错误，实现成长。

三是"评"，宽严相济，积极评价。运用积极心理学，在帮助学生战胜困难、改正错误后，要及时肯定、表扬学生的正向行为，甚至反复强化学生的正向行为，让学生获得继续成长的内生动力。对于原则性问题，坚持严肃、规范的行动原则，让学生明确是非边界，避免反复犯错，从而影响学生对自我的认知。

总之，德育融通之路要行稳致远，必须重视学生的心理健康教育，重视"心理育人"的育人价值，只有充分关注学生的心理发展需求，才能充分释放德育的育人功能，才能为贯通式教育提供坚实的保障。我精选"心困生"与"德困生"两类典型的德育案例，从对具体情境、具体对象的研究中，让大家对"心育·关爱式"德育有更准确的了解。

## 一、抚慰"心困生"的实践研究

多年来，我们开展了多项德育科研课题的研究，对学校德育进行了深入反思，还先后组织了10多次对学校内外学生的德育调查，通过对调查结果以及大量德育案例的分析，我们发现学生的心理特点和需要与以往相比有了根本的改变，学校德育教育在课改的今天更需与时俱进。学生变了，我们也要改变教育方式。

10多年前，有专家对广东省数百名城乡初中学生心理健康状况进行过比较调查，调查发现，心理健康问题属于轻度以上症状的人数中，城市初中生独生子女比例最大，为 10.7%；乡村初中生家中排行在中间的比例最大，为 12.1%。心理健康问题属于中度以上症状的人数中，城市初中生独生子女比例仍然最大，为 1.7%；乡村初中生家中排行老大的比例最大，为 1.9%。调查也发现，在校快乐程度、好朋友人数、在家快乐程度和对生活满意度是城市初中生心理健康的主要影响因素；在校快乐程度、好朋友人数、老师喜欢程度和在家快乐程度是乡村初中生心理健康的主要影响因素。而学生心理健康问题的起因主要包括社会、学校、家庭和学生自身四个方面的因素。

多年前，有位在深圳从事学生心理健康教育和心理咨询方面服务的义工赵女士告诉我，她在义工服务过程中发现，目前在深圳有很多学生的心理压力很大，主要原因在于中国目前的家庭教育模式不当，学校对他们的有形、无形的压力以及他们与教师、同学间沟通方面的障碍等。我深以为然，2007 年 4 月 5 日，我对笋岗中学初一、初二年级学生课桌文化进行研究，发现有 8% 的学生课桌文化内容显现学生的心理存在困难，另有 3% 的课桌文化内容包含有死亡含义。

2007 年初，我主持的国家级"网络环境下未成年人心理健康教育"课题组对具有代表性的初二年级在校生 716 人，采取分层整群抽样的形式进行统计，在所有调查问卷收回后，由问卷中测谎条目筛查出无效数据，最终统计分析认为：学生心理健康的总体平均分为 1.67 分，属正常范围，但其中的情绪不平衡和学习压力两项超出了正常范围。存在轻度心理健康问题的学生占 19.2%；存在中等程度的心理健康问题的学生占 1.97%。

下面是我多年来在课题研究以及学校教育和家庭教育中遇到的一些孩子心理困难的案例研究，与大家分享。

**（一）校医室来了位"特别的女生"**

在中小学校，心理困难生的教育一直是学校德育的难题，如何有效解决这个问题是当前学校德育工作的重要任务。在学校一线多年的"心困生"教育管理实践和德育研究中，我总结出了一套行之有效的"心困生"教育策略。该策略包括对心理困难学生的安抚、了解、界定、评价以及学生心理发展轨迹的分析、设计和实施教育对策，并寻找心理干预长效办法等 7 个方面，非常行之有效。当然，整个案例的前期、中期、后期，我始终坚持以人为本，积极引导，以"问题"为导向，有针对性地开展工作，积极提炼教育策略，做到"心中有人，眼中有爱，脑中有法"，让本案中的学生与老师形成"心理同盟"，帮助学生顺利地渡过成长危机，实现健康成长。

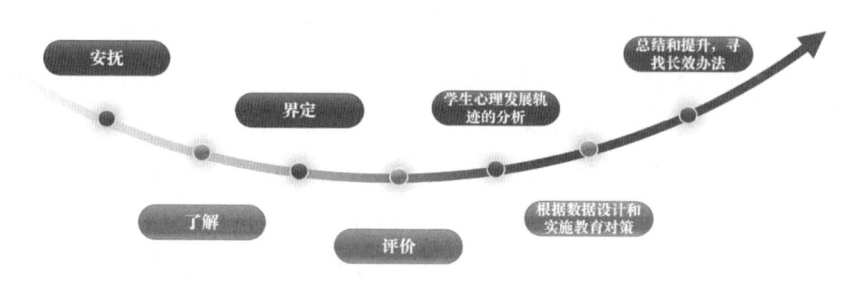

转化"心理困难学生"的七步策略

根据我多年的研究，心理困难生的行为和学习一般会受到不同程度的影响，长时间表现出一种或几种以下特征：1. 在正常环境下有不正常的行为或感受；2. 普遍存在忧郁或抑郁情绪；3. 形成与学校或个人问题有关的生理症状或恐惧的倾向，包括精神分裂症。心理困难生普遍有两种行为表现，一种是内化的行为，也就是指向内部的行为；另一种是外化的行为，也就是指向外部的行为。有内化的行为倾向的心理困难生的活动水平一般比较低，几乎不参与游戏或活动；他们不愿面对自己，害羞胆小，常有畏惧感；对他人不信任，总是疑神疑鬼；他们不喜欢与其他同学交谈，对别人的社交信号没有反应，喜欢躲避或退出集体环境，而且更愿意一个人玩或独自待着。有外化的行为倾向的心理困难生一般过度活跃，好争吵，易发怒；他们对物与人常表现出攻击性，喜欢强迫别人屈服，爱反抗老师或不听从老师的教学和指导，多困扰他人；他们多不服从老师或学校的规定，上课时常离开座位。那么，我们要如何做好心理困难生的转化工作的呢？以下面的案例来谈谈我个人的建议。

**1. 安抚心理困难学生**

当心理困难学生向我们求救或者我们发现有学生心理困难时，首先要做的事情是安抚他们，让他们的心情尽快平静下来。2007 年 4 月 19 日上午上第一节课时，笋岗中学初二年级班主任莫老师把一位有情绪问题的"特殊女生"带到校医室，并立刻到副校长室找我。我立刻和莫老师到校医室，会同校医开展此次"心困生"的实践研究，帮助她走出困境。我们在了解了这个"特殊女生"的基本情况后，先对她先进行了心理疏导，转移她的注意力，并对她开导安慰，待她情绪稳定后，根据她的要求先让她回去上课。

### 2. 了解心理困难学生

了解心理困难学生的状况，包括学生的心理生理感觉，家庭、朋友以及日常学习生活等方面的情况以及一些特别的事情。这些工作可以通过向学生本人、他（她）的同学、朋友、任课教师以及学生的家长或亲戚等了解来完成。具体到本案例，校医对学生本人进行了初步的了解，也向班主任了解了情况，班主任说："该学生上课时突然哭了起来，说：'有人在很远的地方，用遥控的方法在刺她，大腿很痛。'通过观察，我发现学生说话时有点语无伦次，眼球向上，而且不停地眨眼，显得很紧张。"班主任还说："学生在班上比较孤独、朋友很少，性格内向，但喜欢唱歌、体育和画画。在学习上，基础差，接受能力差，连听写都不懂。这几天学生有点反常，上课无精打采，感觉睡眠不足。"班主任和校医还马上联系家长了解学生在家的情况。学生的妈妈来了之后，老师先把学生上课时发生的情况告诉了她，然后问孩子这些天是否受到了什么较大的刺激，学生的母亲后悔万分地说："十几天前打过孩子，那是因为孩子和小区里的小朋友们玩，一位小朋友不小心跌倒造成鼻子流血，后来这位小朋友家人带着孩子还有几个人找到家里，要求赔礼道歉。我孩子不肯，也没做解释，我一气之下，不分青红皂白，拿起衣架把孩子狠狠地打了一顿，也是打得最重的一次，事后才知道并不是孩子的错。"再进一步了解该学生的母亲，她初中未毕业，无工作，父亲因工作较忙，与小孩在一起的时间很少，孩子的教育自然落在了母亲身上。母亲说，由于自己父亲死得早，她是在母亲严厉管教下成长的，打骂对她来说是常事。由于读书少，来深圳后无工作，为了让孩子不重走自己的老路，所以对孩子管教很严厉，为了让孩子更好地学习，平时不让孩子做任何家务，但不了解孩子的需要，经常与孩子发生冲突，造成了母女之间难以沟通，孩子在非常痛苦的情况下，只有找舅舅倾诉。母亲还说，"孩子做作业慢，吃饭慢，洗澡慢，上学慢，晚上看电视也看得很晚，睡眠不足"，也经常因为这些事而发生口角，导致孩子对母亲逆反更加严重，母亲也只好用打骂来教育训孩子了。

### 3. 界定心理困难生

心理困难生的界定一般可由学生家长和全员育人工作小组或专家小组（老师、级长、家长等）来负责，主要是看看情绪有困扰的学生的行为和学习是否受到不利影响，这些学生是否需要特别的辅导和教育；也要看看他们是否是受到其他因素，如听力困难、智力障碍等方面的影响；接下来还要由专家小组来确定，问题的出现不是由于学校教育方式的不恰当，或老师的教学错误，而是由于家庭因素造成的。具体到本案例，在对该生的各方面情况进行了了解之后，我和班主任、校医一起对该学生的心理问题进行了初步判断，我们判断学生出现了心理问题，而且主要是由于家庭因素造成的，这次出现的幻觉是与母亲打她有关，母亲的行为对孩子的心理造成了伤害。

### 4. 评价心理困难生

对心理困难生进行评价必须全面，要涵盖学生的行为、学习和社会等方面，如学生的某种行为是否已存在一段时间，并严重影响学生的学习，也要看学生过去和现在与同学、家长、老师及其他成年人之间的互动情况。具体的评价办法包括三次15分钟的学生校内行为观察和数据分析等。对学生的校内行为观察主要是观察比较目标学生和正常学生的行为。数据分析要分析心理困难生的问题可能的根源在哪里，可能在课程方面或个人方面或家庭方面或学校教学方面或社会方面或学校教育方面等，然后从这些方面去收集数据，从而判断学生的问题。具体到本案例，我让校医对该学生的行为进行观察，然后我们对该学生在校行为进行分析，进一步判断学生的心理困难程度。通过观察和了解，我们发现该学生有以下情况：（1）情绪——低落、焦虑、紧张、担心等；（2）行为——孤僻、朋友少、多疑；（3）注意、记忆、思维——能力减退；（4）学习——效率与成绩下降；（5）日常生活——进食、睡眠有改变；（6）厌学——作业完成不了，学习效率低，不想上学。特别是她和母亲的关系很不好。我们判断孩子在母亲长期的打骂下，心理上出现了精神恐惧症，并在严重的刺激下导致了幻觉的出现,家长负有主要责任。通过了解,该学生原是一位有爱心的孩子,爱自己的父母,体贴父母,想为父母做事,但是母亲没有理解她、鼓励她,总以学习为理由拒绝孩子的要求。家长没有注意到,孩子的要求是想表现自己,希望能得到家长的表扬。学生的正当要求得不到家长的认同、接纳和满足,缺乏支持和理解。孩子母亲的教育方法欠妥,简单地用自己成长的经历来教育自己的孩子,管教过于严厉,不注意动之以情、晓之以理,导致母女之间无法沟通。最后孩子只好找舅舅倾诉。家长只是关注孩子的学习,而忽视了孩子的身心健康,对孩子的内心世界不了解,也是造成母女沟通困难的原因之一。另外,孩子做作业慢、吃饭慢、洗澡慢、上学慢等,这是一个不良习惯,是一个行为问题,行为问题的严重程度与学习成绩呈正相关,不良行为问题越严重,学习成绩越差。这里有生物学因素(学生心理发育障碍、学习困难),也有家庭因素、学校因素和社会因素,与父母教育方法不当有直接关系。

### 5. 分析学生的心理发展轨迹

在对学生的心理困难情况有比较明确的分析评价之后,我们应该设法分析学生的心理发展轨迹,从而帮助我们从比较高的角度来把握学生的心理困难状况。具体到本案例,我们认为该学生的心理发展轨迹是:母亲的教育方法欠妥—管教过于严厉—母女沟通困难—孩子犯错—长期过分打骂—精神恐惧—幻觉的出现。

### 6. 根据数据设计和实施教育对策

教育对策的实施应当由家长和教师共同进行,在实施过程中还要有规律地进行观察,监控教育对策实施的有效性,并根据观察和分析的结果调整教育对策。具体到本案例,由于孩子的母亲不能深刻认识到长期对孩子不当的教育方法已渐渐对孩子幼小的心灵造成了伤害,必须马上采取行之有效的方法加以解决,来稳定学生的情绪。我立即再次找到家长,向家长说明了该生问题的严重性,对家长提出了以下要求:(1)不能用打骂的方法教育孩子;(2)关心呵护孩子、多与孩子沟通;(3)安抚孩子,五一劳动节假期带孩子出去玩。我要求家长要多关心孩子,了解孩子,培养孩子与父母之间的感情,同时改变教育方式，这样不仅能加强亲子关系，而且对孩子的心理发展至关重要。当然我也要求老师在学习上、生活上多关心学生，指导学生，从能力、长处、兴趣等方面进行因材施教，帮学生减压，对学生多表扬、鼓励，宽容对待"失败"和错误。鼓励学生与同学交往，多参加集体活动、与同学交流，让她体会到同学之间的友谊和集体的温暖。最后，加强心理辅导，及时解决心理问题，把心理问题消灭在萌芽状态。家长和学校管教方法宽严适度，家校一致，鼓励为主，慎贴"标签"。

**7. 总结和提升，寻找长效策略**

要善于总结"心困生"教育工作的效果，注意及时改进教育方法，形成长效的教育策略。具体到本案例，第二天，该学生感觉不舒服主动来找校医聊天，校医问她吃早餐没有，学生说没有，校医就把自己的牛奶和鸡蛋给了她。她很高兴地吃了，说："老师你真好。"学生还告诉校医说："家长只考虑做事的结果，而没有关注过程，这是不对的。我也很想把学习搞好，曾努力过，但不尽如人意。我爱看有关成功人士的电视，想用此来鞭策自己，长大后成为一个成功的人。"后来班主任告诉我说学生改变了很多，能和同学交流，还喜欢表现自己，学校艺术节时要求给她安排节目，学习也有所用功。根据我们进一步的了解，学生的母亲改进了粗暴打骂的方式，母女关系得到明显改善。家长认识到孩子"问题"的严重性，配合学校，也改变了教育方式，多关心孩子，了解孩子的需要，母女之间的关系有所改善。有一天，孩子要求母亲一起上楼顶，然后大喊几声，并对母亲说："妈妈，你知道我有多么痛苦，我想喊出来。"母女俩抱头痛哭。

从上面的案例中我们可以看出，我们所做的工作是行之有效的，所有这些效果都离不开学校老师和家长的配合，在对学生进行心理辅导的过程中，班主任莫老师和校医做了大量的工作。然而，学生的心理问题是很难根治和全面改善的。具体到本案例，该学生和父母的关系改善了，但是其他问题并没有得到根本解决，9月又出现了新的问题，该学生情绪又有所波动，厌学，抑郁症现象非常明显。她的新问题主要还是家庭因素造成的，也可能还与上初三了功课较多和心理压力大有关。我们再次了解到她的新状况，最近当别人说 "猪"

或"蠢"样的话时她会耿耿于怀，总是怀疑别人，行为古怪，有时在上课过程中会突然用笔扎桌子发泄，影响上课。她最近不想上学，但在父母的强迫下不得不来。9月17日，我们就该学生的心理问题召开了由学校未成年人心理健康教育研究课题组的全体老师和她的班主任参加的专门研究会议，研究她的新问题，找出解决问题的方法，达成共识，制订新对策。我们达成了以下几点共识：

（1）家长开麻将馆没有给孩子营造良好的学习环境，直接告知家长为了孩子应关闭麻将馆。（2）学生问题的根源在于家庭，家长应履行监护人的责任。给家长讲政策，学生出现问题时，家长有不可推卸的责任。学校也有责任，所以多与家长沟通，及时发现问题，及时处理。（3）减轻学生到校的压力，但作为学生，应按时到校，每天要做作业，不要因为这些而影响其他学生。家长也要减轻对孩子的压力，孩子不想上学，强迫到校心情不会好，而且还容易出问题。（4）立即家访，找父亲谈，了解家庭环境。（5）对学生进行心理辅导、心理鉴定。当然，我们在处理该学生的心理问题时特别注意工作的"度"和策略：要把情况向家长说清楚，把学生在校表现告诉家长，同时不能让学生知道。我们在处理问题时还要注意方法，和家长、学生交流时，要注意说话技巧，要有人在场并做好记录。

9月20日，班主任莫老师、杨医生、蓝医生到学生家进行家访，了解她家里的环境。学生自己一个房间，有电视，大厅有四张麻将台。她的妈妈说："打麻将是下午开始，有人来就打，晚上是8点开始到12点半结束。"老师们说明了学校的观点和要求，告诉她开麻将馆对学生的影响，孩子是最重要的，应给她一个安静、温暖的环境，一个好的氛围。还建议家长带学生到康宁医院进行心理鉴定，找出根源，进行治疗。

学校的干预很快取得了效果。9月29日，学校电话随访该学生的情况，父亲说："家里的麻将馆已关，也带孩子看过心理医生，但未做心理鉴定。由于孩子太孤独了，国庆假期准备带小孩出去玩，散散心。孩子每天能自己上学，不用父母监督。但孩子的心理压力仍较大，担心考不上高中，而且这几天由于数学题做不出，睡不着觉，孩子说'很想找莫老师补课'。"学生的班主任反映说:"近来学生表现很好,主动上学从没迟到,学习也有所用功,当会做数学题时,会很高兴地告诉老师我做出来了,有成就感,班上有一女同学和她关系不错,经常帮助她。"

心理问题真的是很难解决和根治的。10月8日,班主任又告诉我该学生的心理问题又出现了反复。我们经过研究建议她的家长加强对学生的心理辅导,找有专业水平的心理医生进行心理辅导。家长、学校共同给学生减压,教师帮助学生定位,制订可行的目标,鼓励学生多参加课外活动,做到劳逸结合等,给学生一个健康的环境。我们建议家长不要给孩子太大的压力,多与孩子沟通,了解孩子的需要,以表扬、鼓励为主,哪怕是孩子的一点点进步。我们也鼓励班级学生多与该同学交往,形成一个良好的班级氛围,在学习上帮助她,生活上关心她,这样有利于缓解她心理上的压力(人际关系、学习压力)。我们也要求家长和学校教师还要密切注意学生的心理表现,及时发现学生不正常的心理状态,及时采取行之有效的方法加以解决。

根据当时的专家说法,心理完全健康和精神疾病患者所占比重并不大,多数人都有一定的心理问题或心理障碍。而我们的研究发现,我们的老师能解决的多数是一般的学生心理问题,对于严重的心理障碍或神经症和精神疾病,我们老师的干预能力和效果都很有限,为此需要精神疾病专家的介入。具体到本案例,在2007年4月,我们认为该生当时可能更多的还是心理问题和一定的心理障碍,为此我们对她的心理问题进行了积极的干预,也建议家长带孩子去向心理方面的教育专家咨询。到了9月,我们认为该学生可能有严重的心理障碍或者存在神经症,因此,我们强烈要求家长带孩子去看心理医生,去做心理测试,学校则给予适当的帮助。家长带孩子去看了心理医生后,医生认为该学生需要做治疗,并建议家长给孩子换个环境,10月中旬,家长根据医生的建议给孩子办了转学手续。

总之,对于学生的心理问题我们一定要认识到学生心理问题产生根源的复杂性和发作的反复性,以及我们干预效果的局限性和教育能力的有限性。有专家指出,排斥药物治疗心病的观念是错误的。据调查,60%左右的抑郁症患者需药物治疗,否则会反复发作,使得病程更长,病情更严重。事实证明,抑郁症或焦虑症患者首次治疗的临床治愈率接近35%。为此，我们在对学生的心理问题进行干预时，需要家长协助，并积极寻求心理医生的帮助，只有多方协作才能取得持久的效果。当然，正是由于我们的干预能力和效果有限，我们要努力在学生心理出现问题的早期想办法进行干预，努力缓解学生的心理问题，不要去激化或恶化学生的心理问题，我们要尽最大努力做我们能做的和该做的事。至少要让学生能跟我们进行心理的交流和沟通，要让有心理问题的学生能够有地方进行倾诉，宣泄心中的痛苦。德育困难学生的很多问题是心源性的，因此，我们要注意建设班级人际生态环境，预防学生心理问题的出现。

### （二）爱对了吗？

**案例呈现**：笋岗中学有个学生的父亲做生意小有成功，她是父母的掌上明珠，父母对她宠爱有加，百依百顺，所以她从小就养成了骄横、任性、乖戾、唯我独尊的性格。班主任老师告诉我，该学生经常在老师和家长中间撒谎、挑拨离间，每当老师找她谈话，她就以对抗的方式面对，回家跟家长说，学校老师不喜欢她，导致她的母亲到学校来对老师大吼大叫。甚至，她还栽赃嫁祸，原因是老师"误会"了她。一个简单的理由，就能令她如此处心积虑地报复，可见她的心理极度扭曲。

**案例分析**：这个学生是一个典型的"被溺爱型"学生。这也是典型的"5+2=0"现象。现在很多独生子女的教育方式都存在问题。他们被父母娇生惯养，被父母视为掌上明珠，被父母溺爱，父母对他们过于放纵，使他们办事不爱动脑，我行我素，凡事随心所欲，不计后果；同时缺乏责任感，存在逆反心理，缺乏自理自立能力，存在依赖别人的惰性心理。这个学生的心理发展轨迹是：父母教养方式有误，过于溺爱—孩子娇生惯养，性格发展不好—违纪—被批评—不能接受批评—在老师和家长中间撒谎、挑拨离间—恶性循环。

**案例对策**：对于这样的学生和这样的家长，我们该怎么办？我的想法是首先要教育好家长。为此，我要求德育处工作人员把家长和学生的情况都摸清楚，然后再根据具体事情教育家长，必要时要用《义务教育法》让家长知道，固然学校有教育学生的责任，家长也是负有教育孩子的义务的。同时，我还向家长的单位以及所在的村委领导反映，争取村委领导的帮助，共同教育好该生的家长。这类学生虚荣心强、情绪化严重，应尊重他们的人格，对他们进行品质教育和行为影响，帮助他们分清自尊心和虚荣心，谦虚和自卑心理品质的界限。我们主要采用耐心的说服教育和心理疏导，加大对这个学生不良行为的转化力度，同时加强对家长的指导和帮助。一段时间后，这个学生基本上懂得尊重老师，行为上也有了节制，对学习也投入了热情。同时与学生的父母沟通，让他们改变教育方式。

很多孩子是由于家长或教师的教育方式有问题而产生了各种各样的心理问题。2004年4月7日，有专家对深圳市龙岗区93名初一学生及其父母养育方式进行调查，以探究父母养育方式与初一学生行为问题的关系。调查发现，初一男生的攻击性与母亲过分干涉和过度保护达到显著性水平。男生的行为问题与父亲的教养方式关系密切，问题男生的交往不良、多动、攻击性等行为问题主要与父亲过分干涉、偏爱、惩罚和严厉、拒绝和否认以及过度保护等不良的养育方式有密切的关系。初一女生的违纪行为与父亲偏爱教养方式之间的相关达到显著性水平，与母亲偏爱之间的相关达到非常显著性水平，女生的攻击性与母亲偏爱教养方式的相关也达到显著性水平。问题女生的焦虑强迫行为问题与父亲的偏爱和过度保护、母亲的过分干涉和过度保护等不良养育方式有明显的关系。问题女学生的分裂样、抑郁退缩、不成熟、违纪、攻击性和残忍等行为问题与父亲偏爱、拒绝和否认、过度保护、惩罚和严厉等不良养育方式，以及母亲的过分干涉和保护、拒绝和否认等不良养育方式有着明显的关系。总之，调查发现，存在行为问题的男生主要受父亲的惩罚和严厉影响；存在行为问题的女生主要受母亲的过分干涉和过度保护影响。为此，专家建议父母在教育初一学生时，应该尽量采取谈话交流的方式，避免由于过度的溺爱或干涉给学生造成行为上的不良影响。

**（三）面对缺乏关爱和情感交流的学生，该怎么办？**

**案例呈现：**笋岗中学有个初一学生，有一次他跟一个同学有过节，同学就觉得他欺负人，家长知道后打电话向该生的父母告状，可能说话不友好。后来该生知道了，就有了报复的心理，更加欺负同学。班主任老师告诉我，他在作文中写道："老师不关心我，我就不学他那　科——感觉很烦，班上同学老欺负我，看不起我，不跟我玩，很讨厌……"他对老师说："我现在可以不打他，但我不能保证能忍到什么时候。"

**案例分析**：该生有一定的心理障碍，比较自卑，缺乏人际交往能力，无团体归属感，得不到别人的认同。他口齿不清、内向，平常无人跟他玩，他就去逗人。有时他向老师告状说同学骚扰他，其实多是他先去惹别人，因为他想引起别人的关注，但又无法很好地表达自己的想法。据我了解，他是独生子，接触面窄，语言有障碍，口齿不清，他就用动作去表达情感，表达不好后引起同学的反感，就没有了朋友，同学们都不喜欢他。他在小时候就爱逗女孩子，大家认为他有点"下流"。他的心理发展轨迹是：缺乏交际手段，能力弱—朋友少—无归属感—有心理障碍—想得到他人的关注—骚扰别人—同学反感—同学向老师告状—他心理不平衡—产生报复心理—恶性循环。

**案例对策**：这样的孩子平常的表现一般是调皮、好玩、爱逗人。对于这样的学生，我认为要让他明白事理，知道动手不好。要对他加强礼貌教育，让他懂得尊重别人。老师和家长要长期对他加以引导，帮助他分析心理问题，开展同伴教育，并及时反馈，因为他很爱面子。

幼稚型学生一般是由于家长教育不当，比较幼稚，分辨事物好坏的能力弱。他们多动、自我管理能力弱、易情绪化。有的幼稚型学生在学校里经常追追打打，疯玩到虚脱为止。我们的研究发现，不少幼稚型学生的心理发展轨迹是：他想跟别人交往，但大家都不喜欢他—他就经常骂人、骚扰别人—然后就被同学打—他就向老师告状—同学更讨厌他—他更没有朋友—陷入恶性循环。不少孩子缺少关爱，他们需要老师对他们特别关心和帮助，需要老师对家长的教育。这些孩子多是由于各种原因缺乏关注和关爱—自卑或无安全感—产生防范心理—怀疑他人—产生不良行为—被批评—被排斥—心理困难加剧—更不为人喜欢—恶性循环。很多家长由于各种各样的原因，或者没心思，或者没时间，或者方式不对不知道怎么去爱学生。有些是家庭的不幸让学生缺少关爱，这些学生中有相当一部分行为习惯不好。2005年6月18日，笋岗中学参加中考的500多名学生中有3人迟到。我调查发现，这3个学生中有两个学生的父母是亲爹后妈，另一个是亲妈后爹。2007年，重庆市渝中区局级退委会关工小组、教委关工委等单位联合对单亲家庭学生情况进行了一次调查，共调查了渝中区5所中小学校的3986名中小学生，其中单亲家庭学生为541人，占13.7%，个别学校个别班级的单亲家庭子女占到一半以上。调查发现，单亲家庭子女生活保障较好的只有9%，勉强保障的占51%，比较差的占39%，有一部分学生甚至连基本学习费用都没有。

学生需要关爱，而我们对学生的关爱能否达到预期的效果？根据我十多年的教育实践经验，最关键的还在于我们是否真爱学生，是否有意识、有准备地去做，而不是随意的。也就是说，老师要从观念上改变自己，要用心关爱学生，要和学生做朋友，其核心是平等。形象地说，就是我们要能"蹲下来和学生谈话"。学生也是人，他们都有被重视、被尊重和被认可的情感需要，特别是幼稚型的学生，他们需要与人交流，却欠缺与人交流的技能。有的学生有时很惹人讨厌，但惹人讨厌的学生其实是很可怜的。给学生的爱要爱在关键时刻，方可事半功倍，仅凭几次空头说教，没有实实在在的内涵学生是不会买账的。例如，有个学生平时玩世不恭，将老师的良苦用心视为欺骗，整天小心翼翼地与老师保持距离。有一次他生病了，老师带着他去求医，背着他上楼下楼寻诊问医，在他的床前呵护照料，学生感动了，后来他在日记里写道："以前我认为老师对我们的关心爱护都是引诱我们上钩的，现在我明白了，他们有时比我的父母还好，我再不学好就是猪狗不如了。"后来那个学生变好了。我们要怎样关爱学生呢？我认为首先是要与学生多沟通，多一点儿和颜悦色的交流，少一点儿高高在上的不可接近；多一点儿对学生生活的关心，少一点儿过分严厉的批评；多一点儿对学生学习的督促，少一点儿对学生成绩不好的埋怨；多一点儿对学生事前的指导、帮助和教育，少一点儿学生犯错后的处分。一句话，多一点儿关爱是我们当前学校教育工作的根本方向，尤其是对于后进学生。

（四）面对有自卑情绪的学生，该怎么办？

**案例呈现**：笋岗中学有个女学生，接受能力比较差，平时少言寡语。班主任告诉我，该女生和同学之间几乎不往来，非常自卑，班上同学经常嘲笑她，在班级几乎没有看见过她的笑脸。

**案例分析**：此类学生的性格和学业方面问题太多。老师告诉我，这个学生是因为父母离异，给其造成心灵的创伤。家庭生活不稳定，学业无人督促，造成学习成绩差，经常遭到老师的批评。同学的奚落，导致她不与同学交往，变得更加自卑、胆小，逐渐形成一种自我无能的信念。其心理问题形成的轨迹是：能力低—少言寡语—与人交往失败—自卑—缺乏自信—恐惧社交—学习、生活失败—被人看不起—更自卑，以致陷入恶性循环。

**案例对策**：对于那些有心理障碍的学生，需要给予他们更多的表扬和关注，这种学生需要老师具体了解他们能力欠缺的方面，老师要多鼓励他们与人交往，提供机会并帮助他们走出社交恐惧心理。老师的做法是：虽然她的作业本几乎没有做得对的题目，但是书写非常工整，于是老师就次次都在她的本子上批注"今天作业写得非常整齐，很好"之类的话。在第一次德育考核评奖中，老师在全班同学面前发给她一张喜报，表扬她那一周在班级的表现最好，还给她安排了值日班长做同桌。平时没事老师就和她谈天交流，让班上学生感觉到老师喜欢她，重视她，慢慢地就没有人再嘲笑她了，她的脸上也有了笑容。中午她总是最早到，还帮助同学擦黑板和打扫教室，有一次还主动留下帮助办板报，整个人都开朗起来。老师还帮助她建立自信，有意识地给她创造一些锻炼能力、培养自信的机会。在班级里建立"班干部轮换制"，给她机会，并在工作中给予指导，使她懂得自立、自强、自律。

有的孩子在成长过程中由于相貌一般，或成绩差，或家庭条件不好等原因，有强烈的自卑感，需要我们帮助他们树立自信心。自卑情绪类型学生的心理形成轨迹大多是这样的：由于各种原因而在某些方面失败过—被批评或看不起—自卑情绪产生—信心丧失—学习或工作效率低下—再失败，以致陷入恶性循环。对于这样的学生，我认为我们首先要了解学生，帮助学生知道形成自卑心理的主要原因，然后制造机会让学生获得成功，并多表扬、鼓励学生，使得他们逐渐走出自卑心境。自卑和自傲一样，都是不能正确认识、评价自己的表现。为什么会这样呢？往往是思想方法上有偏差，导致评价自己偏离了正确的标准，得出了不恰当的结论。据我了解，自卑的人其实心里对自己的期望值都是很高的，他们的参照对象总是最好的、最优秀的，因而左比右比总觉得自己不如别人，以至于丧失了自信心。要解决这个问题，就要先找一找他们的优点，再逐步培养自信心。

**（五）面对情绪焦虑的学生，该怎么办？**

**案例呈现：** 笋岗中学一个初三班主任给我看她的一个学生写的一篇文章，文章中写道："我是一名初三的学生，如今，中考进入倒计时，眼看着其他同学都在埋头苦读，而我的心总是静不下来。尽管我一次又一次地对自己说要好好学习，时不我待，可头脑却总是被一些乱七八糟的东西缠绕着。常常是做作业时题目读到一半，思绪却偏离得老远，想起初中时的一些情景，想想以后的生活等等。看一篇文章，有时读了几遍还不知其所以然。有时连上课都会想一些无关紧要的事，学习效率极其低下。日子又是一天天逼近，我心急如焚，又力不从心。不知道怎样可以让自己全身心地投入到学习之中……"这个学生很有代表性。学生在学习中可能会出现压抑或浮躁的心情，这种情绪常常影响他们的学习，这就需要我们老师帮助他们及时分析自己，找出原因所在。一般说来，内心的困惑因"莫名"而起，如果学生能比较清晰地找到起因，大多时候他的烦恼也会迎刃而解了。

**案例分析：** 这是典型的考试焦虑症，学生对自己的定位太高，特别是参加中考、高考的学生。这类学生的心理压力大，主要来源于父母、老师的期望太高，而自己给自己的定位也过高。青少年学生的烦恼集中于学习问题，他们的情绪、心境也随学习成绩的好坏而转移。这个学生的问题心理产生的轨迹是：父母期望高—自己定位高—心理压力大—学习效率低—更着急—心理压力更大，以致恶性循环。

**案例对策：** 老师应引导学生正确地认识自我、调整目标、学会放松。平时经常进行爬山、游泳等活动，磨炼自己的意志。每天把要做的事一条一条写下来，做完一件画掉一件，最后奖励自己做一件快乐的事。我们心理保健的重点，应该在于有效地提高学生学习能力，教会他们掌握学习方法，端正学习态度。我们要帮助学生把目标具体化、小步化，帮助他们体验成功的感觉。

有的孩子由于对学习目标定得太高或家庭环境等原因产生焦虑情绪，甚至得了抑郁症，他们需要老师的开导和帮助。这类学生多由于各种原因及自我定位过高—失败—心理紧张—心理压力过大—着急—焦虑—学习、生活效率下降—再失败—抑郁—恶性循环。

中学阶段是学生心理发育和发展的关键时期。由于中学生在心理上还不成熟，一方面由于教育的作用，形成良好的学习心理和习惯；另一方面又由于缺乏自控力和辨别力而形成不良的学习心理。学习焦虑是不良学习心理的突出表现，中学生形成学习焦虑心理的原因很多，除了心理特点决定因素以外，外在的学习压力、不科学的学习评价、社会舆论的压力等也是学生形成学习焦虑心理的重要原因。

抑郁症的主要体现有睡眠障碍、情绪障碍、强迫症、恐惧、焦虑和附带性身体不适应比如植物神经功能紊乱、神经衰弱、头痛，或全身不定位的疼痛、神经性呕吐、食欲不振、胃肠功能减弱等等，涉及许多脏器。除了上面所谈到的明显抑郁表现外，还有一些患者为了掩盖抑郁而在旁人面前总是有说有笑，旁人很难察觉他是强颜欢笑，被称为"欢笑抑郁"。所以，对这类患者更应该警觉，否则会容易延误病情，耽误治疗。另外，我们考虑了精神分析治疗，因为精神分析学把焦虑症的起因归结为压抑的无意识冲突，所以，焦虑症的精神分析治疗，就是帮助患者领悟他们内在心理冲突的根源。或者认知行为治疗，根据患者的具体症状的不同，运用不同的方法来治疗。1.焦虑症状与情境有关：通过运用"情境分析"，找出患者的焦虑症状是由情境中的哪些关键因素造成的，然后运用"系统脱敏"的技术，降低患者对这些特定因素的焦虑程度。2.焦虑症状游离于任何特定情境：运用"放松训练"来降低患者的总体紧张水平。另外，还可帮助患者通过学习有用的技巧（比如，社交技术、直言技术），来提高患者面对各种情境的信心。还有就是药物治疗，抗焦虑药物是最常用的治疗焦虑症的方法。但是抗焦虑药物长期服用会对人的身体有副作用，而且抗焦虑药物往往有成瘾性。抗焦虑药物的最大问题是停止服用，症状会重新出现。

（六）面对有逆反心理的学生，该怎么办？

**案例呈现**：有个老师告诉我，她刚接手初二（9）班时，有个学生是班上典型的后进生，不爱学习，不爱劳动，随意讲脏话，上课喜欢插嘴，不尊重老师,还喜欢欺负女同学。老师说:"我对他的教育是从一次值日开始的。那天他的值日任务是擦黑板、擦门窗,一大早不用擦黑板,但要擦门窗,他不擦,于是我叫他做值日,但他对我不理不睬,就像班上同学说的那样——一副软硬不吃的样子!"

**案例分析**:叛逆行为是学生进入青春期的一种表现。许多青春期的孩子对大人都有一种逆反心理,他们往往把家长和老师的批评、帮助理解看成是与自己过不去,认为伤害了自己,因而就会表现出严重的敌对倾向。分析其原因主要有三个:一是家庭教育方式不当,父母和孩子的交流很少,遇到问题就斥责、谩骂孩子;或父母主要关心孩子的营养状况和学习成绩,而忽视孩子的思想教育,认为孩子还小,大了就会懂事的;或在孩子的教育问题上,父母的意见常常不一致。二是个别老师不懂得学生的心理特点,不能正确对待学生所犯的错误,处理方式不当,使矛盾和冲突日益恶化。三是青少年特有的半幼稚半成熟的特点,他们看问题容易产生偏见,以为与老师、家长对着干很勇敢,是一种英雄行为,因而盲目反抗,拒绝一切批评。这类学生的心理轨迹是:青春期—家庭教育方式不当—要面子—违纪—被批评—逆反情绪—自暴自弃—再违纪—批评,以致恶性循环。

**案例对策**:在该案例中,该班主任坚持疏导教育,犹如"春风化雨",其温和的做法有利于学生心理问题的解决和个性的成长。遇到这类学生,教师要正确对待,避免直接批评,不要与他发生正面冲突,要注意保护他的自尊心,采取以柔克刚的教育方式。当他犯错误时,不要当着全班同学的面点他的名字,而是在与他个别交谈时动之以情,晓之以理,耐心帮助他分清是非,意识到自己的错误,并愿意主动地去改正,逐渐缓解紧张的师生关系。要善于挖掘学生身上的闪光点,并充分发挥其作用,使学生把大部分精力转移到喜欢、感兴趣的事情上。老师的信赖、同学的支持会使他的态度发生很大的转变。此外,还应争取家长的主动配合。和家长取得联系,了解其家庭情况和表现,与家长沟通思想,改善家庭教育环境,创造良好、民主的家庭环境,和孩子交朋友,多鼓励、表扬,少批评、责骂,合理对待孩子的需求,不挫伤他的自尊心,尊重他,信任他。还可以指导学生进行自我调节,阅读一些伟人、科学家成功事迹的书籍，开阔视野，不断激励自己，使其明白只有胸怀宽广，能接受他人意见的人才能成就伟大的事业，把他的注意力引到学习上。眼看马上就要开始早读了，老师叫他回班早读，老师自己拿起布擦起窗户来，这下全班都看到老师在帮他擦窗户。老师注意到他整节早读课都很不自在，一下早读，老师就把他带到办公室，跟他讲道理。他还是对老师不理不睬，最后老师只好说："你不愿意回答我的话，那就用行动来告诉我吧！"第一节课下课，老师偷偷跑去班上，发现他在认真地擦黑板。看到这样的效果，老师暗自高兴。这件事还是个开头，接下来的日子他还是不断地犯错。但每当他犯错，老师都晓之以理，动之以情；而每当他有一丁点儿进步时，老师就不失时机地在班级表扬他。一天又一天，他的转变令老师感到骄傲与自豪——他不再欺负女同学，不再随意讲脏话，上课认真听讲，学习也很用功，上学期期中考试他排在全班最后一名，到上学期期末考试时他在全年级的排名前进了203名。现在的他是值日生组长，他那组值日已经不需要老师操心了。以前他很没自信，连站在老师面前都站不直，头也不敢抬起来，更不敢正眼看老师，现在有问题还主动来找老师帮忙解决。科任老师也经常提起他的进步如何如何。老师感到很欣慰！也许这对于大家来说是不值一提，但对于老师来说，却非常有意义。

有的孩子对老师不信任，他们对老师的教育有着强烈的逆反情绪，有的甚至对社会充满仇恨。老师要注意不要激化矛盾，有时可以采取冷处理的方法，当然重要的是让他们体会到老师的爱。这类学生的心理轨迹是：比较自我—由于各种原因失败或违纪—被批评—不接受批评—逆反情绪产生—没有得到排解—产生对抗行为—再批评—恶性循环。

首先，我们先来认识什么是逆反心理现象。在公开的信息中，我们可以理解逆反心理现象从学生心理发展角度来看是正常的，是每个人心理发展的必要、重要的过程。一般来说，逆反心理一旦形成，很容易在各方面表现出来，这种表现不但是公开的，同时还有挑战性。主要表现在不接受倾向，甚至敌对以及态度上的抵触。当然，个人情感的冷漠现象也是逆反心理的一种反映。逆反心理现象是一种暂时的心理现象。首先应找出逆反心理产生的原因，原因找准了，再采取相应的对策，问题也就容易解决了。消除逆反心理，还应当重视调整人际关系。逆反心理，是客观要求与主观需要不相符合时所表现出的强烈抵触情绪（如我们常见到学生顶撞当众批评或挖苦他的老师、家长），其实质在于突出主体（自我）的某种需要或尊严，突出自我的独立性、自主性或存在价值，而表现出对他人（非我）的不遵从（或抗拒）。逆反心理，与西方心理学讲述的"违谬""心理感应抗拒"有相通之处，但又不尽相同，它是集正确逆反与错误逆反于一体，逆反与认同相伴行的复杂心理现象，是人们一定社会关系实践的产物。

为了更好地理解逆反心理现象，我们将视野聚焦到逆反心理在中学生中的表现。具体表现有：第一，超限逆反。指客观要求超出了主体的承受能力或认知水平（如家长总要反复唠叨孩子学习成绩不好或其他毛病，而不给予理解或帮助；教育者不分对象的觉悟层次或问题性质，一概过高地"上纲上线"、批评指责），就会引起学生的逆反心理，即主体执意表现出与施教者要求相反的言行，"让他东，他偏西，叫他打狗，他骂鸡"。第二，情境逆反。指客观环境要求与主体需要不相符时（如下课了，老师仍讲解再三；周末了，班主任却津津乐道），会使学生产生逆反心理，即主体心不在焉或根本听不进去说教，或做其他事情，如摆弄东西、收拾书包等，以示不满。第三，信度逆反。表现为主体对信息传递者的人格或所传递内容虚假产生怀疑。如教育者所谈及的内容无可非议，而本人的人格却不端正；或本人的人格无可非议，而传播的内容却是虚假的（或含虚假的成分）；或其人格及传播的内容无可非议，可对内容的表达分析不能（或不能充分）说服学生。这样，都会引起学生对施教者本人或传播的内容（甚至对其本人连同内容）产生怀疑，拒不遵从。第四，禁果逆反。中学生的好奇心极强，往往成年人向他们郑重宣布禁止的东西，他们反而越想接触。如玩电子游戏、交异性朋友、晚自习偷看电视球赛；甚至喝酒、吸烟，在禁放区域燃放烟花爆竹等，都属于禁果逆反。第五，自主逆反。指主体地位、尊严受到威胁时出现的逆反心理。如家长或老师动机良好，却用呵斥、讽刺、打骂、强行禁止等简单、粗暴的手段对待学生；或从相反的角度不关心、不理睬、不管教学生，等等，都会引起学生对施教者的不满、抵触，如双方互相呵斥、打骂，或互不理睬等。第六，归因逆反。即他人的说教、做法并无错处，而动机不良引起的逆反心理。如教育者无意表扬了一位做了好事而动机不良的人，或尽管他人的言行有助于主体，但其动机不良，就会引起这种归因逆反。第七，失衡逆反。信息传播者的言行或实际与其传播的内容背道而驰，失去平衡。如教育者的言教无误，而身教差矣；学校说教与社会实际相差甚远等。其说教内容就可能被学生"反其道而行之"。此外，在教育实践中还有一种人格型逆反。即个别学生由于性格异常或心理疾病，如执拗、怪僻、暴躁、易冲动、刻薄、极端自私、心境不安等，稍不随意，就以吵闹、打骂等方式对抗他人（主要是老师、父母或同学）。这种人格型逆反的学生多见于男生，而且他们的家长(特别是父亲)多有同样倾向。我校各个年级都发现过类似的学生。这种逆反心理的成因有：遗传因素、社会成因和主观因素等。

关于学生的逆反心理现象，首先，对于学生正确的逆反心理现象（如主体对不端的人格、虚假的内容、粗暴的手段、片面的思想方法等的不满、抵触），教育者要能够容忍、肯定、鼓励。因为一定意义上讲，这种逆反心理现象是科学发展、社会进步、个体健康成长的催化剂。其次，对于学生不良的逆反心理现象（如主体对正确、科学的客观环境要求表现出的抵触情绪及相反行为），教育者要敢于否定，同时要善于说服、劝告，减弱以致纠正这种逆反心理现象，以达到坚持真理、修正错误之目的。再次，如果学生的逆反心理现象中，正确合理的与错误不良的因素兼而有之、混淆不清（如主体连同不端的人格与正确的信息，或良好的动机与生硬的态度一并逆反），教育者本身要引导学生掌握科学的思想方法，坚持两点论与重点论相统一的原则，分清逆反心理现象及逆反指向的主流与支流，不能以点代面、以偏概全、以现象代替本质，学会客观、公正、全面、发展地看待自我与非我（他人、社会），从而不断完善健康向上的心理素质。

### （七）谢谢您，老师

大作家雨果说过："人世间没有爱，太阳也会死。"其含义正如有一句英语："Everyone want to be loved"——每个人都希望得到别人的爱。我们的教育要以爱为基石，以爱为基石的教育就将如汤普生太太对泰迪的教育一样有着奇效。汤普生太太是一位小学五年级的老师，有一个叫泰迪的学生转到她的班上，泰迪不但肮脏，头发长得盖住眼睛，而且身上总有股味道，大家都不喜欢他。圣诞节到了，所有的学生都按照习俗送老师一件礼物，汤普生太太一个一个地打开礼物，好多礼物都好美、好有意义。泰迪的礼物用普通装三明治的褐色纸包着，大家看着老师打开泰迪的礼物，礼物掉了下来，一件是一个缺了几颗细小人造钻石的手镯，另一件是在廉价商店里买的只剩半瓶的香水。汤普生太太听到了学生们在窃窃私语，她勉强地把手镯戴在手上，把香水滴了一滴在耳后。下课了，泰迪等其他同学都走了才畏畏缩缩地走到汤普生太太的身边，轻轻地说："您身上的香水味道和我母亲当年一样，她的手镯戴在您的手上真漂亮。"泰迪跑走了，汤普生太太哭了。后来汤普生太太一直帮助泰迪学习。七年后的一天，汤普生太太收到了一封信，信里写道："亲爱的汤普生太太，我希望您是第一个知道我下个月将以第二名的成绩毕业的人。"又过了四年，汤普生太太又收到了一封信，信里写着："亲爱的汤普生太太，我希望您是第一个知道我将以第一名的成绩大学毕业。"很快，汤普生太太又收到了第三封信，信里写道："亲爱的汤普生太太，我希望您是第一个知道我从今天开始就是泰迪医生，我将在7月27日结婚，我想请您参加我的婚礼，坐在我母亲该坐的地方——假如她还活着的话。我已经没有亲人了，我的父亲在去年去世了。"汤普生太太对泰迪的关怀让泰迪铭记终生。

有些孩子缺少关爱，需要老师给予他们特别的关心和帮助，需要老师对家长进行教育。不少家长由于各种各样的原因，或者没心思，或者没时间，或者方式不对，他们不知道怎么去爱孩子。

有一个初中女生在她的随笔中写道："我恨我妈妈，她是多么的横蛮不讲道理，总是打我骂我，还把我爱看的报纸撕烂。我不想给他们念书，我故意把学习成绩搞得很差，我故意结交异性朋友，因为在他们那里我才感觉到自己有独立的人格，我要气死她……"

有爱的孩子懂感恩。笋岗中学有个学生在他的《谢谢您，老师》一文中写道："开学的一天，林老师迎面走来，脸上依然露出慈爱的笑容。'跟我进来一下。'就这样，我被引进了办公室。老师询问起我的假期生活，并谈到了我学习上的欠缺。受宠若惊的我只懂得不停地点头，心里装满了感动。林老师轻轻地摸摸我的头，我可以感觉到心里有一股暖流正在缓缓地流动，瞬间又化作一股强大的力量，好像在激励着我要努力、加油！当老师的手拍在我肩上时，我想我知道我该怎么做了。从办公室出来，仰望天空，像孔雀蓝一般炫目的蓝色，慢慢延伸至远方，由一种沉稳的渐变，成为一抹蓝，却在那沉稳中显现出一种让人心情澎湃的激荡。我觉得自己好像一下子长大了好多好多。"

还有一个学生在她的《我印象最深的老师》一文中写道："更使我难忘的是那次雨天放学。记得那天下午，我们上课时天气还好晴朗，可放学时却下起雨来。这使本来就不好走的水泥路更难走了。天渐渐暗淡下来了，家长们陆续地将孩子接回家了。最后就剩下我们几个了。正当我们急如热锅上的蚂蚁时，李老师急步赶来了。走近了，才发现她手中还有几把伞。她对我们说：'你们几个打着这伞回家吧，小心点。小琳，我送你回家。'接着又说：'你的脚扭伤了，自己不能蹚水。来，我背你。'说着，弯下腰不由分说，便把我背了起来。这时，我感觉有一团棉花似的东西涌上了喉咙！泪水聚在眼眶中打转。我什么也说不出，也不想说什么，只在心里祈祷：'雨啊，请你不要下得这样急，别打湿我敬爱的老师的衣服；路啊，请你不要这般滑，莫把老师摔倒。'窗外的雨仍沙沙地下着，冲刷着梧桐，冲刷着大地，却冲刷不掉我这段美好的回忆！我爱您，老师！"

学生需要关爱，而我们对学生的关爱能否达到预期的效果，根据我十来年的教育实践经验，我认为最关键的还在于我们是否真爱学生，是否有意识、有准备地去做，而不是随意的。也就是说老师要从观念上改变自己：我们要用心关爱学生，要和学生做朋友，其核心是平等，形象地说，就是我们要能"蹲下来和学生谈话"。有个还对世事懵懵懂懂就被父母送往新西兰留学的14岁女生在国外留学一段时间后的感受是："我们更需要的是爱，而不是大人们强加于我们的人生理念。"

对学生的爱还要爱在学生的闪光之时，我们要在学生取得进步时及时肯定、表扬和关爱，要注意抓住学生的每一次闪光点，并巧妙地将零星的火花汇聚成他们前进所需的能量。爱还要爱在无形之中，以收潜移默化之功。

### （八）还是没有"请家长"

有的孩子在成长过程中由于相貌一般或成绩差或家庭条件不好等原因有强烈的自卑感，需要我们给予自信心教育。自卑情绪类型学生的心理形成轨迹大多是这样的：由于各种原因而在某些方面失败过—被批评或看不起—自卑情绪产生—信心丧失—学习或工作效率低下—再失败，以致陷入恶性循环。对于这样的学生，我认为首先要了解学生，帮助学生知道形成自卑心理的主要原因，然后制造机会让学生获得成功，并多表扬、鼓励学生，使得他们逐渐走出自卑心境。

我所在的学校曾有个超胖的学生，平时纽扣不扣好，露出超粗绳子吊坠，非主科课堂随便调位，爱乱侃，自负易怒，多次动手打人。面对老师的多次教育，他开始不服从，有时是当时改过但一会儿又原形毕露，师生间曾发生多次的口角冲突。有一次老师也被他气昏了头，知道他最怕的就是请家长，心里就谋划着请他家长过来，打算狠狠地数落他一通。可是事后，经过了周末的辗转思考，老师又觉得这样做不妥当，如此并不能最终地解决问题。而他这样的身形，伴有高血压容易发怒，毕竟是孩子习气，所以老师最终选择谅解他。

我和老师们分析了这个学生，发现这种学生比较以自我为中心，是一种极度自卑下的自负，他们需要尊重，想引人注意，又不易接受别人的批评。他的自卑心理的形成轨迹是：超胖—被看不起—自卑情绪产生—需要别人的尊重—需要别人的关注—以违纪的方法引起他人注意—老师批评—家长责罚—更自卑，以致陷入恶性循环。

对于这样的想以不当方式引起老师或同学关注的学生，和他对着干是没有太大的用处的，而且还可能强化他的这种心理，甚至引起他的逆反心理。我认为有两种办法：一是冷处理，老师要不着痕迹地当场忽略学生的行为，除非他的行为确实非常出格，然后在事后指出他的错误。二是提供让学生获得成功的机会和平台，让学生有机会从正常途径获得别人的关注和认可，比如让他负责一些为同学服务的机会，或帮助他在学习或体艺等方面取得成功，增强学生正确的行为。他的老师当时的具体做法是，首先思考他为什么怕家长，然后把他找来，说出老师当时气愤的感受以及原来的打算。他也把他当时的感受说了出来，说心情差一下子就爆发了。老师说可以容许他犯错甚至原谅上一次对老师的不尊重，但是前提是希望他以后能够学会克制，而不是顶撞以及随便发脾气。他认错了，拿下吊坠，从此师生间的关系开始变得融洽了，真是退一步海阔天空。

### （九）家中有女（儿）初长成

孩子在青春期出现一些心理和生理的问题其实是正常的，重要的是我们不要有过激的反应或让他们向不好的方向发展。当前社会很复杂，网络流行，在网络这个大染缸里有很多对爱情的美好描述。初中学生生活相对枯燥，性心理开始成熟，性意识开始觉醒，当他们受到网络世界中"美好爱情"的刺激—就会去尝试谈恋爱—家长施压，"棒打鸳鸯"—学生钻牛角尖—反而感受爱情的"快乐"—学生逆反心理加剧—更加要谈爱恋。因此，有的家长发现孩子谈爱恋了，就把孩子锁在家中，想让他们分手，但往往起到的是反作用。

有个班主任告诉我，他们班有个学生谈爱恋了，这个学生和家长、老师几次交锋，有一次她问老师："司马相如与卓文君的爱千古传颂，爱情是那么的伟大，为什么这句话到了我们身上就不适用了？"老师答道："爱情是伟大的，你的爱情错在时间和地点。学生的心理、生理发育不成熟，而情感需要经营，情感是复杂的，不是简单的心能承受得了的。——爱情追求和人生追求有矛盾，人首先需要的是生活。"老师要帮助学生找到现阶段更重要的追求，"生命诚可贵，爱情价更高，若为自由（生活与学习）故，二者皆可抛（暂时）"。

后来她给老师写了"万言信"，"万言信"文采佳且入情入理，使得老师都忍不住要让她去谈爱恋。班主任来找我，我们决定给该生一点儿时间，先冷处理。老师表面放弃，但时刻关注，不停在学习过程中渗透教育，旁敲侧击。第二学期她对老师说："我知道我想要的是什么。"老师问："是什么？"她说："我要更高质量的生活。"老师问："怎么办？"她答："学习。"老师告诉学生："放手有时也是一种幸福。"又过了一个学期，她的学习有了很大的进步，这回她主动找对方，要求先把情感放一放。这时老师又借机和学生讲鹅卵石和瓶子的故事，效果很好。

故事主要讲的是有一天有一个管理学的教授给学生们上课，他拿着一个瓶子，往里面放了一块刚刚能通过瓶口的鹅卵石，然后问学生们："这个瓶子满了吗？"学生们当然回答："还没满。"教授又往瓶子里放了很多小石子，小石子堆到了瓶口。他又问学生们："这一次瓶子满了吗？"学生们看了看，瓶子里还有很多空隙，仔细看还有阳光能透过来，他们说："还没满呢。""那好。"教授又用很多细沙仔细地往瓶子里灌，边灌边晃动瓶子，好让沙子能落到每一个空隙里。过了很久，他举着再也灌不进沙子的瓶子问："这回总满了吧？"很多声音说："差不多了，满了。"也有几个很小的声音在怀疑："这也不能算是满吧。"教授笑了笑，又从讲台下拿出水壶，往瓶子里灌，到了水溢出来的时候，他对学生们宣布："我想，大家可以确信，这次瓶子肯定满了。"学生们都点头，纷纷说："是啊，水能填满所有的空隙的。"

教授这时严肃地问大家："那么，哪个同学能告诉我，这个试验说明了什么呢？""我们要讲究效率，用好每一个空隙就可以成功！""我们要想多种方法，不要被表面现象所迷惑！"同学们的回答五花八门，教授肯定地点了点头。他说，"你们说得都对。我还有个问题，这个世界上有这样一个银行，它每天给你8万元钱，但是如果你花不完，你是不能把剩下的钱提走的。第二天，它依然会给你8万元，可是前一天剩下的余额是要被清空的。你们说，如果有这样的银行，你们会怎么办呢？"很多同学几乎是嚷着说："花光它，每天都花得一分不剩。""可是，这样的银行就在你的身边，你们花光它了吗？"教授严肃地巡视了一下课堂，他好像在每个同学的脸上都盯了一秒钟："这个银行就是时间，你们每天有8万多秒的时间啊，你们都用上了吗？"刚才还吵吵嚷嚷的教室安静了。

教授又举起那个瓶子，对同学们说："这个瓶子还告诉我们，如果你第一次不把大的鹅卵石放进去，你就永远没机会放了。""现在，"当笑声消退下去后，教授说："我需要你们认识到，这个瓶子就代表你的生命。那些石块是重要的事情——如果其他所有的东西都失去了，仅仅只剩下这些东西的时候，你的生命将仍然是丰满的。鹅卵石是富有意义的其他事情。沙子是所有其他的事情，小事情。""如果你首先将沙子放进瓶子，"他接着说，"就没有放鹅卵石或者石块的地方了。你的生命也是同样。如果你把所有的时间和精力放在那些小的事情上，你将永远没有时间给那些对你来说很重要的事情。关注那些对你的幸福至关重要的事情。首先关注石块——那些真正重要的事情，设置你的优先考虑，其余的都只是沙子。"

以上这个故事告诉我们两个道理：第一，我们要利用好每一个空隙，就像时间，想用的话，挤是可以挤出来的，但是，过去了就过去了，它不会存到第二天。第二，做事情要讲究计划，这样才有效率。其实还有第三个道理，那是更重要的。就像故事里说的，最重要的问题是，你不可能再往瓶子里放那块鹅卵石了，小石子掉了出来，还可以放进去，沙子也可以，水蒸发掉一些，也可以再倒进去，但那块鹅卵石是永远放不进去的了。那块鹅卵石就像我们现在的学习，如果一个人每天让小石子、沙子、水占去了时间，占去了心里的位置，那么，你的学习什么时候能放在心里呢？那些小石子、沙子和水，它们多一些也可以，少一些也可以，石子不够了，还有沙子可以补充，沙子不够了，还有水可以填充，大多数人每天做的事，很多都是可做可不做的，只是意义大小而已。可是，石子、沙子、水，和鹅卵石相比，哪个更重要呢？这就是我所说的第三层道理，学习，对我们来说，就是那块鹅卵石。我们可以挤时间，我们可以想各种各样的办法填满一天的生活，但是，如果我们不懂得首先将学习放到我们新的一天中，那它又放在哪里呢？

所以，我认为你要利用好你自己的"银行"，这个"银行"，不仅仅是时间，也是每一天你所能做的事情，要分清哪一个是最重要的，要搞清楚次序。抓紧时间，努力学习。最后我想以两句非常有名的诗句和你共勉。一是南宋抗金名将岳飞在他的诗《满江红》中所写的："三十功名尘与土，八千里路云和月。莫等闲，白了少年头，空悲切！"二是《乐府诗集》中所写的："百川东到海，何时复西归？少壮不努力，老大徒伤悲。"

从上述案例的分析中，大家或许能更好地理解"心困生"所面对的情况是相对复杂的，但是，我们不用过于焦虑。心理困难是每个人都会有的，就像任何人都会感冒生病一样，只不过有的人病情严重一些，有的人病情轻微一点而已，据说从不得病的人要是哪天突然生病了反而会病得可怕。所以，心理有困难不需要过分紧张，关键在于及时地干预与排解，在于我们给予孩子及时的心灵上的抚慰，纾解其心理困难。当然如果一个人心理困难严重到疾病的程度，那就一定要去看心理医生。

二十多年前，我在系统研究未成年人心理健康教育工作中，特别是主持开展心理教育课题研究过程中发现，学生的心理健康问题相当多是源于家长教育不得法。我在近几年的学校教育管理工作中发现，现在的学生心理健康问题根源不仅仅在于家长教育得不得法，相当多的情况是由于家长也有心理问题。我忍不住在想，是不是二十年前一些心理困难的学生长大了，他们成了爸爸妈妈后"带出了"心理困难的孩子，"心困生"的案例也就自然不会变少。因此，我们要时刻学习更新育人的理念和能力。

## 二、转化"德困生"的实践研究

二十多年来，我一直在研究德育困难生的转化工作。德困生工作一直是学校工作的重点和难点，认识德困生和寻找并落实对德困生的转化措施是对学校德育工作的一个挑战。

### （一）德育困难生的界定

长时间表现出一种或几种以下特征，达到对学习生活产生不同程度影响的学生就属于德育困难生：（1）不能用智力、感知或健康因素解释的学习困难；（2）不能与同学和老师建立或维持良好的人际关系；（3）在正常环境下有不正常的行为或感受；（4）有普遍的忧郁或抑郁情绪；（5）形成与学校或个人问题有关的生理症状或恐惧的倾向，包括精神分裂症。德育困难生普遍有两种行为表现，一种是内化的行为，也就是指向内部的行为；另一种是外化的行为，也就是指向外部的行为。有内化的行为倾向的德育困难生的活动水平一般比较低，几乎不参与游戏或活动；他们不愿面对自己，比较谦虚，害羞胆小，常有畏惧感；他们不喜欢与其他同学交谈，对别人的社交信号没有反应，喜欢逃避或退出集体环境，更愿意一个人玩或独自待着。有外化的行为倾向的德育困难生一般过度活跃，好争吵，易发怒；他们对物与人常表现出攻击性，喜欢强迫别人屈服，爱反抗老师或不听从老师的教学和指导，多困扰他人；他们多不服从老师或学校的规定，上课时常坐不住。

2005年6月，我对笋岗中学平时德育表现比较不好的95名后进生进行了研究、分析，发现他们中有24人不想学习，占25.3%；有6人比较懒，占6.3%；性格有问题的学生有16人，占16.8%；纪律不好的学生有12人，占12.6%；习惯不好的学生有11人，占11.6%；平时爱拉帮结派的学生有10人，占10.5%；经常上网的学生有5人，占5.3%；经常抽烟的学生有5人，占5.3%；有早恋、离家出走现象的学生各2人，分别占2.1%；有两个父母完全不管的，占2.1%。

2006年2月20日，我召开了笋岗中学部分初一学生座谈会，他们认为学校、家庭、社会等方面都对他们有很大的影响，其中社会的影响又是第一位的，特别是社会上的"损友"随时可能交到，容易带坏他们。2005年5月，我分析了笋岗中学表现最差的部分学生的状况，发现其中约有45%的学生曾经由于家庭原因独自生活过一段时间。我还对我校曾被学校处分的学生进行研究，根据统计发现，其中约有38%的学生交友不慎，经常与社会上不良青年来往，喜欢拉帮结派；有25%的学生曾经离家出走过；另外有12%的学生有抽烟等不良习惯；有12%的学生有性格缺陷；还有约25%的学生对学习有抗拒心理。总体来讲，问题学生的困难主要体现在学习障碍、心理障碍和行为不适应等方面。

### （二）教育惩戒手段的失效

近几年来，随着社会对学校教育的期望和关注越来越多，学生和家长的民主及法律意识也越来越强，他们开始投诉老师不良的教育方式，我们的老师开始抱怨缺乏强有力的对学生的教育惩戒手段，而事实上学生也知道至少在目前老师对他们确实是没有有效的强硬手段。2005年6月，我们对部分已毕业的学生和学生家长进行调查，学生和学生家长认为我们部分老师的教育方式比较简单，约有30%的学生（和他们的家长）认为他们曾受到老师的体罚或变相体罚，而这是学校纪律所不允许的。

2005年12月3日，我6岁的女儿跟她妈妈说了一句话，让我触动很深。女儿对她妈妈说："爸爸越打我，我越不弹古筝。"原来由于女儿在12月6日就要参加他们学校的艺术节表演，表演的曲目是古筝名曲——《渔舟唱晚》，此曲较有难度，十几岁的大孩子也不容易弹好，所以我很着急，女儿不听话时就打了她，小姑娘的脾气就上来了。那天晚上我就改惩戒为表扬，女儿学习古筝的效率才又提高了，后面就比较积极地练习了。

根据我的经验，我认为我们不应只用简单的处罚手段来应对德育困难生，而是要加大对学生的正面教育力度来取代以往体罚式的教育方法，要以爱心、理解、尊重为前提，以细心、耐心转化为手段。比如当我们给予学生小小的处分之后，应该要求学生每日一次汇报思想，经常性地提醒学生要改掉缺点，从而让学生知道老师期望他能加快改掉缺点。当然加大爱心教育的力度，也不能完全放弃对学生的惩戒教育，问题的关键在于我们要找到学生在意的方面加以惩戒，不要老用同一种惩罚的办法，我们有的老师在学生对他的教育方式都有了"抗药性"了还不注意改变教育的策略，那是行不通的。

在新时期我们的老师懂得教给学生平等的知识，帮助学生形成平等意识，但是当学生有了平等意识的时候我们有的老师却无法放下老师"高高在上"的传统的师道尊严，不自觉地"打""骂""侮辱"学生，当学生有了反抗时他们就下不了台了。我在学校负责德育工作期间，也曾碰到老师被学生骂，多数老师被学生骂了之后的反应是，学校不让学生认错并向他道歉就没法继续当老师了。我找学生谈话，有的学生的辩解是"老师先骂我"，我发现让学生认错要比让老师认错容易得多，我们的老师在思想观念不断变化的时代也有很多的不适应与痛苦。表现好的学生偶尔也会犯错误，老师多会对他们网开一面，但后进生只要一犯错误，老师多会火冒三丈，对此我也有亲身的体会。如果我们不能调节好自己的情绪，告诫自己息怒，事情反而会适得其反，师生间的对立情绪将越来越严重，有时候更难以教育好学生。对学生的道德教育要让学生明白道德只是关乎对与不对的事情，但是要做到却实属不易。我经常跟我的学生讲美国著名建筑师兰费蒂斯的故事：在兰费蒂斯还是一个孩子的时候，一天傍晚，他和父亲一起到湖心小岛钓鱼，他耐心钓了很久，终于有一条大鱼上钩，他费尽周折才将被拖得筋疲力尽的鱼拖出水面——是一条他从未见过的大鲈鱼。但当时还不是钓鲈鱼的季节，他的父亲要求他把鱼放回去，他望了望父亲，看着父亲坚定的眼神，他只好慢吞吞地把鱼放了回去。几十年过去了，当年的小男孩已成为一名卓有成就的建筑师。故事结束后我让学生讨论其中的道理，最后我给他们的忠告是：择善而行。

2005年6月，我们对笋岗中学部分学生家长进行调查，调查发现有38.2%的家长明确要求学校老师要更严格或严厉地教育他们的孩子。但我以为我们应该要严格要求学生而不是严厉对待学生，特别是不可以轻易对学生使用最严厉的处分手段，否则我们就将没有后续的教育"硬"手段了，也就没有对学生的威慑手段了。在处分一个学生之前，我们应该先反省自己：我们尽力了吗？除了处分，我们真的无能为力了吗？即使要对学生进行处分，我们也不要板着脸，好像老虎屁股摸不得，其实是吓不到人的，即使是处分学生也要对事不对人。

当然，对于严重违纪的学生我们也必须要给予适当的处分，给予学生处分前我们必须要明白处分的目的是给予学生明确的警告，是教育学生，而不是处罚学生，是让学生知道他们必须为自己的错误行为负责。有处分也一定要有及时撤销的机制。多年来我发现我们的教育者在给予学生处分方面动作很快，但不注意撤销处分，以致个别学生从进校到离校时身背多个处分，从警告到记过再到留校察看。由于九年义务教育阶段对学生的处分最高就是留校察看，我们的教育工作者不注意及时撤销对学生的处分，有的学生在最后甚至身背多个留校察看，使得他们对自己的处分都麻木了。

### （三）德育困难生的工作策略

那么，我们应如何做好德育困难生的工作呢？我的建议是可采取以下几个步骤。

德困生转化策略
- 1.界定
- 2.评价
- 3.根据数据设计和实施教育对策

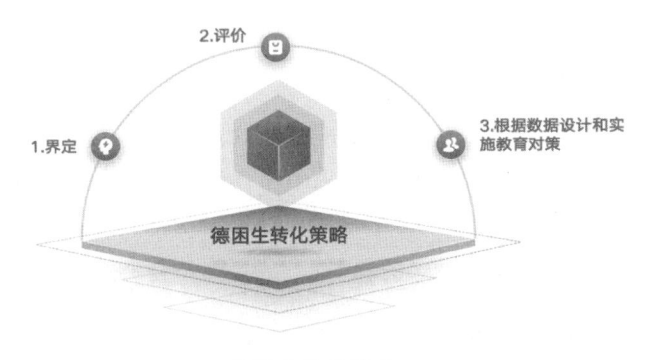

德困生转化策略

1. 界定德育困难生

德育困难生的界定一般可由学生家长和全员育人工作小组或专家小组（老师、级长、家长等）来负责，主要是看情绪有困扰学生的学习是否受到不利影响，这些学生是否需要特别的辅导和教育；也要看看他们是否是受到其他因素如听力困难、智力障碍等方面的影响；接下来还要由专家小组来确定他们不是因为我们的教育方式不恰当或者是老师的教学有误造成的。

2. 评价德育困难生

对德育困难生进行评价必须是多维度的，要涵盖学生的行为、学习和社会等方面，如学生的某种行为是否已存在一段时间并严重影响学习，也要看学生过去和现在与同学、家长、老师及其他成年人之间的互动情况。具体的评价办法包括 3 次 15 分钟的学生校内行为观察和数据分析等。对学生的校内行为观察主要是观察比较目标学生和正常学生的行为。比如，观察记录发现目标学生上课在 15 分钟内开小差 4 次，而正常学生只有不到一次。当然，观察必须要由非上课老师来完成，否则目标学生如果发现老师在关注他，那他必然不会在 15 分钟内开小差 4 次。数据分析要分析德育困难生的问题可能的根源在哪里，可能在课程方面，或个人方面，或家庭方面，或学校教学方面，或社会方面，或学校教育方面等，然后从这些方面去收集数据，从而判断学生的问题。

3. 根据数据设计和实施教育对策

教育对策的实施应当由家长和教师共同进行，在实施过程还要有规律地进行观察，监控教育对策实施的有效性，并根据观察和分析的结果调整教育对策。

对德育困难生的具体教育策略如下：

第一，及时使用有效表扬。

有效的表扬应该是及时性的，需要频繁的使用，我个人的建议是约每 15 分钟使用一次；有效的表扬应该是真诚的，应该是诚恳和令人愉悦的，老师在表扬学生时要看着学生；老师在表扬学生时最好能说明表扬的原因，注意不要滥用表扬；有效的表扬还要求采取多样性的表扬。

第二，合理使用精确要求。

学生在学校或教室里不好的行为大多数是老师没有明确禁止的。我想我们可以提高学生行为的明确性。比如，以后我们是否可以不用"你是否该做作业了"之类的要求，而代之以明确的命令"你应该开始做作业了"；我们要多提正面的要求，不要说"不许说话"，而是说"开始做物理作业"；不要持续地要求3—5分钟，而要给学生一点时间来开始服从你的命令；一项要求只说两次，如果学生在第二次要求时还不听话，就要采取行动。精确要求的提出最好是在学生离你不超3米的距离，因此，教师最好是多在学生中间走动，不要始终在教师的位置上；教师在提出精确要求时最好能与学生的眼神有接触，柔声说话，不要高声，要求要具体；教师的语气要坚定，不要叫嚷，不要取悦，不要冷淡；如果教师能在提要求之前轻轻碰触学生来吸引他的注意，相信效果会更佳。当然，对于德育后进生，帮助他们学习，提高学习的成功体验绝对是一个正确和必需的措施。

对于德育困难生，我们还可以使用温和惩戒和使用近身控制的办法。严厉的惩罚被证明对班级管理是无效的，温和惩戒则是有效的。以一种温婉的方式推动可接受的行为，而不是以一种敌意的方式谴责学生的失误，教师告诉学生他的做法不对，应该是怎么样好些。温和的惩戒方式是无敌意的，是帮助学生，教师是意在告知，而非指责。有时，近身控制是一个更有效的办法。其实，当一个教师走近一个他认为表现不当或不好的学生，就是在使用近身控制。教师的出现足以引起学生的注意并马上改正错误，近身控制意在排除分心或可能分心的状况，而非为了惩处，和温和惩戒类似，意在告知，而非指责。温和惩戒是必要的教育手段，是一种引导教育的手段，但不可以与体罚画等号，体罚是不允许的，而且效果也不能持久。我曾和一些班主任聊过一个有趣的例子，证明频繁体罚的作用是非常有限的。大家知道猴子是相当聪明的动物，可是它却不懂得如何处理排泄物，如果在屋内饲养，它就会随地大小便。每当主人看到猴子不讲卫生就会打一下它的屁股，然后扔出窗外。有一天猴子又随地大小便，但当它看到主人生气时它就自己先拍拍屁股，然后打开窗户，一溜烟地跑出去了。有个学生是全校有名的双差生，班主任找他谈话，每次他都"脸不红心不跳"，老师就采取高压手段：罚站、跑步。他对老师总以沉默对抗，师生间的对立情绪与日俱增。班主任后来改用情与理的教育方法，挖掘学生的闪光点，表扬，鼓励，学生慢慢也改好了。

教育德育困难生还需要加强家校联系，但应该是在学生未出事前，多在学生有了点滴的进步后与家长加强沟通，了解学生，影响家长，而不是只在学生出事后才打电话给家长。笋岗中学的一位班主任，2004年9月接了初二年级一个班，一开始她与学生关系很对立，好几个学生都不听她的教育，有个学生甚至差点要从教学楼三楼跳下去。经过一年时间的努力，她和学生的关系得到了明显改善，变得和谐。我向她请教，她说："我主要是改变了自己的心态，不再那么着急了，学生有错，我就及时和学生谈话，做他们的思想工作，但我不再逼学生立刻完全改好。我一般不再轻易找家长，因为我发现学生最怕老师找家长，也最恨老师向家长告状，而且多数后进生的家长对孩子是没有太多的办法的，否则他们的孩子一般也不会变成现在的样子。总之，要心态平和地去做学生的思想工作。"

对于后进生的教育，我们要做到反复抓，抓反复。比如学生在校内外吸烟是属于违纪行为，一经发现应马上通知班主任、年级组、德育处、学生家长。由班主任负责与学生谈话、教育，并由班主任提出申请，年级签署意见，上报德育处，两天之内将处理的结果反馈给年级长、班主任、学生本人，并通知家长。首次抓到吸烟者可以给予口头警告或警告处分，二次为严重警告处分，三次为记过处分。四次为记大过处分。对顽固不改的学生，年级可与家长商量，送到育新学校读书、接受教育。对于他们，我们要采取多重教育的方式，首先是班主任教育，加强吸烟危害健康的教育，要求吸烟的学生写出对吸烟危害的认识，并把事情与处理结果通知家长。然后是班级内教育，可以在周一的班会上，在全班同学面前批评，并让学生做检讨，让同学来教育。接着是年级长教育，再次讲清吸烟的危害，并在年级大会上通报批评。还有家长教育，要求家长监督，并与班主任合作教育吸烟的同学。接着是学校德育处教育，定期召开吸烟危害身体健康的讲座。还可以让校医对他们进行心理教育以及吸烟对青少年成长的危害教育。对受过处分的学生一定要定时由班主任、年级长主动找其谈话，巩固教育的效果。

## （四）故事性德育

2011年6月13日，我和十几个校长去美国马萨诸塞州Highlander Charter School参观，与一位美国老师聊天时，他说美国的学校教育不讲大道理，学生与老师经常聊天，谈个人经历，互相倾听真实故事，通过熏陶、濡染，在不知不觉中就达到了德育的目的，老师把期望与要求慢慢地通过故事告诉学生。再联想到美国电视里大量的公益故事短片、电视中的牧师讲圣经故事的频道以及数量庞大的学生在教堂里周周听故事，说真的，要说美国没有说教，那不是事实，但是美国孩子不反感。撇开一些宗教因素，我个人以为以故事形式来教育学生的效果是非常好的。我们的小孩在睡前都喜欢听家长讲故事，一年讲365天，讲到他们在故事中进入梦乡。因此，我们把原来的道理型说教改成故事型说教将会收到意想不到的效果。

其实，2004年至2008年我在笋岗中学负责德育方面工作期间，就曾经尝试把故事元素引入学校的德育工作。当时学校每周一早上升旗仪式上的晨会讲话是由我负责安排，当时我安排相关人员轮流进行晨会讲话，我对讲话老师的要求是要讲至少一个故事，结合故事讲一点为人处世之道，对学生进行励志教育，至今我都还能记得老师们讲的一些感人的故事，比如在2004年上半年，我请一位年级组长陈老师进行晨会讲话，讲话稿是我帮陈级长准备的，讲的是一对盲人夫妇与他们的孩子在泥石流这灭顶之灾来临时的一个感人、凄惨、伟大的故事。我之所以印象深刻，是因为这个故事有不少同学都记得很清楚，并运用到当年深圳中考的语文作文中，那年的中考作文是话题作文《留下》，好几个学生考后兴奋地告诉我他们运用了那个故事，写得不错。

那个故事的题目是"我爱我家"，大意是：在一天半夜，一场特大的泥石流吞没了熟睡的小山村。天亮时分，救援人员赶到，小山村已夷为平地，突然，有人惊叫："下面有声音！"大伙儿跑来一看，一间埋在泥石流下的小木屋，仅剩下一角屋顶。救援人员刨开泥土，掀开屋顶，只见屋里已被泥沙填满，唯独房梁下还有小小的一点儿空间，一个赤裸裸的小女孩一动不动地蜷缩着，看样子还不到两岁。救援人员赶紧将她抱出来，她却死活不肯离开，指着小屋哭出了声："妈——"顺着小女孩儿手指看去，在她蜷缩过的泥沙处，隐隐约约露出一双泥手。有人惊叫:"下面还有人!"顿时,救援人员以那双手为中心,沿着四周小心翼翼地往外刨。不一会儿,眼前出现了一幅惊心动魄的画面:一个半身赤裸的女人,个子很矮,全身呈站立姿势,双臂高高举过头顶,像一尊举重运动员的雕塑。这女人竟是一个盲人!她被挖出来时已经僵硬了。小女孩儿仍不肯走,指着刨出的泥坑,又哭喊出一声:"爹——"天哪,难道下面还有人?大伙儿立刻继续往下刨,就在女人脚下,又刨出一个半身赤裸的男人,他昂然屹立,身子直挺,双肩高高耸起……这男人也是一个盲人!原来,矮女人正是站在男人的双肩上,双手高高举着小女孩……

陈老师说道:"一对残疾父母,面对无法抗拒的泥石流的灭顶之灾,为了自己的孩子,竟有这样惊天的壮举,简直就是'骇世亲情'。当今物欲横流,亲情的博大、温馨是何等的可贵。或许,在我们每个人的生活中,并不曾发生过如此感人的事情,但家的亲情却无时无刻不洋溢在你的身边。同学们,你们感受到了吗?"所有的同学为之动容。我想,初三的学生们如果认真听了陈老师在国旗下的讲话,认真思考,并将之应用到中考作文考试之中,作文想不得高分都难。事实上,笋岗中学2004年中考语文成绩也是很好的。

总之,我认为故事性德育不会让学生们反感。经过反思与提炼,我所设想的故事性德育的一般步骤是:第一步,找故事。老师根据拟定的教育目标让学生上网或通过其他方法寻找感人的相关故事,也可以是教师自己去查找相关故事。第二步,讲故事。老师可以让学生轮流讲故事,或者合作讲故事,或者进行讲故事比赛,当然也可以是老师为学生讲故事。第三步,评价。同学们可以分组评价对方所讲故事的励志元素、感人程度、道理所在等。第四步,教师总结、点评,巧妙对学生进行德育教育。不过,在未来的德育融通路径的探索中,我将对故事性德育进一步完善,摒弃一些相对浅层的做法,深化、细化一些更具体的做法。

本节内容主要与大家分享我的"心育·关爱式"德育实践研究,无论是"心困生"还是"德困生",我都是从心理健康教育的视角切入,让学生能够实现心灵困境的转化。从案例中,我们可以重新审视贯通培养视域下德育工作如何融通,其中的探索价值在于纵向的贯通,打通学生成长过程中遇到的几种典型的"痛点""难点""障碍点"。本小节所呈现的案例都是我遇到的真实案例，其中的具体操作策略、案例分析均是基于对学生的人文关怀。案例中，我们可以提炼出以下操作策略：一是遵循学生的心理发展规律，关注个体行为发展以及认识发展差异，有序地开展问题引导，一步步将学生的心理问题、情绪问题、情感问题、成长困惑引向积极正向的问题解决。比如案例中，我们积极与学生、家长、学生同伴、班主任、科任教师沟通，关注学生个体特点和思维过程，全面掌握学生的心理发展状况和心理特征。二是融合各学科知识，充分理解学生，与学生达成"心理同盟"，激发学生正视、解决问题的心理动机。案例中，我们积极维护学生的自尊心，让学生在心灵困境中逐步信任老师、信任自己，最终能维持一个良好的心态。其中，我们结合了教育心理学和心理学等学科的相关理论，如此，才能让心理健康教育有的放矢。三是关注学生的朋辈群体效应，积极构建一个心理相容、教学相长、团结友爱的学习环境，让学生在良好的学习态度、学习情感和学习认知中彼此互信、合作学习、健康成长。

作为国内最早进行中小学生心理健康教育实践研究的一批人，2002年我担任笋岗中学副校长，主管学校德育工作，深入研究心理健康教育。2003年3月，我出版了《教育植根于爱》一书。2006年，我主持并开展国家级课题"网络环境下未成年人心理健康教育研究"（教电馆研063621725）。2017年，"心理育人"正式写入教育部的官方政策文件，成为"十大育人体系"中的一个重要体系。未来"心理育人"的发展趋势将会从概念阐述、功能作用等顶层设计逐渐向教育教学的第一线转变。作为我对德育融通路径第一时期的探索，其中具体应对策略难免有些偏颇，但所有真实的应对现场令人欣慰，我们尽全力关心、关爱学生，用恰当的方法抚慰学生的心灵，让学生能够在心灵困境中有所思考，有所成长。当然，作为贯通式教育的整体课程设计，面向不同学生的心灵困境也是我们在设计课程内容时重要的教育内容，因此，我将这部分的探索作为贯通式教育德育融通培养路径之一。事实上，在今后德育课程体系的构建中，我依然将心理健康教育作为课程体系中的一个重要课程内容，并且尝试与数理化、史地生等课程相融合，以期在更为广泛的德育场域中实现全场景、融学科的育人目标。比如，道德与法治学科，我经常与老师们一起商讨将道德与法治学科与德育互相勾连，于是，横向协力的思维方向就出现在接下来的德育融通路径的探索中了。总体上，"心育·关爱式"德育实践研究更加关注学生身心的成长，围绕着学生成长中的"问题"，一步步开展德育活动，逐步培养学生的"三观"。但是，就心理健康课程而言，我们要做的事情还很多。因为心理健康课程是一门综合性很强的学科，它强调将多个相互关联的学科进行融合，形成一个更为宽泛的共同领域课程体系。尤其是初高中阶段，心理健康教育往往要关联学生的情绪管理、家庭亲子教育、青春期性教育、学习考试心理以及生涯规划教育。我对德育融通路径的探索就是在这样的思考与反思中逐步深化的。

## "儒行·体验式"德育实践研究（第一阶段）

人的情感、智力的发展是人通过外部活动的实践而逐步内化形成的。因此，我们要通过德育培养学生，就要让学生的个性在各类融合型实践活动中体验、反思，从而逐步形成和发展积极向上的品德素养。因此，第二时期的德育融通路径，我从先前的纵向贯通维度转向横向协力维度，将视角聚焦到学生的德育课程以及系统的德育实践活动，从学生的生活实际等外部环境出发，结合学生的生活经验、情感活动，设计"儒行·体验式"德育课程，力求实现学生的认知、情感、态度、观念和运用能力的内化。2014年，我通过公选成为深圳市龙华新区福苑学校校长，带领一群90后年轻老师开始了"儒行·体验式"德育实践研究，"儒行德育课程""月月过节""周周表彰""创客课程""故事性德育"等系列德育实践开始逐步构建起贯通式教育的德育体系。第一时期的探索我主要以"问题"为导向，聚焦中小学心理健康教育工作的现实价值。在此基础上，第二时期的探索我转向"家国情怀"，以期通过德育课程的建构与完善，系统培育，实现活动育人，在德育工作实践中达成"智育"与"德育"等五育并举，知行合一。

这种转变的原因有三：第一，德育是一个多要素、多主体、多层面构成的体系，各要素的有机整合与连接，才能使德育的整体功能赋能学校的教育教学。因此，十分有必要通过德育课程的建构，促使低效、零散的"片面德育行为"得到综合治理，从而实现贯通培养的教育目标。第二，德育融通路径的拓宽，不再局限于"心理健康教育"的单点突破，而是从横向的课程协力、场域协力、活动协力三个角度设计德育课程，让德育实践在整体规划中得到充分的落实。第三，工作岗位的变动，需要我用更宏观的视角观照全校的德育实践与管理。2019年，我调任潜龙学校，在原有的德育管理经验中进一步筛选、提炼、升华，开展了与"乐活课程体系"相适应的德育活动，其中主要有两个方面，即延续与升华。基本保留潜龙学校原有的德育实践经验，将在福苑学校开展的"月月过节""周周表彰""故事性德育"三个德育项目进一步升华为

"月·节文化课程"和"周周表彰"增强版以及"叙事性德育",进一步完善潜龙学校的德育实践项目。因此,这两个阶段既有延续、传承,又有创新、发展,一脉相承,逐渐深化,逐步形成了更严密的德育课程体系。

那么,我是怎么设计"儒行·体验式"德育课程的呢?我的整体设计思路是以文化育人为抓手,增强学生的家国意识和社会责任感,形成良好的"三观",让学生的思想道德品质和心理品质得到和谐、可持续的发展,养成良好的行为习惯,为培养具有家国情怀、有责任担当的时代新人奠定基础。因此,"儒行·体验式"德育课程呈现以下三方面的课程特质:第一方面,文化融合。课程坚持以中华优秀传统文化为主要载体,有意识地挖掘中华优秀传统文化及龙华区福城街道中的德育元素,具化课程内容、实施方式,形成稳定的教育资源,让学生从小学到初中都能浸润在统一的德育情境里。因此,我们在福苑学校的校园绿化、墙面文化、宣传文化中都可以感受到文化育人的生态。第二方面,场域融合。无论是福苑学校,还是潜龙学校,我都重视家校共育、社区共育,将德育场域向家庭、社区延伸,让德育主体更多元,让德育实践活动得到更广泛的验证与反馈,进而让更适合的德育观念在更广泛的场域中进行交流,逐步形成学校、家庭、社区(社会)多方共育的德育共同体。第三,历史融合。尊重潜龙学校的德育实践传统,积极厘清、提炼潜龙学校的德育实践经验,守正出新,从更高维度完善学校的德育及其管理体系。后续,随着潜龙学校教育集团的成立,我们会传承融合不同集团成员校的德育智慧,从多维度观照德育融通路径,以确保德育融通实践与有效管理的实效性、灵活性。

为什么我会从一开始就从儒家文化中汲取德育融通路径的智慧呢?2002年我在美国协和大学参加深圳教育系统第一期海外培训班期间,深入比较研究了中美文化以及教育文化,后出版专著《中美学校文化比较》。在罗湖区笋岗中学和滨河中学作为副校长主管全校德育工作的阶段,我还大量阅读与儒家文化、心理健康教育等相关的书籍、期刊,我意识到儒家文化本身具有学校德育文化的内涵。因为,儒家文化里,各种君子之行,各种道德规范之间是互相关联的。从文化层面审视,儒家文化有利于拓宽学校德育的广度和深度。但是,我们要先对儒家文化进行批判性学习,要提前对儒家道德的基本框架进行构建，使得相关道德知识与学生的实际生活能有连接点，让学生能够对儒家道德规范有整体的审视，能辩证地看待。只有如此，我们才能建立科学的、可视化、可评价的课程标准以及课程内容。具体内容后文详解。

## 一、"儒行·体验式"德育课程的设计意图

学校的德育管理能更好地赋能贯通式教育的推行，反过来，贯通式教育也能让学生在一个层次分明的德育系统里得到更好的发展。在推行贯通式教育的过程中，我一直在思考，我们要培养什么样的人？这个问题，我们不妨从不同维度来看，我们培养的时代新人一定是要具有中国灵魂的，这种中国灵魂体现在他的行为举止上。同时，我们也要与时俱进，为未来而教，为未知而教。因此，我在德育管理方面，尝试推行阶段明晰、内涵丰富的儒行课程。

我认为，中国人的各方面素养中最缺的就是尊重，特别是平等下的互相尊重。2002年，我和几个深圳学校的校长做过一次非正式论坛，主题就是平等尊重的缺失问题，我们认为其根源也许在于几千年来在中国过于强调集体，而基本抹杀了个体的存在。集体确实很重要，强调集体没有错，但集体也是由个体组成的，也要先有个体的存在，然后才谈得上集体。另外，个体与个体之间也缺乏互相尊重的意识。由于没有互相尊重，又导致了诚信与责任意识的缺失。人生信仰缺失，也是现今学校德育的困难根源之一。人生不能没有信仰，人生没有了信仰，就好像一个人没有灵魂一样，做一切事情都没有定盘星，没有内在的标准，做人做事的目标就不会清晰，是盲目的，人生就没有方向。我们要有正确的信仰，才不至于在人生的目标上产生偏差。我们可以把传统美德与责任意识相结合，作为我们的价值理念和终极信仰。把责任意识教育与去除盲目服从成分的孝、忠相结合，并以平等个性下的尊重与诚信意识为基础。学校的德育要立足于中国传统经典道德文化，整合整个社会以及家庭教育的力量对学生进行以道德体验为主要手段的道德教育。其中又以传统道德中的孝道为基，以礼义廉耻以及平等尊重为行为道德的核心，并辅之以结合阶段性人生规划和人生理想的理想信念教育。

### （一）儒行课程的立足点：传统美德教育

我们要教会学生做人，不能忘记对学生进行中华民族的传统美德和民族精

神的教育。民族精神是一个国家、一个民族的精神支柱和灵魂，失去了它，也就会失去凝聚力和生命力。中华民族精神的核心是爱国主义，主要表现在团结统一、爱好和平、勤劳勇敢、自强不息四个方面。这是中华民族几千年来在认识和改造世界的过程中逐渐形成的。千百年来，中华民族之所以能够历经磨难而不衰，饱尝艰辛而不屈，千锤百炼而愈加坚强，靠的就是强大的爱国主义精神。五千多年的中华民族史告诉我们：每当国难当头，民族处于生死存亡的重要关头，以爱国主义为核心的伟大民族精神，便成为激励中华儿女力挽狂澜、战胜强敌的精神火炬。就算身在异国他乡，我们都应该热爱自己的祖国，为国家的强盛做出应有的贡献。这一点我于2002年在美国学习期间是深有体会的。我在去美国之前，特意把当时我国宇宙飞船上天的录像带去美国，我为祖国的科技进步而自豪。热爱祖国，还要从爱身边的人和事做起，要教育学生爱自己的学校，爱自己的老师，爱自己的父母，爱自己身边的每一个人，爱周围的一草一木；还要学会爱自己，学会用智慧和汗水创造更多的价值，来报效国家。

  我们要教育学生懂得感恩。父母的养育之恩，必须铭记于心。还要感恩社会与国家。举个例子，我们在每一年高考的时候都可以看到父母对孩子的关心，那一天，孩子们住在宾馆里，吃、住、喝都不错，很多父母每天上午、中午、傍晚都要接送，中午还要送饭，好吃的准备得多多的。孩子一边吃饭，父母一边看着孩子，叫孩子吃啊，吃啊，把这吃掉，把那也吃掉，吃好了才有精力考试。其实老师也一样，整个社会在那时候其实也都围着学生们在转。人生在世，接受了来自国家、社会和父母的种种恩惠，那么，我们就要在心中对国家、社会和父母抱有感激之情，感恩的思想是社会责任的落实与体现。从2002年初我在笋岗中学作为副校长主抓德育开始，我就策划利用学校每周一晨会时间开展中华民族传统美德系列教育，效果良好。2005年底我还在笋岗中学初二（8）班专门开展了中华民族传统美德教育研究。2005年12月12日，我们邀请了新世界教育中心的孙国英教授给该班学生做"青少年的文明和礼仪"讲座，效果很好。我一直在学校教育中强调要教育学生长大后要赡养父母，我还强调要在精神层面孝敬父母。我曾在笋岗中学结合"笋岗孝女邝丹的故事"开展孝敬父母的教育，另外还有尊师爱友、遵纪守法、勤劳勇敢等一系列中华民族传统美德教育，同时，我也让班主任在学校晨会上对全校学生做中华民族传统美德教育的讲话，取得了一定的效果。

（二）儒行课程的价值追求：平等尊重

平等尊重是人类社会最基本的价值观和行为准则，我们之所以在学生德育的实效性以及创新精神和合作意识等方面的培育存在困难，学生缺乏平等尊重是根本原因之一，而且正是由于平等尊重意识的缺少，也导致了我们的学生诚信的缺失。2002年，我随深圳市教育系统第一期海外培训班赴美国学习，也许是受到美国学校教育的影响，回国后，我在教育教学过程中与学生的关系日渐平等，学生也渐渐地不怕我这个管德育的副校长了，传统的上下等级间的畏惧消失了，但我发现与美国学生相比，他们似乎却又尚未形成平等关系下对老师的尊重意识。2004年12月的某一天，学生上课时不停地说话，我用平常的声调无法让他们安静下来，我生气了，对学生们说："我也许是因为到过美国留学，受到美国教育的影响，我们的关系平等。你们以前很怕我，因为我是老师，是副校长，尊重我，听我的话；现在我把你们当朋友，你们和我的关系平等了，我们成了朋友，你们不怕我了，可是你们似乎不知道就是朋友也该相互尊重。我在美国学习期间，只要我的老师一拍巴掌，我们就马上不说话了，可我现在拍了这么多下，你们的嘴巴却还在上下开合不停（我边说边用手做嘴巴说话状）……"学生们不说话了。我批评了学生，我也在反思。我想其中一个原因可能是我的观念没有转变过来，我一边教育学生要有平等意识，可能一边又希望他们怕我，服从我，这种矛盾的心理影响了我的判断和思考。我想另一个原因也许是我们的社会传统习惯是在上下级不平等关系下的尊重和服从，我们的学生自小对于平等关系下的互相尊重体验不多，自我约束能力弱。新课改下的教学强调合作学习，强调人与人之间的平等，强调师生关系的平等。我发现在同学们不怕我这个老师时，一下子又难以提高自控能力。新课改有利于对学生社会能力的培养，我们在坚持对学生的合作能力和平等意识培养的同时也要注意对学生互尊互重及守法意识的培养，在教学过程中要注意放与收的平衡，使教学工作有序、有效地进行，作为教师的我们要及时改进观念，适应新的教育现实。由于中国传统文化中缺乏平等尊重元素，依靠社会与家庭的教育对于平等尊重意识的形成是有困难的，因此，我认为平等尊重的教育将是现今中国学校教育的重要任务之一。我个人设想，可以在学科课堂教学过程中渗透德育元素，要在德育实践中加强诚信教育，以进行平等尊重方面的教育。

教育学生要以尊重为前提，尊重就是充分尊重学生的意见和要求、尊重学生的人格，平等待人。保护中学生的人格尤为重要，即使学生犯了错误，老师对学生进行批评教育时，也应尊重学生的人格，谆谆教导学生才能取得教育的效果。一味地训斥，只能促成学生逆反心理的产生。更不能用挖苦、讽刺伤学生的心。教师对学生的理想尊重，会使师生关系更为融洽、愉快。举个例子，笋岗中学年轻的十佳班主任黄老师曾接手了一个难带的班级，并通过努力获得成功，他在2004年笋岗中学德育工作会议上总结经验时说："从初一到现在，这些学生历经数任老师无数次的责骂、规劝、教育，算得上是'久经沙场'了，传统的正面教育很难对他们再起作用。而网络聊天偏重于倾心交谈，就是把自己和学生摆在平等的位置上来沟通，这样更能引起思想共鸣。只要让学生对你产生崇拜感、亲近感，那么，接下来的规劝教育就变得轻而易举了。"

尊重学生就要注意多从学生的角度思考，也就是换位思考。比如，2005年11月13日，我带着我女儿去深圳布吉玩。女儿用商店的宣传纸折了一个纸飞机，她感到很得意。中午我们在布吉公园休息，我觉得女儿折的纸飞机没有什么意义，就把它拆了垫着坐。晚上女儿在她的游记中写道："今天，我遇见了很多开心的事情，但也遇见了一两件不开心的事情。中午十二点该吃饭的时候，爸爸把我的纸飞机弄没了，他把纸飞机摊开来垫着坐……"我反思再三，明白了没有从女儿的角度思考她对自己折的飞机的得意与珍惜，纸飞机对我们来讲没什么意义，但那是女儿的创作，是女儿的成就，是女儿的自豪，对女儿来讲也许就与一架真正的飞机一样重要。再比如，有个老师曾找一个学生交谈，那个学生胆小，总是紧张不安，教育效果不好。后来她找了个测试成绩不错的理由，再次与那个女生单独交谈，这次那个学生没有以前那么紧张了，教育的效果就比原来有非常明显的提高。

不尊重学生，学生就会跟你别扭。有个初中学生在她的作文《难忘恩师》中写道："三位主课老师不约而同留给我们一大堆作业，作业写得不好，薛老师对我说：'回去，擦掉，重新写一遍！'偶尔出错，这么多作业，还要重新写这个，三页呢！嫌我太悠闲呀！顿时我心里叫苦不迭，可是也无可奈何地将作业本拿过来。过了一会儿，终于改完了，我顺手将作业本扔到讲台上。'拿起来，重新放好。'背后传来一个严厉的声音。唉，你还有完没完，作业多到明天也写不完，你还净找我麻烦，存心不让我写作业是吧！好，我今天就跟你耗上了，两个字——不拿。"对于这一案例我们该怎么办？事情是这样发展的："第一天老师没理我，第二天，在好友的陪同下，我向薛老师说了一句话：'对不起，薛老师。昨天我不应该那样，对不起。'薛老师大度地笑笑：'你几次作业都这样，日久天长，养成习惯就不得了啦！'恍然大悟，原来老师一直都是为我着想，可我……我不想再用园丁、蜡烛这些词来比喻老师了，因为我觉得那都太渺小了……"我认为这也许是最好的结局了。事实上教师不尊重学生，学生没有受尊重的体会，又如何能真正理解和感受尊重，又如何能学会尊重呢？那么，怎样让学生体验和感悟尊重呢？我认为唯有贯穿在我们的课堂教学以及各种德育实践活动过程中，让学生在学习和生活中体验、感悟。正是基于以上的考虑，我认为儒行课程的开展一定要关注平等、尊重等元素。

（三）儒行课程的实践手段：具身体验

2002年和2011年两次在美国海培期间，我都发现美国课堂教学非常注重尝试，他们先让学生进行尝试，在尝试中获得经验，再将经验转化为自己的知识。如果用一个词概括美国教育的特点，我想，没有比"体验式"更合适的了。在美国的课堂上，教师总是希望学生通过亲身体验获得知识，他们常为学生提供材料，让学生自己去操作，借助自己的经验获得知识。在美国的课堂上，学生的思维训练的难度较大，尤其重视综合运用多学科知识的复杂思维训练。在美国课堂上往往是多学科知识同时呈现。比如，在美国的一节五年级美术课上，老师带领孩子们一起动手做万花筒，通过制好的棱镜看一张人头像，在万花筒里人像以不同的方式呈现，老师请学生用画笔记录下来观察到的人像变化，引导学生去探索三棱镜呈现不同画面的原理，把美术课和物理知识结合在了一起。美国的这种教学方式通过实际操作或还原知识的生成过程，让学生经历了感性认识和理性思辨的过程,从而了解知识的来龙去脉,对知识的理解就会比较深刻。

2011年6月15日,我在布朗大学参加教育海培,记不准是哪个同学讲的,大概是他读大学时有个同宿舍的来自北方的同学平时很少冲凉,一天他们宿舍的几个同学就一起把那个同学架到冲凉房去冲凉,冲完后那个同学很是感叹了一番:"冲凉太爽了。"我从月初来布朗大学后天天早晚跑步,但是早上跑步后我都没有去冲凉,因为我一直就没有这个习惯。16日那天早上我和深圳的一位校长又一起去跑步,跑完后因为听他说布朗大学宿舍里上午的冲凉水很烫,冲完后很舒服,于是我也去好好冲了一回,冲后确实是感觉太爽了。从那以后我天天早上跑完步都去冲个热水澡。

海培时有个朋友讲到他的孩子小时候被电灯泡烫的故事。朋友说他的女儿小时候老想去摸电灯泡,他和妻子总是告诉女儿灯泡很烫,但是女儿却一次次地更想去摸电灯泡。一天他和妻子看到女儿又想去摸亮着的电灯泡,他和妻子强忍住了没有去阻止孩子的行为而装作没看见,女儿被电灯泡烫着了,但预料中女儿大哭的事情没有发生,而是走了过来,拉拉爸爸的手指指灯泡,又拉拉妈妈的手再指指灯泡,意思是灯泡烫,很危险。朋友的结论是说教的效果很低,体验的力量却是无穷的。当然为了安全,体验要尽量在成年人的监控之下进行最为稳妥。从上述这两件事情中我认为在有关人的习惯与感受方面,或者说与人的思想有关的方面,体验是极其重要的。我们同样要告知学生,"尊重意识"也只有通过体验才能获得。

## 二、"儒行·体验式"德育课程的建构路径

儒家文化的现实价值是"儒行·体验式"德育课程的重要根系。首先,我们现在提倡的社会主义核心价值观其实是富含儒家文化的理论价值的,儒家文化也是现代道德价值观的基础。其次,我们的学生生活在多元文化的社会中,个人修养、接物待人、思想境界等都与儒家文化息息相关。因此,2014年我在福苑学校创校开始便从课程设置的原点出发,思考"儒行·体验式"德育课程的建构路径,以确保能让学生在一以贯之的德育系统里得到思想的浸润,行为的塑造,品德的丰富。

## （一）问题的提出

2002年，我考取了深圳市教育系统的第一期海外培训班，在美国期间通过对美国中小学校的深入调研发现，我国的德育教育必须结合中华优秀传统文化进行。2004年，我撰写出版专著《中美学校文化比较》一书，书中阐述了对新形势下教育教学理念的思考；2012年，我再次赴美国布朗大学学习，进一步对美国的教育进行体验研究，并撰写出版专著《中美素质教育比较》，从教育理念、教学方法、学生激励、学生主体等方面进行了全方位的思考，逐渐完善了如何结合传统经典文化进行德育的思考。2014年，我作为创校校长来到龙华新区福苑学校。该校位于龙华区经济薄弱且偏远的西北片区，虽具备了比较完善的硬件办学条件，但骨干教师严重缺乏，管理人员身兼数职，生源结构复杂，在福安雅园入住率提升之前，学生基本来自城中村家庭。建校第一学期，我和全体教师家访发现，学生的来源多为进城务工人员子女和中低收入家庭，家庭教育出现"软肋"。学校面向全体学生家长的调查统计还发现，家长文化水平普遍较低，对教育重视程度不够，学生学习习惯差；在教育教学实践过程中老师们也发现，学校首批学生视野较狭窄，阅读能力弱，审题和表达能力差；英语听、说、读、写能力低；心理素质不高，行为习惯差，随地就坐，追逐打闹，公共设施破坏率高。作为一所新办的学校，政府部门、主管部门领导期望值比较高，社会各界和家长关注度高，学校承受的外部压力相对较大。基于学校面临的实际，为提升学生综合素养，我开始研究通过传承中华优秀传统文化，开展儒行教育。儒行教育的主要内容包括：礼、义、廉、耻、孝、悌、智、勇、忠、信、仁、和。通过汲取中华优秀传统文化精髓，结合学校实际，提升学生综合素养，以期培养全面发展的时代学子。

第一阶段：福苑学校的德育体系"一体五面"

## （二）问题的解决，路径的建构

2014年，我坚持将建构路径化繁为简，整体上从"知—行—思"这一行动思路开展工作。在开始系统设计课程前，我先选读儒家经典，主要做了以下三件事：一是品读儒家经典，剖析儒家道德观。我查阅了大量的资料，主要聚焦"仁"，勾连"仁、义、礼、智、信、温、良、恭、俭、让"，提炼核心概念"礼、义、廉、耻、孝、悌、智、勇、忠、信、仁、和"，争取从根本上把握儒家道德观。后来，这部分的探索体现在我们的儒行课程实践上，那就是我们编写了校本课程教材，对学生进行儒家道德观的教育，让学生对儒家道德观有了基本的了解。二是了解儒家道德故事，将故事融入德育课程中。我们将诸多儒家文化现象与典故融入课堂教学和德育实践中，便于学生理解，让他们对各种道德观的实践有更加形象的认识。三是选取儒家道德言语，比如道德格言、经典语录，让学生对儒家文化有更简练的理解。这是我和老师们在路径建构前所做的准备。在相对充分准备的基础上，我们开始了课程建构。

第一阶段：研制计划，装点校园，潜移默化塑德行（2014年9月—2016年1月）

传统经典中践行德育教育不能一蹴而就，而是要长期开展、循序渐进。与此同时，由于学校学生的认知水平、心智成熟程度的限制，要想充分地将德育工作与传统文化结合起来，需要制订完整的、合理的教育计划，循序渐进地去完成。如小学低段学生主要是诵读经典书目，早读、课前诵读，放学走路队式诵读经典古诗文等；对中、高年级，挑取合适的12字经典传统文化，开展相应主题的活动，真正做到循序渐进地完成德育教育工作，并让学生在教育中领略传统文化的魅力。学校精心规划校园文化墙、走廊文化、班级内外装饰，全方位多角度体现学校的德育教育理念，真正做到让校园中的每一寸土地、每一面墙壁都传达着育人的功能。我亲自设计，挑选经典传统文化，拟出"礼、义、廉、耻、孝、悌、智、勇、忠、信、仁、和"12字经典精神内核，并将12字经典雕刻在学校南门的柱子上，美观而又潜移默化地影响着学生的德行。学生在日常学习生活中接受优秀经典文化的感染，身心必将得到健康发展，素质也会逐渐提升。

第二阶段：引入经典，拓展教材，校本课程促发展（2016年3月—2017年12月）

课堂教学是教育最基础也是最重要的形式，因此，在构建德育体系，继续完成物质文化建设的同时，我和同事们首先将儒行教育与课堂教学相结合，通过语文、历史、音乐、美术等教材内容，对学生进行传统文化教育，学生在不知不觉间受到影响，达成儒行教育的目的。我们还以校本教材为主要载体，组织学校德育团队教师，结合12字经典传统文化，结合学生学情，编写教材，制作课件。依托校本课程，德育课程体系逐渐健全，并适应学校学情。

## "儒行·体验式"德育课程校本说明

### 一、"儒行"概念的来源

礼记·儒行

哀公曰："敢问儒行。"孔子对曰："遽数之，不能终其物。悉数之，乃留，更仆未可终也。"

哀公命席。孔子侍曰："儒有席上之珍以待聘，夙夜强学以待问，怀忠信以待举，力行以待取。其自立有如此者。儒有衣冠中，动作慎；其大让如慢，小让如伪，大则如威，小则如愧；其难进而易退也。粥粥若无能也。其容貌有如此者。儒有居处齐难，其坐起恭敬，言必先信，行必中正，道途不争险易之利，冬夏不争阴阳之和；爱其死以有待也，养其身以有为也。其备豫有如此者。儒有不宝金玉，而忠信以为宝；不祈土地，立义以为土地；不祈多积，多文以为富；难得而易禄也，易禄而难畜也。非时不见，不亦难得乎？非义不合，不亦难畜乎？先劳而后禄，不亦易禄乎？其近人有如此者。儒有委之以货财，淹之以乐好，见利不亏其义；劫之以众，沮之以兵，见死不更其守；鸷虫攫搏，不程勇者；引重鼎，不程其力；往者不悔，来者不豫；过言不再，流言不极；不断其威，不习其谋。其特立有如此者。儒有可亲而不可劫也，可近而不可迫也，可杀而不可辱也。其居处不淫，其饮食不溽，其过失可微辨而不可面数也。其刚毅有如此者。儒有忠信以为甲胄，礼义以为干橹；戴仁而行，抱义而处；虽有暴政，不更其所。其自立有如此者。儒有一亩之宫，环堵之室，筚门圭窬，蓬户瓮牖；易衣而出，并日而食；上答之，不敢以疑；上不答，不敢以谄。其仕有如此者。儒有今人与居，古人与稽；今世行之，后世以为楷；适弗逢世，上弗援，下弗推，谗谄之民，有比党而危之者；身可危也，而志不可夺也；虽危，起居竟信其志，犹将不忘百姓之病也。其忧思有如此者。儒有博学而不穷，笃行而不倦，幽居而不淫，上通而不困；礼之以和为贵，忠信之美，优游之法；举贤而容众，毁方而瓦合。其宽裕有如此者。儒有内称不辟亲，外举不辟怨；程功积事，推贤而进达之，不望其报；君得其志，苟利国家，不求富贵。其举贤援能有如此者。儒有闻善以相告也，见善以相示也，爵位相先也，患难相死也，久相待也，远相致也。其任举有如此者。儒有澡身而浴德，陈言而伏，静而正之，上弗知也；粗而翘之，又不急为也；不临深而为高，不加少而为多；世治不轻，世乱不沮；同弗与，异弗非也。其特立独行有如此者。儒有上不臣天子，下不事诸侯；慎静而尚宽，强毅以与人，博学以知服；近文章，砥厉廉隅；虽分国，如锱铢；不臣，不仕。其规为有如此者。儒有合志同方，营道同术；并立则乐，相下不厌；久不相见，闻流言不信；其行本方立义；同而进，不同而退。其交友有如此者。温良者，仁之本也。敬慎者，仁之地也。宽裕者，仁之作也。孙接者，仁之能也。礼节者，仁之貌也。言谈者，仁之文也。歌乐者，仁之和也。分散者，仁之施也。儒皆兼此而有之，犹且不敢言仁也。其尊让有如此者。儒有不陨获于贫贱，不充诎于富贵，不恩君王，不累长上，不闵有司，故曰儒。今众人之命儒也妄，常以儒相诟病。"

孔子至舍，哀公馆之，闻此言也，言加信，行加义：终没吾世，不敢以儒为戏。

通过孔子对儒者行为的阐释可以看出，君子要有君子之德。这样的君子，他们坚持"仁"。温厚善良是仁的根本，恭敬谨慎是仁的落脚点，胸襟广阔是仁的发扬，谦逊待人是仁的能力，礼节是仁的外表，言谈是仁的文采；他们心怀忠信，身体力行，忠诚与诚信是他们的财富；他们做事要非常谨慎，说话一定要讲究信用，做事一定要讲究公正，不会见利而忘义；他们勤奋好学，积极上进，刚毅勇敢，淡泊名利，博学多才，心胸宽广；他们洁身自好，重视道德修养；他们性情慎静而崇尚宽大，性格强毅而能从善如流，学问渊博而能服膺胜于己者。多读圣贤之书，以磨炼自己的品行气节。因此，我们从中提炼出"儒行"的精神内核是：礼、义、廉、耻、孝、悌、智、勇、忠、信、仁、和。

二、儒行·体验式德育课程的课程内容

# 第一章 礼义廉耻为先
## 第一节 礼

《释名》礼，体也，得其事证也，人事之仪则也。进退周旋得其体，乃是正人身之法也。尊卑长幼有序，处事有规，淫乱不犯，不败人伦，以正为本，发为恭敬之心，斋庄中正之态，礼也。

案例：揖礼，即相见礼，起源于周代以前，约有3000年以上的历史。武王纣灭商而建立周朝，武王死后，其子周成王年幼即位，由叔叔周公旦摄政。摄政王周公采取许多措施来巩固政权，建立周朝各项典章制度和礼乐制度，确立以宗法制度为中心的政治体制。此后，揖礼行于天下。

## 第二节 义

义者，宜也，则因时制宜，因地制宜，因人制宜之意也。见得思义，不因果滥取不义之财物。子曰："君子喻于义，小人喻于利，不义而富且贵，于我如浮云。所以人发为羞恶之心，发为刚义之气，义也。"

案例：关羽（？—220年），本字长生，后改字云长，河东解县（今山西临猗西南）人。东汉末年刘备麾下著名将领，前将军，汉寿亭侯。《三国演义》中为蜀汉五虎上将之首，与刘备、张飞桃园结义。死后受民间推崇，又经历代朝廷褒封，被人奉为关圣帝君，佛教称为伽蓝菩萨，尊称为"关公"。被后来的统治者崇为"武圣"。体现出义薄云天，国之忠义。

## 第三节 廉

廉者，清也，言人正直刚直，品性方正。夫公则生明，廉则生威。富贵不能淫，贫贱不能移，威武不能屈，大丈夫者，守廉也。

案例：包拯（999-1062 年），字希仁，庐州合肥（今属安徽）人，北宋名臣，以清廉公正闻名于世。包拯廉洁公正、立朝刚毅，不附权贵，铁面无私，且英明决断，敢于替百姓申不平，故有"包青天"及"包公"之名。

## 第四节 耻

耻者，辱也，意指知耻。廉耻为立人之大节；盖不廉则无所不取，不耻则无所不为。人而如此，则祸败乱亡，亦无所不至。礼义廉耻四维之中，耻尤为要。故孔子论士，曰："行己有耻。" 孟子曰："人不可以无耻。无耻之耻，无耻矣。"

案例：越王勾践（？—公元前 465 年），姒姓，本名鸠浅，古时华夏文字不同，音译成了勾践，又称菼执，夏禹后裔，越王允常之子，春秋末年越国国君。公元前 497 年，越王勾践即位，同年，在檇李大败吴师。公元前 494 年，被吴军败于夫椒，被迫向吴求和。三年后被释放回越国，返国后重用范蠡、文种，卧薪尝胆，使越国国力渐渐恢复起来。

# 第二章 孝悌智勇为核

## 第五节 孝

孝，从爻从子，效也，子承爻也，善事父母也。顺于道，顺天之经；循于伦，循地之义。《孝经》云："身体发肤，受之父母，不敢毁伤，孝之始也。立身行道，扬名于后世，以显父母，孝之终也。"

案例：孝感动天，《二十四孝》中的第一个故事，讲述的是虞舜孝心感动上天的事迹。中国传统孝道文化是一个复合概念，内容丰富，涉及面广。既有文化理念，又有制度礼仪。

## 第六节 悌

兄友弟恭，善事兄长者曰悌。《论语·学而》言："其为人也孝弟，而好犯上者，鲜矣。不好犯上，而好作乱者，未之有也。君子务本，本立而道生。孝弟也者，其为仁之本与。"

案例：孟子（约公元前 372—公元前 289 年），名轲，字子舆，战国中期邹国（今山东邹城市）人，孟子是著名的思想家、政治家、教育家，孔子学说的继承者，儒家的重要代表人物。相传孟子是鲁国贵族孟孙氏的后裔。

## 第七节　智

智，知也，无所不知也。孟子曰："是非之心，智之端也。"故明白是非、曲直、邪正、真妄，即人发为是非之心，文理密察，是为智也。

案例：诸葛亮（181—234年），字孔明，号卧龙（也作伏龙），徐州琅邪阳都（今山东省临沂市沂南县）人，三国时期蜀汉丞相，中国古代杰出的政治家、军事家、文学家、书法家、发明家。

## 第八节　勇

从甬从力。力及所至，生命勃发甬甬然也。勇者，气也。气之所至。力亦至焉。心之所至。气乃至焉。故古文勇从心，恿。勇为三达德之一，故《论语·子罕》篇言："知者不惑，仁者不忧，勇者不惧。"

案例：岳飞（1103—1142年），字鹏举，宋朝相州汤阴（今河南汤阴县）人，抗金名将，中国历史上著名的军事家、战略家、书法家、诗人、民族英雄。

# 第三章　忠信仁和为重

## 第九节　忠

《论语·里仁》有云："子曰：'参乎，吾道一以贯之。'曾子曰：'唯。'子出，门人问曰：'何谓也？'曾子曰：'夫子之道，忠恕而已矣。'"

忠者，心无二心，意无二意之尽心尽力，坚持真理、修正谬误；后引申为对国家应尽的义务。

案例：屈原（约公元前340—约公元前278年），名平，字原。楚辞的创立者和代表作者。屈原是我国古代伟大的浪漫主义、爱国主义诗人。他是楚国贵族，早年受楚怀王信任，为左徒，联齐抗秦，后受贵族排挤不被重用，先后被流放至汗北和沅湘流域，最后自沉汨罗江。

## 第十节　信

信者，不疑也，不差爽也，诚实也。言出由衷，始终不渝。信字从人言，人言不爽，方为有信也。诚心之意也，以诚居心，必然诚实。处世端正，不诳妄，不欺诈者，是为信也。

案例：鼎，在中华历史传统文化中具有极其崇高的意义，鼎可以说是中华文化的代表性器物。如诚信、一言九鼎等。

## 第十一节 仁

仁者，人人心德也。心德即良心，良心即天理，乃推己及人意也。立己立人，发老吾老幼吾幼之志向，以及己所不欲，勿施于人，事物为人，而不为己，发为恻隐之心，宽裕温柔，仁也。

案例：孔子（约公元前551—公元前479年），名丘，字仲尼，春秋末期鲁国陬邑（今山东曲阜）人，中国古代著名思想家、政治家、教育家，他开创了私人讲学的风气，倡导仁、义、礼、智、信，是儒家学派创始人。

## 第十二节 和

和者，谐也。《中庸》云："喜、怒、哀、乐之未发，谓之中。发而皆中节，谓之和。中也者，天下之大本也；和也者，天下之达道也。致中和，天地位焉，万物育焉。"万物调和相应，不过亦无不及，即为和。

案例：握手，是一种礼仪，人与人之间、团体之间、国家之间的交往都赋予这个动作丰富的内涵。一般说来，握手表示友好，是一种交流，可以沟通原本隔阂的情感，可以加深双方的理解、信任，国家元首之间的握手则往往象征着合作、和解、和平。

第三阶段：开展活动，实践检验，立德塑行两相宜（2017年12月—2018年6月）

基于学校实际，为提升学生综合素养，我开始研究通过传承中华优秀传统文化，开展儒行教育。儒行教育的主要内容包括：礼、义、廉、耻、孝、悌、智、勇、忠、信、仁、和。通过汲取中华优秀传统文化精髓，结合学校实际，提升学生综合素养，培养全面发展的学生。

德育重在立德塑行，不能仅局限在理论阶段。我们结合学校逐渐健全的德育课程体系，策划、组织、开展了各种各样的实践活动。我们举行了"经典诗文诵读比赛"活动，因为优秀的文学作品和历史典故中包含着深厚的德育价值；制订低年段经典诵读篇目与经典阅读计划，每周分享故事；利用传统节日开展主题节庆活动，中秋节包饺子、做月饼；教师节开展"尊师重教"系列活动；中华人民共和国成立70周年，开展爱国、爱家、爱校活动；元宵节开展做灯笼、挂灯笼、猜灯谜活动。活动的扎实开展，让学生领略中华优秀传统文化的魅力，并润物无声地提升学生的思想道德水平和行为习惯。

与此同时，学校还开展了德育体验学习课程，我们设计了"月月过节 弘扬文化""周周表彰 弘扬正气"两个主题系列，效果十分显著。我们学校每月一大节，这个大节切合每个学科，包括科技信息节（9月）、体育节（10月）、读书月（11月）、文化艺术节（12月）、志愿服务节（3月）、英语节（4月）、童话节（5月）、美术节（6月）等，让学生在活动中激发兴趣，提升热情，锐意创新。校园节日活动形式多样，有图书漂流、经典诗词大会、未来小作家、我是小小发明家、实地调查研究、主题手抄报、创意演讲等，学生收获满满，老师也是乐在其中。同时，我们学校每周开展素质之星、红旗文明班的评比，加强对学生价值取向的引导，促进学生自我教育、自我管理，努力做最好的自己。坚持"周周表彰""月月过节"，表彰及过节的最重要目的在于，助力孩子们快乐成长，让孩子们在儿童少年时期，有一段充实而愉悦的时光，让每个人都能成为更好的自己，这正是幸福教育的题中之义。幸福教育确实有很多学校在提。追求幸福、创造幸福、享受幸福，是人类永恒的主题。之所以这么多学校都选择以幸福教育为特色，与我们对于幸福生活的梦想息息相关。打造幸福教育，让孩子体验到成长的快乐，更拥有创造幸福的能力，也是我们学校的教育梦想。福苑学校选择将幸福教育作为办学理念，是基于我们对于教育的理解以及对于学校所处环境的体悟而提出来的。教育是需要幸福传递的。作为立德树人的教育人，理应具备幸福的感知能力与传播能力，通过教育去开创学生的幸福生活，实现教育的价值。所以，学校创立之初我们就确立了"幸福教育——以学生终身幸福为基本价值取向的教育"的办学理念。创校时，学校位于龙华区福城街道福民社区福水路，比邻福安雅园。"福"成了我们学校天然的基因，加上我们对于教育的理解，所以我们一开始就从顶层设计上确立了"幸福教育"理念，致力于培育幸福的学子。幸福教育，主要内涵有两个：一是进行幸福理念的培养及提高追求幸福的意识与能力的教育，二是使教育过程成为让学生体验幸福、享受幸福的过程。我们学校以幸福教育为办学理念，引领师生坚守家国情怀，教导学生博学慎思、明辨笃行，强调家校合育、师生共赢。学校通过幸福教育课程帮助学生体验和感知幸福，培养有点子并能付诸实践的幸福学子。所以，将儒行课程嵌入幸福教育的理念中，就会在德育实践活动中进一步体现出"幸福教育"的内在特点。

当然，儒行课程也与书香学习课程相互融合。而这种融合路径，在之后的潜龙学校德育课程里也会有更大范围的体现。书香学习课程就是我们这一阶段设计的核心课程之一。尤其是学生放学时段列队朗诵经典国学的画面，堪称学校一道亮丽的风景线。每天中午、下午放学时段，各班班主任与跟班教师将学生带到放学指定地点，整理好队伍；然后由本班学习委员领读，背诵《古诗七十首》《三字经》《千字文》《笠翁对韵》《弟子规》等国学经典段落，给家长和周边社区居民留下了非常好的印象。

第四阶段：传承发展，师生共进，德育教育结硕果（2018年6月—2019年3月）

这一阶段，福苑学校德育体系逐渐完善，完善的课程体系、丰富多彩的活动，满足了不同学生的需求，传统节日活动常规化，实现真正意义上的"乐中学，学中做，做中成"。在区内外各项活动中，师生获奖人数和级别逐年提升。在2018年6月龙华区教育督导室的问卷调查中，学生家长对学校教育教学满意度高达98%，已形成学校、家庭、社会三位一体全面育人环境。2018年12月，福苑学校正式更名为龙华区教育科学研究院附属学校，借此契机，学校大力推进积极教育、德育教育和智慧校园等项目的实施，支持鼓励师生参与该项目的教师培训、外出学习、网络学习等活动，提升教师队伍的素质。同时，通过组建学校的骨干教师和学科带头人队伍，打造了一支高素质的教师队伍。

儒行·体验式德育课程的课程案例（以一年级德育课程《孝》为例）：

## "儒行·体验式"德育课程"百善孝为先"主题班会活动设计方案

### 一、课程内容

**（一）经典原文呈现**

孝，从爻从子，效也，子承爻也，善事父母也。顺于道，顺天之经；循于伦，循地之义。《孝经》云："身体发肤，受之父母，不敢毁伤，孝之始也。立身行道，扬名于后世，以显父母，孝之终也。"

**（二）经典故事分享**

孝感动天，《二十四孝》中的第一个故事，讲述的是虞舜孝心感动上天的事迹。中国传统孝道文化是一个复合概念，内容丰富，涉及面广。既有文化理念，又有制度礼仪。

**（三）德育借鉴**

教育学生理解孝道的重要性，在成长道路上要怀有感恩之心。

### 二、活动内容

百善孝为先。

### 三、活动背景

当今社会中，独生子女家庭占绝大多数，有些孩子过着衣来伸手、饭来张口的生活，父母长辈们都围着他们转。稍有不如意，他们就大哭大闹，甚至对大人拳打脚踢，更谈不上什么孝顺。孝是中华民族的传统美德，《三字经》中有"首孝悌，次见闻"的古训，培养一个人对父母的孝顺，对长辈的尊重、孝敬，应从小开始。因此，针对这些现实问题，我设计了本次以"孝"为主题的班会活动——百善孝为先。

### 四、活动目的

1. 了解孝的由来，受到传统文化的熏陶，知道百善孝为先。
2. 亲近、了解家长，关心、尊重家长，懂得如何向家长尽"孝道"。
3. 通过这次班会活动，体验"孝道"，让孝道伴随自己一生。

### 五、活动重点

通过自己的实际行动体验孝道。

## 六、教法学法

情感体验法、问卷调查法、心理咨询法。

## 七、活动对象

一年级学生。

## 八、活动准备

1. 准备歌曲《跪羊图》。

2. 学生收集"孝"的故事。

3. 准备一张爱心卡纸。

## 九、活动流程设计

### 活动一　认识"孝"

1. 导入，播放歌曲《跪羊图》

学生一边聆听歌曲，一边观看为歌曲配上的形象感人画面。（歌曲时间5分钟左右）欣赏结束后，老师提问：这首歌表达的情感，用一个字概括是什么？（孝）

（设计目的：通过聆听这首歌曲，让学生了解本次活动内容，初步感知中国传统的孝道文化。）

2. 说文解字——解读孝（播放汉字"孝"的Flash动画）

教师放动画，讲解"孝"字："从老，从子"，"孝"字上面是"老"的一部分，意思为老人；下面是"子"，即子女；子女背着老人，扶着老人，这就是"孝"；上为老，下为子，上一代与下一代融为一体，这就是"孝"。

（设计目的：观看动画，让学生从"孝"字的造字法上理解"孝"的含义。）

3. 读古文，感知孝亲

（1）教师出示《新三字经》《弟子规》中的经典部分：

为人子，方少时。尊长辈，习礼仪。

能温席，小黄香。爱父母，意深长。

亲养儿，多辛苦。报春晖，寸草心。

弟子规，圣人训，首孝悌，次谨信。

泛爱众，而亲仁，有余力，则学文。

（2）学生以自读、分组读、对读等形式朗读古文，体会"孝"的情感。

（设计目的：在《新三字经》《弟子规》等古典文学中感知"孝"是中华民族的传统美德。）

### 活动二 理解"孝"

1. 讲述父母爱自己的故事

生1：父母半夜带我去看病，为了照顾我整夜不睡觉。

生2：父母每天风雨无阻地接送我上学、放学，下班后还要照顾我的生活起居，每天起早贪黑。

生3：父母不舍得给自己花钱，但对我却很舍得。

2. 自悟对"孝"的理解

教师引导：长这么大了，你是怎么理解中国的"孝"的呢？为什么要尽孝呢？（生各抒己见）

生1：父母给了我们生命，抚养我们长大。

生2：父母是世界上最爱我们的人。

生3：父母教会了我们知识，给我们信心，勇气。

3. 讲"孝"的故事

（1）学生展示收集到的关于"孝"的故事。

（学生可能会讲到《小黄香的故事》《子路借米孝敬父母》等古人的故事，还可以讲到身边的人"尽孝"的故事。）

（2）教师根据情况补充一些故事。

（设计目的：通过这些故事，同学们就能理解"孝"，从想"孝"到学习"孝"，从而产生该怎样"孝"。而尽孝的基础就是了解家长。接着进行第二环节——问卷调查，你了解关心家长吗？）

4. 问卷调查学生"孝"的现状。

### 学生问卷调查表

学生姓名：　　　　班级：　　　　　　年龄：　　　　生日：

1. 把你从小带到大的人是（　　）

2. 今天你请来的家长是（　　）

3. 他（她）的生日是（　　）

4. 他（她）的年龄是（　　）

5. 他（她）的身高是（　　）

6. 他（她）的鞋的尺码是（　　）

7. 他（她）最喜欢吃的水果是（　　）

8. 他（她）最爱看的电视节目是（　　　　）

9. 你与他（她）之间最开心的事是（　　　　）

10. 你与他（她）之间最大的矛盾是（　　　　）

（我认为这个问卷内容很具有针对性，目的：一是形成对比；二是教师对孩子们进行心理咨询，解决亲子心理矛盾等问题。）

5. 归纳如何尽"孝道"

学生口头汇报，教师总结展示：（1）亲近家长，关心家长；（2）了解家长，理解家长；（3）尊重家长；（4）会料理个人生活；（5）生活节俭，不向家长提出过分要求；（6）成人后要从物质和精神上进行孝敬父母和长辈。

（设计目的：这一环节是对孩子们进行方法指导，是让他们深刻地理解"孝"。）

### 活动三　感受"孝"

1. 情景剧表演（片段）

（1）"孝"是尊重（正面案例）。

表演片段：和爸爸妈妈说话时用"您"，用语文明。

（2）"孝"是行动（正面案例）。

表演片段：①爸爸下班了，给爸爸拿拖鞋，倒一杯热水；②妈妈累了或生病了，关心妈妈，帮妈妈捶背，给妈妈拿药、盖被子、量体温等；③爸爸妈妈过生日，或母亲节和父亲节时，亲手制作一张精致的贺卡送给他们；④学做家庭的小主人，帮爸爸妈妈做家务；⑤努力学习，取得好成绩，回家向爸爸妈妈汇报。

（3）"孝"是理解（反面案例）。

情境：犯错了，接受爸爸妈妈的批评，理解他们的心情，不抱怨。（引入

情景剧片段，反面表演）

师：同学们，你们觉得×××同学这样做对吗？为什么？

生1：我觉得他做得不对，妈妈批评他是因为他做错了事，希望他能改过来。

生2：他应该理解父母的心情，主动向妈妈承认错误，听从妈妈的批评。

活动四　表达"孝"

导语：是啊！我们的行动让家长感动，让我们自己感动，让我们把对家长的"孝"表达出来吧！（由体验到升华，故我在此设计了以下环节。）

1. 畅谈"孝"。

不管以前你是怎么做的，从今天开始，你将怎样"尽孝"呢？

2. 写一段自己想对父母说的话。

学生拿出事先准备好的爱心卡纸，写下对父母想说的话。

（设计目的：通过孩子们满含深情的话，把心中对亲人的那一份爱和"孝心"充分表达出来。）

活动五　班会课总结

孝敬父母不仅是我们应尽的义务，更应该是我们对父母、对长辈的感恩和爱。父母需要的很简单，就是下班后的一杯热茶，劳累后的一声问候。古语说，"树欲静而风不止，子欲养而亲不待"。同学们，请你们从现在开始，从点滴做起，爱你们的父母、家人，让我们记住：百善孝为先。（全班起立重复一遍：百善孝为先）

# 三、"儒行·体验式"德育课程的主要成果

## （一）创建特色校园文化，耳濡目染塑身心

"国无德不兴，人无德不立"，在品德培养上，寻根溯源、奉行典故，从经典中汲取精华。福苑学校践行德育，从进校门开始，就开始对学生进行品德熏陶。学校南门，"儒行课程小广场"，12根柱子诉说着孝悌智勇的故事，甲骨文演绎着汉字演变的传奇；各年级漂流书吧，经典传统故事的书整齐摆放，学生随手便读；学校各处的宣传栏都展示着传统文化中的经典故事。物质校园

· 191 ·

文化逐渐完善，德育教育随处可见。走进班级，低年级孩子每天伴随着《三字经》《弟子规》《笠翁对韵》等经典国学开启每一天、每节课；放学排队回家，走出校门，5分钟的古诗词诵读，家长就是孩子们最好的观众；每周阅读计划，经典书目争相流传。高年级，经典阅读，诗文比赛；各班教室建立图书角，各种活动、竞赛的奖项中，奖品均为书籍，建校第一年，福苑学校发出上千本书，平均每个学生10本，以此鼓励学生享受阅读、热爱阅读。传承经典传统文化，德育教育润物无声。

### （二）传统文化融于学，经典传承利于生

德育教育主要通过课程和教学来实现。其中，课程是实施德育教育的"跑道"，而课堂教学过程本身就是师生双方体验经典、塑造德行的过程。从建校起，福苑学校就提出了"要让每个孩子根据兴趣爱好来挑选课程"和"学校活动课程要丰富有趣"的观念。福苑学校开设了"国学经典赏析""国学诵读""经典阅读"等活动课堂，在课堂中让学生了解经典传统文化，取得了陶冶情操、树立学生良好道德品质的效果；我还组织学校名师工作室和德育骨干教师，研究学情，传承经典，形成了以孝、悌等12字为主题的德育教育校本课程，课程贯穿九年一贯制每个阶段，从经典入手，结合现代教育理念，将德育教育系统化、规范化、持续化。福苑学校还结合各学科特点进行德育教育，比如，语文学科涵盖的传统文化大多为古诗词和文言文，从识字拓展，从文章出处拓展，从读后感中拓展，经典传统文化在课堂中被放大。同时，福苑学校还形成四大核心课程：德育体验学习课程、快乐学习课程、书香学习课程和科技教育课程；以及四个学习社区：德育体验学习社区、快乐学习社区、书香学习社区和科技创新学习社区。福苑学校学生经过系列主题教育的引领，培养正确的人生观、价值观。经典传统文化与课堂教学深度融合，不断丰富教学资源，拓宽德育教育的层面，让学生在成长的过程中，逐渐形成积极向上的道德品质，养成良好的行为习惯。

### （三）传统运动健于体，民族艺术美于心

作为福苑学校创校校长，我十分重视对学生进行全面的引导。课堂渗透、校园文化都属于无形渗透。为了让学生接触到有形经典传统文化，在有形塑造

中培养道德品质，我决定从体音美课堂和集体活动入手，让学生参与经典传统文化、感受经典传统文化的魅力，在体验与实践中塑造品行，让德育教育落地生根。福苑学校开设了国学诵读、国画与书法、舞蹈社团、扎染社团、剪纸社团等，还将传统民族体育项目——武术引入校园，组建了学校武术队。传统体育是中华传统经典文化中不可或缺的一部分，是古人修身养性、强身健体的重要途径。福苑学校武术队阵容庞大，学生在体育节上表演的节目，备受好评；在龙华区第六届现场书画比赛活动中，福苑学校书法社团学生荣获中学绘画组特等奖、中学书法组一等奖等。扎染，古称扎缬、绞缬、夹缬和染缬，是中国民间传统而独特的染色工艺。扎染作品可以根据需要设计，制成壁挂、屏风、被面、桌罩、衣物等，成品独具特色，具有鲜明的民族风格和浓郁的民族韵味。福苑学校扎染社团设计的服装作品，将传统文化与创意融合，设计出自己的作品，在校艺术节上进行了汉服服装秀。在创造中，学生的艺术素养得到熏陶，道德品质得到提升，德行课程于有形处见成效。

**（四）家庭教育筑基石，亲子关系新发展**

福苑学校德育教育的实施取得了预期的成效。德育教育从学校出发，以学生为纽带，走进了家庭、走入了社区，促进了家庭和社会的和谐幸福。孩子们"小手拉大手"，影响着家长遵纪守法文明礼让。

## 四、"儒行·体验式"德育课程的实践反思

**（一）培养了学生的学习习惯和行为习惯**

福苑学校"儒行·体验式"德育课程为学生提供了自由发展、发散思维的空间，有效唤醒了学生的主体意识和探索精神，学生个性和潜能得到了主动发掘，为学生全面而个性的发展奠定了基础。

**（二）增强了教师队伍的整体素质**

福苑学校多位教师获得国家、省、市各级奖励，其中福苑学校老师进入龙华新区"年度教师"暨"最美教师"评选活动八强，几年时间，福苑学校教师承担了1个国家级课题、2个省级课题、3个市级课题、20个区级课题、20项校级课题，出版了中英文对照版的《汽车基础知识简介》《我是小主持人》《深圳市龙华区教育科学研究院附属学校校园植物图鉴》《幸福德育》《英语

微技能训练系列丛书》等校本课程。

### （三）深化了学校发展的内涵和品质

2017年，福苑学校被评为2016—2017学年度龙华区教育工作先进单位。2016年春，我作为深圳市教育界代表之一参加了深圳市人民政府春节团拜会。2018年5月11日，我受邀作为主讲嘉宾参加了在苏州举行的"全国人工智能+教育校长论坛"，在多个大型会议和公开场合中介绍并推广我校德育教育理念，让更多人了解并认可学校坚持汲取中华优秀传统文化，塑造学生道德品质的德育课程理念。

本节内容我主要与大家分享我在福苑学校（龙华区教科院附属学校）建构"儒行·体验式"德育课程的实践研究。在课程的建构和实践中，我始终坚持以"幸福教育"为理念，从中华优秀传统文化中汲取营养，引领师生坚守家国情怀，教导学生博学慎思、明辨笃行，强调家校合育、师生共赢。学校通过课程帮助学生体验和感知幸福。在福苑学校，"乐中学，学中做，做中成"就是幸福。这一阶段的德育融通实践主要体现出以下三个特点：一是强调文化育人。在出版《教育植根于爱》一书时，我已经关注文化育人的重要性。近年来，"文化自信"成为我们做教育创新的方向标。因此，在儒行课程的建构过程中，我从中华优秀传统文化切入，对儒家文化、传统思想价值体系予以认同与尊崇。因此，德育课程的融通路径是儒学与学科教学、文化传统、学生社团等相融合，体现文化浸润的课程实践面向。二是强调融合育人。贯通式教育的可持续性开展一定是基于学校治理、课程建设、学生发展等全方位的综合治理，统一发展。因此，在德育课程建构与实践中，我强调将心理学、教育心理学、学科教学进行有机融合，以期实现融合育人。三是强调学育并举、知行合一。学生品德的形成绝不是单一要素促成的，而是认知、情感、意志、行为等有机统一的过程。因此，我在推行儒行课程过程中，既有儒家文化的学习读本"打底"，又有具体的德育实践活动（比如，"礼、义、廉、耻、孝、悌、智、勇、忠、信、仁、和"12字精神内核校本课程的课堂教学范例，做到"一字一课"）。只有将德育与校本课程相结合，才能有利于学生的"知"与"行"合一，化"知"为"行"，由"行"入"知"。

在实践的过程中，我也在反思，虽然"儒行·体验式"德育课程在系统建构中与学科教学相融合，但是略显稚嫩、机械，而且，这种融合只停留在班主任的班会课、语文学科、道法学科。如何在更多场域、更大范围内落实文化育人的要求呢？比如说，"故事性德育"，这么多年来基本上都是我一个人在行政会、师生大会或者自己的课堂教学上使用，其他老师能否也用这种学生比较好接受的方式进行思想品德教育呢？如果其他老师愿意使用"故事性德育"，我该如何教他们呢？等等一系列问题都让我重新审视"儒行·体验式"德育课程，为下一阶段的探索提供更多方向。当然，还有一个问题，就是这个阶段的探索是相对薄弱的。由于福苑学校是新建校，老师基本都是90后，德育经验相对少。因此，在德育活动设计方面略显稚嫩，活动质效不够高。如何增强学校德育工作的实效性，将是我面对的一个新的挑战。

## "儒行·体验式"德育实践研究（第二阶段）

　　儒行课程包括礼义廉耻为先、孝悌智勇为核、忠信仁和为重，共三章十二节。儒行课程教学一般包括原文教学、古文解释、教师评论、故事分享、合作讨论和教育借鉴六个步骤。"儒行·体验式德育课程"从顶层设计到实施路径，始终着眼于实现学生的全面发展，唤醒学生的内在道德自觉，启迪学生的精神内生动力。在第二阶段的德育实践中，我开始和90后老师们开展三个方面的探索。第一方面是儒行课程的课例研发，将儒行教育以"一字一课"的课例研发思路贯通到每一个年级。但是，我不得不面对一个现实，那就是课程实践的初始阶段，很多年轻老师还是停留在知识的讲解层面，而活动设计相对单薄。儒行课程的课例研发历时几年，课例实践与研发也相对成熟，形成了一个完整的课例系统（包含教学设计、教学课件、教学实录）。2019年4月，我调任龙华区潜龙学校，之前遇到的一些问题，在这所有着11年办学历史的学校里都能迎刃而解，反而这个阶段让我能够更加深刻地审视之前的课程建设与课例研发。

　　经过实践、调研、教研、反思之后，我在潜龙学校坚持"守正出新，整体构建"的原则。主要从两条路径进行新的探索：一是延续与升华。潜龙学校经过11年的发展，已经有了较为成熟的课程体系，特别是国际理解课程、传统文化课程等学科素养课程，体系完善，课例丰富，成果丰硕。但是，我也发现学校德育课程体系建构相对单薄，大多是停留在日常德育实践、德育经验总结阶段。比如，潜龙学校也有"每周一展示""每月一节日"等德育项目，但相对缺少系统性的提炼与升华。我延续"周表彰""月过节"这样的德育课程项目，并将其做得更系统、更规范、更有品质，避免让日常德育工作陷入杂乱无章的局面。二是增补与拓新。"儒行·体验式"德育课程要增加学生的德育实践，那么就必须特别关注学生的主体地位。事实上，第一阶段的探索从儒家文化入手，与生活日常联系较少。这就是上文我提到的增加德育实践的质效问题。因此，在第二阶段的探索中，我注重加强"德育生活化"的建设，将德育实践活动与"生活德育"相联系，改变以往德育工作的"教师主导"，转变成"学生本位",增加了"家庭教育文化节"几个项目。除此之外,我还对学科素养实践活动的部分项目进行筛选,融入德育元素,如"国际理解英语节"中增加"草地音乐节"等学生喜闻乐见的实践项目,促使"五育并举,知行合一"的德育目标在更广泛的活动中得以落实。当然,潜龙学校的师资结构、生源素质相较福苑学校好得多,因此,我就将之前"故事性德育"进一步提炼,具化讲述逻辑,增补了"叙事性德育""家庭系统治疗"等项目,协同全校老师一起参与德育工作,形成全员育人的德育工作格局。因此,"儒行·体验式"德育课程的第一阶段和第二阶段实质上是一脉相承的,形成了一个德育融通培养路径。具体实践与思考,将从三个部分依次阐释。

## 一、"儒行·体验式"德育课程的教学设计与教学反思

作为创校校长,我在福苑学校提出了"家国情怀,博学笃行"的校训,同时针对"家国情怀"开发设计,撰写完成了"儒行课程"德育教材。2017年底,我在学科教研活动上提出"儒行·体验式"德育课程应该进一步将核心价值观教育、学科素养教育、传统文化教育、公民道德教育、习惯养成教育深度融合。于是,"一字一课"的课例研发思路就形成了。儒行课程的本质是以文化人,文化德育以课程建设为抓手,系统性地将优秀的思想道德品质贯穿在学生的学科学习、实践活动以及生活环境里,实现文化浸润、学科渗透、活动体认三个阶梯式的发展。也只有通过课例研发,才能进一步审视、辩证地看待"儒行·体验式"德育课程的科学性和有效性。于是,在经过集体备课、集中培训之后,福苑学校所有班主任、科任老师都参与到"儒行·体验式"德育课程的课例研发与实践活动中来,我们也完善了"儒行·体验式"德育课程有效实践的原则:以科研为主导向,以课堂教学为主阵地,以实践活动为主载体。下面,我分享九年级德育课程"智、和"主题班会的教学设计,以及与社会主义核心价值观相融合的班队会教学设计。我们从两个角度来理解"儒行·体验式"德育课程的横向协力。

## 案例一：学以"智"用
### ——用创新点亮我的青春班会教学设计

**一、班会名称**

学以"智"用——用创新点亮我的青春。

**二、智的概念与案例**

1. 概念：智，知也，无所不知也。孟子曰："是非之心，智之端也。"故明白是非、曲直、邪正、真妄，即人发为是非之心，文理密察，是为智也。

2. 案例：诸葛亮（181—234 年），字孔明，号卧龙（也作伏龙），徐州琅邪阳都（今山东省临沂市沂南县）人，三国时期蜀汉丞相，杰出的政治家、军事家、文学家、书法家、发明家。

在高承《事物纪原》中，有记载诸葛亮南征班师时，正遇风起，不能渡河，孟获说这是猖神作怪，只要用人头和牲畜祭祀，便会风平浪静。但诸葛亮觉得用人头太残忍了，于是用面粉搓成人头状，混上牛、羊等肉去替代，名为馒头。

**三、班会目标**

目标水平一：通过榜样学习，认识到创新并不是遥不可及的事情。

目标水平二：激起学生创新的兴趣，培养学生的创新意识，了解创新的小窍门。

目标水平三：培养学生勇于创新的精神，让其学会以积极的心态面对创新过程中的困难和挫折。

教育借鉴：习近平总书记曾说："青年是祖国的前途、民族的希望、创新的未来。""青年一代有理想、有本领、有担当，国家就有前途，民族就有希望。"同时，本主题也与学校"创客"教育相吻合。

**四、班会前期准备**

1. 搜集有关创新意识测试的资料。

2. 搜集有关中学生发明创造的案例以及视频资料。

3. 制作演示课件。

### 五、班会过程

环节一：智有何用（层层设问、渗透法导入）

师：我们上学是为了什么？

生：学习！

师：学习、学习，学习什么？

生：知识！

师：知识是什么？（导入本课"智"的核心概念）

师：诸葛亮不仅是伟大的政治家、军事家、文学家，他还是发明家，同学们知道诸葛亮发明了什么东西吗？

生：馒头、诸葛连弩，等等。

师：（导入诸葛亮发明馒头的故事）我们在学校学习知识，就是我们提升"智"的过程，那么提升"智"以后，应该做什么呢？

生：发明、创造。

师：回答得不错，但准确点说应该是"创新"！

环节二：活动一 创新意识测试（通过活动参与法、合作讨论法，强化学生对创新的认识）

师：同学们，我们常常被比作祖国的花朵，祖国的太阳，那是因为我们拥有青春，我们风华正茂！我们拥有"指点江山""激扬文字"的热情！今天，是信息化的时代，这就要求我们拥有创新的意识。那么，到底什么是"创新"呢？你们到底具备多少创新意识呢？以下的创新测试将为你提供答案。

（呈现课件的创新意识测试题目）

1. 印在纸上的主意、想法，其价值还不如印它们的纸张。

A. 非常同意 B. 比较同意 C. 稍许同意 D. 不太同意 E. 很不同意 F. 极不同意

2. 世界上有两种人，一种人追求拥护真理，另一种人排斥真理。

A. 非常同意 B. 比较同意 C. 稍许同意 D. 不太同意 E. 很不同意 F. 极不同意

3. 大多数人并不知道什么才是对他有益的。

A. 非常同意 B. 比较同意 C. 稍许同意 D. 不太同意 E. 很不同意 F. 极不同意

4. 人生中的大事就是去做自己认为重要的事。

A. 非常同意　B. 比较同意　C. 稍许同意　D. 不太同意　E. 很不同意　F. 极不同意

5. 在这个复杂的世界里，要了解事情的演变情形，唯一的途径就是我们信任的人或专家。

A. 非常同意　B. 比较同意　C. 稍许同意　D. 不太同意　E. 很不同意　F. 极不同意

6. 在当代论点不同的所有哲学家当中，有可能只有一两位才是正确的。

A. 非常同意　B. 比较同意　C. 稍许同意　D. 不太同意　E. 很不同意　F. 极不同意

7. 大多数人根本不会替别人稍微设身处地地想一想。

A. 非常同意　B. 比较同意　C. 稍许同意　D. 不太同意　E. 很不同意　F. 极不同意

8. 最好听取自己所尊敬的人的意见，再作判断和决定。

A. 非常同意　B. 比较同意　C. 稍许同意　D. 不太同意　E. 很不同意　F. 极不同意

9. 唯有投身追求一个理想，生命才有意义。

A. 非常同意　B. 比较同意　C. 稍许同意　D. 不太同意　E. 很不同意　F. 极不同意

10. 当有人顽固不肯认错时，我就会很急躁。

A. 非常同意　B. 比较同意　C. 稍许同意　D. 不太同意　E. 很不同意　F. 极不同意

计分方法：A.1分　B.2分　C.3分　D.4分　E.5分　F.6分

师：同学们，你们的得分是多少呢？如果你的得分是0-18分，则你比较欠缺创新意识，要加把劲儿培养自己的创新能力哦！如果是19-40分，则你的创新意识中等，值得表扬，应该继续坚持。如果是41-60分，则你具有较高的创新意识，那你就要想想如何把这些创新的想法贯彻到实际的发明中了！相信我们的同学的创新意识都不低吧！那么什么才是创新意识呢？请几个同学来谈谈他们心中的创新意识的含义吧！

学生A：创新意识就是发明以前没有的东西。

学生B：创新意识就是脑袋里有很多新奇的想法，并且将这些想法落实于行动。

师：同学们对创新意识都有一定的认识，那么，我们来听听习近平总书记对于创新是怎么说的。

环节三：历史上的创新（历史引领，提升认知）

播放习近平总书记关于"创新"的讲话。

师：创新既体现在伟大的科技发明中，也出现在身边的日常事物中。中国人自古以来就在不断地创新发展。

（展示从古至今"衣食住行"四个方面的创新。）

生：创新是我们生活的一部分。

师：同学们，你们认为中小学生可以创新吗？

生：不能，中学生哪有创新的本事呀！

师：那可不一定，我们深圳市就有不少中小学生搞了大发明。

环节四：活动二 小创客与大创新（贴近生活，激发动力）

（讨论深圳中小学生的创新成果）

新闻一：深圳荔园小学的万××、沈××、周××三名同学发明的"防近视纠坐姿节能阅读灯"，得到孵化企业的认可，经过升级改善的产品正在走向市场。令人更为惊讶的是，这三名小创客同学的平均年龄才9岁。他们用废弃糖盒当灯座，废弃水管当灯架，皱纹纸和钢丝做灯罩……这款"防近视纠坐姿节能阅读灯"不但实现了"废品再利用"，而且比普通的阅读灯还多出防近视、纠坐姿等实用功能。

新闻二：深圳龙华区书香小学五年级学生蒋××发明了"高速、快速公路紧急停车同步临时警示装置"，在全省400多个项目中脱颖而出，一举拿下大赛金奖，并将代表中国赴美国参赛。

学生讨论：你是否对创新有了新的理解？（倾听与分析小创客的创新心得）

心得一："这个发明的灵感来源于一则新闻。"蒋××告诉记者，有一天他看到电视新闻，一辆小车在107国道发生故障，完全无法移动，当司机打开车门下车时，被后面飞快行驶的车辆瞬间撞飞。"当时我刚加入学校的'书香小创客社团，老师让我们多想想生活中有什么实际的问题需要解决，我觉得这个难题我可以想办法解决。"交通规则规定，当车辆发生故障而无法移动时，应该先开启危险警报闪光灯，并在车后50-200米以内放置警告标志。但现实中，像蒋××在新闻中看到的交通事故时常发生，如何才能让司机确认后方安全后才下车呢？从想法转变为现实，蒋××克服了很多困难。开关里的电线怎么接？如何做好绝缘？设备能否更轻便一些？在过去几个月的课余时间里，蒋××和指导老师李××时时刻刻都在想办法"攻克"这些技术难题。结果证明，他们的努力没有白费。

心得二：万××告诉记者，他们发现身边的同学近视的越来越多，近视之后，不管是打球、洗澡还是日常生活都非常不便，而预防近视很重要的一个方面就是保证学习时的坐姿正确。"所以如果能做出来一个台灯帮助同学们保持正确的坐姿，同时也能防近视的话，就牛了。"三名学生按编程、外观、整体三大工作进行分工，在老师周××的指导下开始将创意变成现实，过程虽辛苦但也让他们收获满满。让万××印象深刻的是灯杆制作，"想了很久，也尝试了很多种办法，最终用了废水管，并用3D打印出来的螺纹做连接件"。而让周××记忆犹新的是灯罩制作，"里面铁丝太细或者太粗都不行，还要把它盘成一个个圈，有点儿辛苦"。为了让作品尽善尽美，他们暑假有时会在学校"加班"到晚上10点钟。最终，在全国创客邀请赛上，上述作品取得一等奖的好成绩。

学生讨论：创新的窍门是什么？

环节五：总结创新的小窍门，激发创新兴趣（师生共同总结，强化认知）

总结：（1）创新的前提是知识的储备，是智慧的提升。（2）创新的人敢于大胆设想，敢于打破常规，想常人不敢想的问题，创新思维。（3）积极探索实践，寻找解决问题的办法。（4）相信自己，从不轻言放弃。

环节六：活动三 学以"智"用（通过学生喜欢的流行音乐，在学生合作中尝试在节奏中写一段关于自己有什么创意、如何学以"智"用等等）

学生活动：成果分享

环节七：总结

师：今天我们的主题班会就到这里，希望同学们学以"智"用，成为有智慧、有理想、有本领、有担当的人。

## 案例二：家国情怀，博学笃行
### ——传统美德文化教育主题班队会设计

**一、队会活动主题**

家国情怀，博学笃行。

**二、队会活动目标**

1. 初步了解"忠"的内在含义。

2. 对学生进行中华传统美德教育，以及对国家忠诚的教育。

3. 帮助学生树立正确的人生观、价值观、是非观。

**三、活动时间**

班队会课。

**四、班级**

三年级×班。

**五、活动方式**

以小组为单位进行，自主开展活动，教师点评。

**六、活动准备**

1. 按各人兴趣自由组成两个小组，并给自己的小组取个名字，明确活动任务。

"忠"："家国情怀"组，负责收集关于"忠"的有关材料。

"行"："博学笃行"组，负责调研关于"博学笃行"的有关材料。

2. 利用课余时间，请教老师、家长，通过上网查询、阅读书籍等方式收集资料。

**七、队会活动过程**

（一）升旗

（二）唱队歌

（三）主持人宣布活动开始（鼓掌）

教师导入：本学期开学以来，全校开始开展了各种类型的传统美德文化教育，我们班要紧跟步伐，开展"忠"的传统美德班队会活动，目的是对同学们加强传统美德教育，促进同学们从小养成良好的品德，从而树立正确的人生观、价值观、是非观。

什么是"忠"？新时代的"忠"应被赋予哪些内涵？何谓"忠孝"？《现代汉语词典》中的"忠"是指忠诚。《论语》中讲的"忠"，是对国家、社会、父母、朋友等的忠诚与责任心。"对一事一物无不尽心者谓之'忠'。"（《论语别裁》）

自古以"忠""孝"为尊。其中的"忠"有：君子生于世间，以忠为立身之本，人生在世，贵尽忠孝节义等事，方于人道无愧，可立身于天地之间。否则，身虽在世，其心已死，是谓偷生。忠于国家，忠于集体，忠于家庭，孝顺父母，尊敬师长，珍惜亲情，方可做谦谦君子，磊落男儿。我们经过讨论，去除历史文化之糟粕，取其精华，确立了"忠"教育的内涵为："忠于祖国、忠于人民、立志成才，孝敬长辈、理解亲情、学会感恩。"特别是对"忠"的理解，我们更注重教育学生把忠诚爱国的豪情转化为学名人，从小立志成才的实际行动。

在这次主题活动中，大家做了些什么，做得怎样呢，我们今天来好好展示一下吧！

1. 学生活动

主持人（班长或大家推选的）：宣布主题班会活动开始及强调活动要求、注意的问题。

2. 各组汇报活动开展情况

（1）"家国情怀"组

组长向大家介绍该组的准备情况（分组、推选组长、讨论命名、资料收集），通过"唱、讲、诵、辩"等形式表达对祖国、对人民、对亲友的忠诚与热爱。

成员展示：

①唱《国歌》等爱国歌曲。推荐歌曲：《懂你》《感恩的心》《说句心里话》《白发亲娘》《母亲》《儿行千里》《常回家看看》《爱的奉献》《烛光里的妈妈》《为了谁》《丹顶鹤的故事》《五星红旗》《春天的故事》《长大后我就成了你》等。

②讲忠诚故事。如：岳飞的"精忠报国"，文天祥的"人生自古谁无死？留取丹心照汗青"，黄继光的"堵枪眼"，刘胡兰的慷慨就义。

③诵忠诚诗文。如：陆游的《十一月四日风雨大作》，文天祥的《过零丁洋》，陈毅的《梅岭三章》。

④进行忠诚是非辩论。由小组成员分头展示。

（2）"博学笃行"组

组长介绍准备情况。

①唱一首励志或感恩的歌曲。推荐歌曲：《懂你》《感恩的心》《说句心里话》《白发亲娘》《母亲》《儿行千里》《常回家看看》《爱的奉献》《烛光里的妈妈》《为了谁》《丹顶鹤的故事》《五星红旗》《春天的故事》《长大后我就成了你》等。

②展示小组开展的班级忠诚家国的承诺书签名活动的展示板。

③展示在校园一角、国旗下或者和父母一起拍的一张合影照片。收集父母从年轻到中年的照片，看看父母逐渐衰老的变化；收集自己从小至今的照片，看看自己在父母辛勤哺育下茁壮成长的变化。

④开展"博学笃行"活动，师生之间互动，营造一种氛围，真正将"家国情怀，博学笃行"落到实处。

（3）行动起来："博学笃行"

①组织开展"家国情怀，博学笃行"班级征文活动。全班参与，班级评选出征文优秀者予以表彰。征文参考题目：《我的学校》《我爱我的祖国》《父母的手》《有一种情怀叫忠于国家》《父母的相册》等。

②一封家书表孝心。组织学生给父母写一封信，结合期中考试，向父母汇报近期的学习生活状况，表达对父母家人的感激之情。每个学生写好后，装入信封，贴上邮票，由班主任收齐统一寄发给家长。

③开展爱校爱家行动。从小事做起，行动起来，开展"爱护家校"活动。即在学校组织一场爱校护校的活动，如校园环境守护，我和校园合影，给父母洗一次脚，帮父母洗一次碗（或做一次其他家务），给父母交一份科学合理的学习计划（或成长计划），用不同形式和父母交流一次感情（或说

一次心里话）。

（四）中队长：下面有请辅导员讲话总结。通过活动，让学生自觉体验、共鸣、升华，是一次思想的洗涤，心灵的撞击；帮学生认识"家国情怀，博学笃行"活动的意义，引导学生从小严格要求自己，继承和弘扬中华传统美德，做到"在校当好学生，在家当好孩子，在社会当好少年，将来当忠于家国、热心向善的好公民"。

（五）呼号

（六）退旗（退旗曲）

我们从上面这两个教学案例来看，儒行课程把握住课堂这个育人的主阵地，将"创新意识""家国情怀"等德育元素融入课程中，兼顾学校的培养目标，也响应时代的要求。我们的德育融通通过"元素的融通""学段的融通""实践的融通"等路径，形成更广范围的育人合力。我们在打造儒行课程的过程中，必然可以横向关联不同学科，渗透道德观的教育以及时代德育的要求。如此，我们的德育工作才能有更广阔的探索空间，我们的学生才能实现更全面的成长。

## 二、"儒行·体验式"德育课程的延续与升华

2019年4月，我调任龙华区潜龙学校。为了更好地推行融合型素养课程，我和行政团队再一次对学校现行的德育管理进行梳理，坚持"守正出新，整体构建"原则，达成一致的育人原则就是要尊重每一个学生的个性发展需要，注重学生行为习惯的养成，重视学生的品行教育，提出"一切为了学生的快乐成长"的办学宗旨。我们从学科中汲取学习元素，并将这些元素融入学生的日常行为规范、情智发展、个性发展的过程中，实现赋能。主要从两条路径进行新的探索：一是延续与升华。我们优化德育资源，优化设计了"月月过节 弘扬文化""周周表彰 弘扬正气"两个主题的系列德育项目，保留了"每班一台戏展现风采"的特色活动。二是增补与拓新。我们增加了"叙事性德育"和各种特色社团活动课、各类社会实践等德育活动，实现活动育人，进一步深化"月·节文化"课程，让学生在活动中塑造行为规范，实现人格完善，效果十

分显著。

学校打造"乐活课程体系"。其中，德育课程的融通路径与学科素养实践相融合，构筑起系统化、整体性的体验式德育课程，课程内容除了日常德育常规以外，还包括"每月一节日、每周一表彰、每班一台戏、每周一展示"系列德育课程。其中，"每月一节日"囊括了家庭教育文化节（3月）、传统文化国学节（4月）、国际理解英语节（5月），以及乐活学习节（6月）、科技创新节（9月）、体育健康节（10月）、文化悦读节（11月）、多彩艺术节（12月），通过整学年的活动全覆盖活动育人，促进学生全面发展。每一个节日，活动内容均融入德育元素。如国际理解英语节，融入规则教育、单词王竞赛、合唱比赛、英语配音秀、草地音乐节、英语团体演讲比赛、国际礼仪教育以及国际美食知识一站到底……其他素养实践活动也均融入社会主义核心价值观、礼仪教育、纪律教育、创新意识。"每周一展示"项目，充分利用教育群体效应，每周一早晨在升旗台上，各班级轮流进行集体才艺展示。唱歌、朗诵、舞蹈、乐器演奏、配音、戏剧表演等各种学生喜闻乐见的形式轮番上演，学生能够充分发挥主体作用，所有节目均是学生自行完成的，老师只是提供辅助，不直接参与学生的活动，给足学生自主行动的空间。在这个时间段，"每周一表彰"既是正向的肯定与评价，也对学生的良好行为进行正向强化，做好榜样教

**每月一节日**

国际理解英语节，融入规则教育、单词王竞赛、合唱比赛、英语配音秀、草地音乐节、英语团体演讲比赛、国际礼仪教育以及国际美食知识一站到底……其他素养实践活动也均融入社会主义核心价值观、礼仪教育、纪律教育、创新意识。

**周周有表彰**

既是正向的肯定与评价，也给学生的良好行为进行正向强化，做好榜样教育。

**每周一展示**

充分利用教育群体效应，每周一早晨在升旗台上，各班级轮流进行集体才艺展示。唱歌、朗诵、舞蹈、乐器演奏、配音、戏剧表演

**年级特长课**

- 20个艺术类社团，有合唱团、舞蹈团、古筝团、京剧社、国画班、素描班、书法班等。
- 年级特长课：一年级围棋，二年级象棋，三年级足球，四年级啦啦操，五年级地壶球，六年级拉丁舞，七年级羽毛球，八年级篮球，九年级跳绳。

潜龙学校教育集团"乐活德育课程"

育。社团建设方面，学校开设了近 20 个艺术类社团，有合唱团、舞蹈团、古筝团、京剧社、国画班、素描班、书法班等。推行"一年级一特长"体育课程，其体系已初具雏形：一年级围棋，二年级象棋，三年级足球，四年级啦啦操，五年级地壶球，六年级拉丁舞，七年级羽毛球，八年级篮球，九年级跳绳。音乐与美术的"一年级一特长"的课程体系也在探索和构建中，以期为学生终身幸福成长奠基。以下与大家分享潜龙学校德育处开展的德育实践活动"家庭教育文化节"的活动开展方案。

## "烹"然心动，美好食光
### ——深圳市龙华区潜龙学校第三届家庭教育文化节活动方案（一）

**一、指导思想**

为学习贯彻《中华人民共和国家庭教育促进法》，促进我校家庭教育工作纵深发展，建立密切、融洽、信赖的家校关系和师生关系，促进学生身心健康和谐发展，促进全校家庭重言传、重身教，教知识、育品德，身体力行、耳濡目染，帮助孩子扣好人生的第一粒扣子，迈好人生的第一个台阶，加快推进学校、家庭、社区的结合，提升家长的家庭教育理念，特制订我校 2024 年度家庭教育节活动方案。

**二、活动主题**

"烹"然心动，美好食光。

**三、参加对象**

1. 策划设计人：德育副校长、德育处、安全办

2. 组织实施人：德育处、安全办、年级长、班主任、家长

3. 活动参与人：全校全体学生和家长

**四、活动时间**

5 月 6 日至 6 月 3 日。

**五、具体活动内容安排**

以下活动时间均为暂定时间，具体时间以最后通知为准。具体方案见附件，可能有增减。

1. 家校交流会（本书暂略）

时间：第十二周

2.美食烹饪乐之妈妈的好帮手（本书暂略）

时间：5月12日母亲节

3.美食学学乐之家长课堂（本书暂略）

时间：第十三周周二下午

4.心理沙龙

时间：第十四周

5.美食尝尝乐之家乡的味道

时间：5月31日下午

## 心理沙龙
——深圳市龙华区潜龙学校第三届家庭教育文化节活动方案（二）

### 活动一：如何帮助孩子管理情绪（1—3年级）

**一、活动目的**

在养育孩子的过程中，家长遇到的挑战之一莫过于时不时要面对孩子的情绪风暴——不顺心、挫败时的眼泪狂飙；要求无法满足时的撒泼打滚，敌意对抗；生气愤怒时的歇斯底里，不管好言相劝还是威逼利诱，孩子还是油盐不进。到底该如何处理孩子的情绪问题呢？5月，是家庭教育月，也是心理健康月。借此机会，给家长带来一些心理方面的指导，让家长在与孩子相处中，能更好地应对孩子的情绪。

**二、活动人员与形式**

开展小型讲座，36人左右。由1—3年级班主任推荐参加。

**三、活动时间**

5月，具体时间5月×日。

**四、活动地点**

二楼心理教室。

**五、活动内容**

1.情绪引发的问题；

2. 处理孩子情绪常见的误区；

3. 了解孩子情绪发展的特点；

4. 正确接住孩子的情绪；

5. 问题探讨。

六、活动准备

讲座 PPT；签到表；相机。（心理科组成员负责）

## 活动二：有话好好说——亲子沟通密码（4—6 年级）

一、活动目的

亲子沟通是每个家庭的必修课，但在很多家庭中父母和孩子都不会有话好好说，父母的语言中存在着"命令"和"安排"，孩子的反应中充满了排斥和抗拒，由此激化了很多矛盾。作为父母，思考"如何说，孩子才会听？怎么说，孩子才肯听？"是很有必要的。良好的沟通能加深父母与孩子之间的理解和信任，帮助建立更紧密的亲子关系。今天这场沙龙就让我们说好"心语"，架设起与孩子之间心灵的桥梁吧！

二、活动人员与形式

开展小型讲座，36 人左右。由 4—6 年级班主任推荐参加。

三、活动时间

5 月，具体时间 5 月 × 日。

四、活动地点

二楼心理教室。

五、活动内容

1. 亲子沟通的现状；

2. 无效沟通的原因；

3. 有效沟通的秘密；

4. 问题探讨。

六、活动准备

讲座 PPT；签到表；相机。

## 活动三：关注心灵，守望成长（7—9年级）

### 一、活动目的

初中学段的学生正处于青春期的自我统一性矛盾中，比较叛逆。经调查，部分出现心理问题的孩子是由于亲子关系紧张引起的，相当一部分学生认为跟父母没法沟通，父母也不理解孩子为什么上了初中后性情大变，很多家庭亲子关系不理想。还有一部分家庭，平日只关心孩子的成绩，生活上也很用心照顾，但是忽视了孩子的心理，这样就很容易导致亲子关系出现问题。为了让家长能更好地了解孩子，掌握与青春期孩子沟通的技巧，特举办此次家长沙龙。

### 二、活动人员与形式

小型沙龙讲座，初中亲子关系紧张的家长。

### 三、活动时间

5月，具体时间5月×日。

### 四、活动地点

心理教室。

### 五、活动准备

PPT，A4纸，签到表，拍照设备。

### 六、活动内容

1. 初中生心理问题的现状；
2. 经典案例分享；
3. 沟通方式解析；
4. 家校合作，形成合力；
5. 问题探讨。

## 美食尝尝乐——家乡的味道
### ——深圳市龙华区潜龙学校第三届家庭教育文化节活动方案（三）

为丰富我校学生的课余生活，也为了让孩子们度过一个难忘、愉快、有意义的六一儿童节，学校决定开展第二届校园"美食节"活动，旨在通过美食文化主题活动，营造一种健康向上，充满欢乐、祥和的校园氛围，同时进一步展现我校学生的崭新风貌，提高学生的动手能力，特举办此次家庭教育活动。

一、活动时间

2024 年 5 月 31 日。

二、活动内容安排

1. 御厨评选会

每个班所准备的食物小部分用作班内分享，大部分用作对外售卖。班主任组织班级同学参加"最佳菜品"评选。

要求：此作品同学有参加制作，并能提供相应的制作照片或者 10 秒左右的短视频。

鼓励孩子们在家勤动手，多学习。每班评选出一名"御厨"。

2. 校园食博会

每个学生持有一张美食徽章，所有学生在自己品尝过的美食中选出自己最喜欢的美食，将学校统一发的美食节徽章贴于班级点赞榜。评完后回各自教室。各年级将根据班级点赞榜结果在每个年级评出来 3 名"最佳组织奖"，于活动结束后上报德育处，颁发奖状。（教师品尝后也请点赞）

三、活动前准备

1. 制作班级点赞榜，可以去校长室领取大白纸自行设计。

2. 各班美食节请规划好班级位置，可以将课桌椅分为售卖区和品尝区，所有同学在该班级购买后就可以在班级坐下来品尝，吃完后将垃圾丢到班级的指定位置。活动结束后由班级统一放到垃圾桶处。

3. 班级菜品宣传海报，班级自主设计，统一贴于班级黑板上。

4. 各班可安排若干名售货员、服务员及卫生管理员。

5. 各班根据自己班级设定的内容，准备好餐具、餐桌凳、饮料杯、抹布、垃圾桶等必要的厨房用品，做到保洁、有序、安全。

6. 环境布置（教室、走廊等），可以播放音乐。

7. 摄像：学校宣传干事。

四、活动说明

1. 各班级要重视食品卫生、质量，要注意美食制作、品尝过程中的安全教育事项。

2. 提倡学生自带餐盘、调羹，班级适量准备一次性用品，避免造成浪费和污染。

3. 活动结束后要上传本次活动中"最佳菜品"材料及班级最精彩的照片5张至德育处。

从此活动方案中，我们可以看出，德育实践活动与家庭教育、心理健康教育、劳动教育的横向协力。在德育系统中，根据学生实际，分年级差异化执行，学生的体验、合作、探究都能无形地培养他们的情智，锻造他们的责任意识和规则意识。

## 三、"儒行·体验式"德育课程的增补与拓新

### （一）叙事性德育

我到潜龙学校工作后，不仅给行政团队、年级组、教研组、班主任团队讲了很多故事，我还经常在学生大会、学生活动、课堂上给学生们讲很多故事。每一个故事讲完，都会提炼一个道理或者启示。学生们都很喜欢听我讲故事，每次我一讲故事，他们都听得轻松，故事结束，都能有思考、有收获。后来，我和同事们一起探讨，面对同样的教学内容，为什么学生更喜欢听老师讲故事？为什么学生更喜欢从故事中接受老师讲述的道理或知识呢？在小学生的科学课上，通过讲故事，学生更喜欢参与到课堂的互动中。我去给初中生讲故事，学生也更喜欢我所传递的修身处世的道理。

于是，我开始审视故事本身，注重故事核心形象的建立与外化。我所讲的故事基本都是取材于真实的事件、真实的生活场景。因此，这些故事都有一个特点：真实而有生命力，源于生活。富有生命力的故事含有积极、健康、正向的德育元素，便于创新性剪裁、使用。一般而言，每一个德育故事都蕴含一定的道德价值。我讲故事的时候，并不是简单地照搬复述，而是对故事进行巧妙的加工，将故事里的成长元素、德育价值以朴实、生动的语言呈现出来。特别是故事主人公的选择，以及"我"与主人公的互动细节，将这些关键点不断细化、提纯，根据我所想传递的德育元素修改、放大，突出故事背后的德育价值

和成长启示。每次学生听完我所叙述的故事，都若有所思。这里的"所思"就是我通过故事所传递的成长观、价值观。而故事中的主人公形象，事实上已经模糊了，在我一步步讲述的过程中，学生已经在内心建构起心目中的主人公形象，或者说自己就是主人公了。我将这个过程进一步提炼，归纳出讲好一个故事的步骤：

第一是精选故事，聚焦价值。选择那些富有德育价值、成长启示的故事，这样的故事方便创新性加工，聚焦不同主题的德育元素。比如，每年9月，我都会问新初三学生一个问题："明年9月将在哪里？"我都会给初三的学生讲一个故事，关于李同学的奇迹故事，鼓励学生们明晰目标，自信自觉，脚踏实地，必将产生奇迹。2009年，我是罗湖区滨河中学教学副校长。李同学是滨河中学美术特长生，2009年考上清华美院。李同学文化课成绩很一般，可是他在2009年春参加清华美院艺考高分通过之后，有了学习的自信与动力，迸发出了极大的学习热情。在2009年6月高考文化课考试中取得了令人惊奇的成绩，堪称奇迹。这个故事，我既可以从"李同学擅长画画，他扬长避短，做自己的唯一，而不是第一"的角度叙述，也可以从"李同学的自信心是通过自己的实际行动获得的，行动是解决所有焦虑的最佳方式"的视角来讲解，还可以从"有了自信心，李同学最终获得更大的成功，自信的人就能创造奇迹"等角度进行叙述。总之，我们要精选故事，让故事既有生命力，又有德育价值。

第二是解构故事，突出价值。对故事的前期、中期、后期进行明确界定，细化故事中的主人公面对挑战、困境时的选择、行动，聚焦故事的德育价值，突出故事前后的变化，突出主人公的心灵转折与突破。我们还是以李同学考清华美院为例。李同学考试前，他做了什么努力，他是如何一步步逆袭的呢？李同学在考试中是如何克服紧张心理，稳定发挥的呢？李同学专业课通过后，是如何克服浮躁，将自信心转化为强大的学习动能，最终文化课也高分逆袭的呢？总之，我们可以将学生引入"主人公面对不同情况时，他是如何做的？"这样的情境，这其实是我们对故事的解构，根据需要解构，根据情境解构。再比如，我和新生家长分享我妈和我的中小学老师的对话，我妈当着我的面告诉我的老师，如果我不听话，老师可以打断我的腿（实际上老师是不可能打断我的腿的）。我一直听老师的教导，因此我学习一直在进步。故事现场，我问家长们："你们怎么理解我妈跟我老师的对话呢？"家长们可以从不同角度进行解构，从我妈的教育动机，从我的心理动机，从我老师的感受等等，无论从哪个角度，我都让家长们参与故事的解构，这样，家长才能真正进入故事。

第三是融入故事，支撑对话。为了让学生沉浸在我们所讲的故事中，我们需要组织学生的交流和体验，讲故事时，不时停下来问："如果你是他，你会怎么选择？你会怎么做？为什么？"让学生在思考交流中获得真正的道德意识，使价值理念主体清楚与明确。通过引导学生自己主动思考，与老师一起支撑起这个故事，让学生获得故事讲述的参与感、获得感。我们一般会选择那些没有固定答案，开放性强的关键点进行互动。我们对故事的处理，不能是简单地由老师一直讲一直讲，而应该将故事放心交给学生，让学生们一起和故事里的主人公，或者故事里的"重要他人"对话。这样，故事就活了，多边对话，双向对话，多边建构，双边建构，这样，德育元素才能真正入脑入心，而不是仅仅停留在"讲述—理解"的二元对话。每个学生和老师一样，都是故事的创作者，都是这个故事的叙述者。比如说，李同学考清华美院的故事，我们可以问，如果你是李同学，当你面对作业多、应对不过来时，该怎么办呢？提出这样的开放性问题，引导学生各抒己见。这样既贴近学生生活实际，又能让学生发动大脑去思考题目，就是引导学生参与故事，支撑故事内容，成为故事叙说者的一种方法。再比如说，我给初一新入学的学生们讲了美国马萨诸塞州阿默斯特学院（Amherst College）的一个"南瓜的故事"，旨在鼓励学生：信念会引领他们创造奇迹。这个故事，远离我们自己的生活，但是却有德育价值，我们也可以通过情境创设，渗透德育元素。美国阿默斯特学院进行过一项很有意思的实验。试验人员用很多铁圈将一个小南瓜整个箍住，观察当南瓜逐渐长大时，对这个铁圈产生的压力有多大。在实验的第一个月，南瓜承受了500磅的压力；实验到第二个月时，这个南瓜承受了1500磅的压力。当它承受到2000磅的压力时，研究人员必须对铁圈加固，以免南瓜将铁圈撑开。最后，整个南瓜承受了超过5000磅的压力后才产生瓜皮破裂。当他们打开南瓜时发现它已经无法再食用，因为它的中间充满了坚韧牢固的层层纤维，试图想要突破包围它的铁圈。为了吸收充分的养分，以便突破限制它成长的铁圈，它的根部甚至延展超过8万英尺，所有的根往不同的方向全方位地伸展，最后这个南瓜独自地接管控制了整个花园的土壤与资源。当我给初一新生讲述这个"南瓜的故事"的时候，中间停下来，让学生猜测："南瓜打开后，还能吃吗？"有的学生说能吃，更甜了，因为南瓜坚强的心让南瓜更甜了。"世界以痛吻我，我却报之以歌"，我肯定学生的创造力。有的学生说不能吃，因为已经基因变异了，变成一个比大树还厉害的新品种，实现了自我的迭代更新。我肯定学生的想象力。在支撑性对话技术下，学生的发散思维、创新能力都得到发展，他们真正参与到"南瓜"的生命历程里来了。从他们的回答中，我们可以洞悉他们的心灵世界、性格特点，这样的故事才有生命力。

第四是成为故事，连接生活。从上面家庭教育文化节的工作方案中可以看出，潜龙学校的德育课程很重视学生的真实体验。事实上，我们是让学生真正参与到故事之中，成为故事的主人公，让学生有意识思考、见证自己成长。只有让我的学生成为叙事的主体，我才是一个会讲故事的老师。只有让我的老师们成为叙事的主体，我才是一个会讲故事的校长。因为，故事的成立一定要基于听故事的人有自己的真实体验。换句话说，"人人听故事，人人讲故事，人人是故事"是我对叙事性德育的探索目标。我跟同事、学生们讲了太多有意思的故事，自然也想让我的老师们、我的学生们都会讲故事，都能成为故事中的那个主人公，成为一个好故事。毕竟，德育的最高境界就是成为德行典范。支撑性对话是让我们成为好故事的最佳路径之一。因为对话是双方共同了解、理解、认同的社会价值建构与形成的步骤，也是一个真正完整的人体认道德价值的步骤。德育会出现在课堂上、学校里、生活中，因此，我们要将故事生活化，让学生在日常生活事件中与生活事件对话，让学生有心与生活对话，思考正向的道德价值，只有这样，才能实现实践育人、活动育人、课程育人的根本目标。比如，这学期我给四年级学生上的科学课贯穿始终的学习活动是"种植凤仙花"。在经过知识的讲解后，学生们开始种植凤仙花，我要求家长们协助学生，让学生将自己种植凤仙花的过程详细记录下来，尝试用第一人称"我"来叙述"凤仙花的故事"，让学生参与"凤仙花成长故事"的对话活动，在实践里见证成长，理解生命的力量与意义。这样就将科学课与德育元素相融合，实现了德育元素的渗透与"植入"。

当然，潜龙学校的德育课程还会利用节假日、寒暑假布置劳动作业的形式，或者融合型综合实践活动来开展。比如，洗衣做饭、收拾家务、打扫卫生、整理学习用品，或义工服务、田野调查等等。我们通过布置德育家庭作业，将德育元素合理分解，有序地融入实践作业、劳动作业，让学生在生活中体验、思考。老师们也可以实现德育评价的多元化，同时促进评价主体多元化，家长、社区、同伴都能参与进来，利用教师叙事、家长叙事、学生叙事，实现叙事性德育的全链条、全覆盖，实现全员育人、全面育人的德育质效。

现在，我们一起总结一下，叙事性德育的四大有效路径：一是精选故事，聚焦价值；二是解构故事，突出价值；三是融入故事，支撑对话；四是成为故事，连接生活。事实上，我们所讲述的故事大多是品德故事或者说是德育故事，但是我们也可以横向协力，与劳动、科学、心理、语文、英语等各学科进行融合，建构出一种优美的、触及学生心理构造的思想品德艺术作品。我们讲故事，也成为故事。叙述的过程，我们有方法；叙述的目的，我们有理想。实际上，我调任潜龙学校之后，一直关注人的全面发展，无论对学生，还是对老师，人文关怀一定是寄托着我对理想学校的期待。讲故事，本质上是通过故事叙述对社会主义核心价值观以及儒行德育课程的实践、融合、拓新，学生可以从故事中进行内化，并建立自身的德行理想。这四个讲故事的方法，经过几年实践，的确能帮助教师运用故事讲述构建德育支架，循序渐进地帮助学生把自

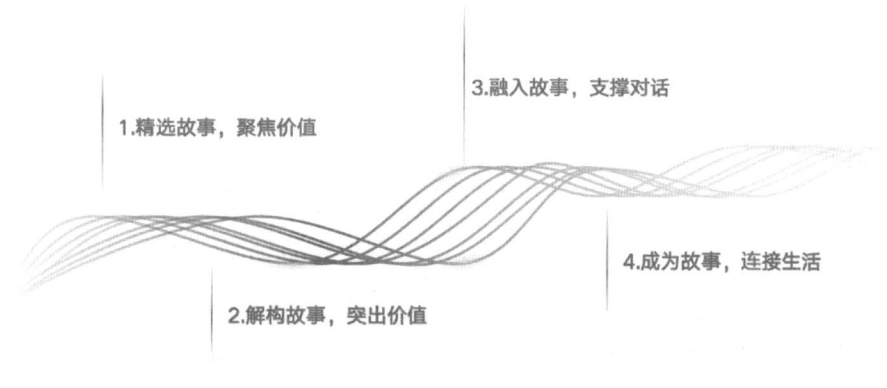

"叙事性德育"四大有效路径

1.精选故事，聚焦价值
2.解构故事，突出价值
3.融入故事，支撑对话
4.成为故事，连接生活

己的心理价值构建成功,提高至更深层次的德育健康发展阶段,从而逐步达到德育的目的。

(二)家校合力共赢:家庭系统治疗

在潜龙学校工作的第二年,我曾和班主任研讨过学生心理健康教育的有效路径,因为之前自己做过相关国家级课题。我惊讶于90后班主任们的创造力,他们不仅关注学生的心理,还尝试融通家庭教育。我从其中一位班主任那里了解到,他们在继续教育课程里能接触到一些新的研究成果,也和同龄的同事们关注当下的教育热点。我和一位班主任一起研讨了一个学生案例:这是一位八年级的女生,刚开始,这位班主任只是简单关注,偶尔聊天会提及,直到后来,这位班主任主动找我商讨,问我面对这种比较复杂的情况该怎么办。于是,新的探索便开始了。接下来,我和大家一起分享整个案例,这是对"儒行·体验式德育"的补充,也是对"心育·关爱式德育"新的探索与思考。虽然发展时期不同,但是内核都是以生为本。

我们还是从横向协力维度出发,思考问题,探索路径。当一个问题学生出现时,我们往往习惯于直接去找造成这个问题的直接原因,却忽略了问题背后的家庭影响。我和这位班主任尝试通过融合学校德育和家庭治疗的理念,把德育和家庭教育看成一个整体的系统,将问题学生的问题视为整个德育系统成员中的互相关系造成的系统问题,帮助成员们认清自己的情绪来源,扩大处理情绪和德育方法的选择项,协助家长和学生去寻找、发展、运用不同方式去处理面对的问题。我们不仅仅把焦点停留在孩子身上,而是开始换另一个视角审视这个女生的德育故事。

这位班主任约谈了这个孩子的家长。孩子的爸爸常年在甘肃工作,一年才回来一两次,每次回来都只待几天,然后又回去工作。所以,这位班主任只约到了孩子的妈妈。这是一位全职妈妈,在家一心照顾两个孩子,最小的孩子是一个刚出生4个月的男孩,所以,孩子妈妈的工作重心基本上也就是照顾好这个刚出生的孩子,对于已经13岁的女儿关注得自然就少了。于是,13岁的女儿逐渐成为妈妈照顾4个月弟弟的"帮手",以致无心学习。然而,妈妈因为自身情绪问题,经常向13岁的女儿抱怨,甚至会在女儿面前痛斥爸爸的不是,导致 13 岁的女儿也存在情绪困扰的问题。女儿不想成为妈妈痛斥爸爸的"盟友"，于是，每天都早早上床睡觉，凌晨三四点起来写作业，她不想被妈妈打扰。后来，我们设法让父亲回到深圳，一起商讨，其间运用心灵书写、系统关注、多元选项等方法，让孩子逐渐走出心灵的困境。此后，这位同学的学习内驱力被激发，遇到不懂的题目会主动问同学和老师，也越来越有自信了。

从这个德育个案中，我认为最可贵的是我们可以肯定人的可能性，无论是爸爸妈妈还是孩子，我们要看到人的情绪可能和人的蜕变可能，我们其实都有无限发展空间和改变的能力。我们在认清情绪的来源之后，还需要扩大处理情绪的选择项。例如，老师让家长用心灵书写的方式，面对自己的内心，耐心地看到自己内心的焦虑来源和因果，并且协助他们去寻找、发展、运用不同方式去处理心理问题。与其说是我们工作的成果，不如说是家长渴望寻求改变和老师专业指导的互相扶持和成全。生命不断在变化，我们应该看到更多的可能性。

至此，德育融通路径的探索有了清晰的记录。我的三十多年的教育教学实践，有时候不理一理，就会容易遗忘。德育工作千头万绪，每个学校又有自己的行动习惯，因此，我们要实现德育融通培养与高效管理，就必须时常审视每一个德育行动，探明其背后的缘由及路径。从"心育·关爱式德育"的纵向贯通维度，聚焦核心，单点突破，到"儒行·体验式德育"的横向协力维度，系统构建，整体融合，我坚信德育融通路径可以有更多可能。因为，德育的本质在于品德的养成，是一个复杂的学习系统，必然也可以有多元的实践路径。

# 结束语

九年一贯贯通培养结硕果,条块融合合力共生创新质。贯通培养有助于让学生成为完整的人;德育融通儒行体验家国情,为学生的快乐成长助力;教学贯通一体探索育创客,为学生的人生幸福奠基。

# 参考文献

[1] 黄向真.中美学校文化比较[M].深圳：海天出版社，2004.

[2] 黄向真.探索课堂——中美课堂教学比较[M].广州：广东人民出版社，2017.

# 后记

　　本书是我三十二年从事幼儿园、小学、初中和高中教育教学工作的体验、感悟。义务教育九年一贯制之贯通培养路径在探索中向两端延伸，为学生提供连贯且系统的学习环境。一是向幼儿教育延伸，开展幼小衔接评估评价，赋能贯通培育。二是向高中教育延伸，开展初高中衔接创新实验，赋能贯通发展。从一线教学实际的经验总结到学校整体的宏观研究都凝结在书中的字里行间。本书既有我二十多年前的真实经验，又是我近十年从事九年一贯制学校办学实践的研究成果，也是龙华区潜龙学校教育集团和龙华区教科院附属学校全体行政人员和师生的共同实践成果。本书在撰写过程中得到了潜龙学校教育集团多位行政人员的大力支持，在此一并表示诚挚的谢意。

　　教育的求索是一个螺旋式上升的过程，贯通培养视域下的教学研究、学生德育发展以及学校一体化管理的探索，虽艰辛，却值得。接下来，在集团化办学路径的探索与创新中，我将秉持"立己达人""立德树人"的教育初心，不懈奋斗！